What we say goes
촘스키, 변화의 길목에서 미국을 말하다

촘스키, 변화의 길목에서 미국을 말하다

지은이 | 노엄 촘스키
인터뷰 | 데이비드 바사미언
옮긴이 | 장영준
본문삽화 | 장봉군
펴낸이 | 김성실
편집 | 박남주 · 천경호 · 오정원
마케팅 | 이준경 · 김남숙 · 이유진
디자인 · 편집 | (주)하람커뮤니케이션(02-322-5405)
인쇄 | 미르인쇄
펴낸곳 | 시대의창
출판등록 | 제10-1756호(1999. 5. 11)

초판 1쇄 발행 | 2009년 1월 16일
초판 2쇄 발행 | 2009년 2월 6일

주소 | 121-816 서울시 마포구 동교동 113-81 4층
전화 | 편집부 (02) 335-6125, 영업부 (02) 335-6121
팩스 | (02) 325-5607
이메일 | sidaebooks@hanmail.net
Copyright ⓒ 시대의창, 2009, Printed in Korea

ISBN 978-89-5940-137-6 (03300)
책값은 뒤표지에 있습니다.

WHAT WE SAY GOES by Noam Chomsky
Copyright ⓒ 2007 by Aviva Chomsky and David Barsamian
Published by arrangement with Henry Holt and Company, LLC. All right reserved.

• 무단 전재와 복제를 금합니다.
• 잘못된 책은 바꾸어 드립니다.

촘스키, 변화의 길목에서 미국을 말하다
누가 감히 '한다면 하는' 나라 미국을 막아서는가!
데이비드 바사미언이 인터뷰하고 장영준이 옮기고 장봉군이 삽화를 그리다

시대의창

옮긴이의 글

촘스키의 책이 필요 없는,
그런 세상에서 살고 싶다

    장마 때문에 읍내와 마을을 이어주던 유일한 다리가 무너졌다. 농사일이 바쁜 터라 아무도 그 다리를 고칠 엄두를 내지 못했다. 장날이 되면 마을 사람들은 읍내로 가기 위해 산비탈을 돌아가는 불편을 운명처럼 감수했다. '다리를 고치면 좋을 텐데'라고 생각만 할 뿐 아무도 말을 꺼내지 않았다. 동네 이장이 회의를 소집했다. 긴 침묵이 흐른 뒤 누군가가 마침내 입을 열었다. 그렇지만 그의 제안은 추수가 끝나고 다리를 고치자는 또다른 제안으로 얼버무려졌다. 누군가가 면사무소에 말해보자고 제안했다. 모두 반장의 얼굴을 쳐다봤다. "나랏일이 바쁠 텐데, 이런 것까지 해주겠어?" 일리 있는 말이었다. 관청의 도움을 빌리자는 어리석은 생각은 곧 없던 일이 되고 말았다. 무너진 다리는 영영 이어지지 않았고, 어느새 산비탈을 돌아가는 샛길이 만들어졌다.
    지어낸 말이 아니다. 어린 시절 흔히 보아온 장면이다. 어른들은 그저 운명이려니 생각하고 모든 일을 참고 견뎠다. 누군가가 관청에 탄원이라도 해보자고 제안하면 그건 참으로 어리석은 한낱 웃음거리로 치부되었다. 관가는 될 수 있으면 멀리 하는 것이 좋다는 본능이 사람들 사이에서 작용한 것이다. 대대로 늘 당해왔으므로.

지금 우리가 살고 있는 이 시대도 다르지 않다. 큰 나라에 대들면 박살나기라도 하듯, 그저 조용조용 굽실굽실 알아서 기어야 한다고 말한다. 깨지면 깨지는 대로, 터지면 터지는 대로 말이다. 그러다가 믿었던 형님이 동생의 하잘 것 없는 콩 쪼가리마저 내놓으라고 하면 분기탱천해보지만 별 수 없다. '가진 것도 많은 형님이 형님답지 않게 왜 그러실까?' 하고 속으로만 분을 삭일 뿐이다. 그러나 감히 대들지는 못한다. 단지 '이럴 때 누구 좀 대신 나서서 내 속을 확 풀어줄 수 없을까? 형님의 온갖 비행들을 꼭 집어 말해줄 사람 없을까? 뭐 그런다고 형님이 바뀔 것 같지는 않지만, 그래도 알 건 알아야 하지 않을까?' 하고 바랄 뿐이다.

오늘날 국제관계가 꼭 이와 같다. 세계 유일의 초강대국 미국을 향해 대놓고 이건 아니라고 분명하게 말할 수 있는 나라가 몇이나 될까? 그러나 타고난 언어학자이자 '태어나기 전부터 저항정신을 가지고 있던' 촘스키는 일관되게 말한다. 미국이 그래선 안 된다고. 미국이 저지른 금융정책의 실패가 전 세계를 구렁텅이로 몰아넣은 지금, 이 위기를 예측했다는 어떤 경제학자의 통찰력을 신의 경지로 우러르는 사람들이 있다. 나는 그런 경제학자의 실력을 폄훼하려는 것이 아니다. 문제는 같은 시기에, 바로 이 책에서, 촘스키도 위기를 경고했다는 사실이다. "많은 개인 재산이 주택 소유로 이루어져 있는데, 이러한 경제기반은 매우 취약"하고, "주식시장의 거품이 붕괴하는 것을 막아준 주택시장 역시 거품에 불과하다"고 경고한 그의 혜안은 바로 '서브프라임 모기지'라는 귀에 익은 알쏭달쏭한 단어로 현실화되었다.

물론 내가 여기서 촘스키의 명석함을 찬양하려는 것은 아니다. "대처-레이건-부시로 대표되던 울트라 초강경 극우보수주의자들이 만들어놓은 세계구도 속에서 그들의 아류임을 굳이 숨기지도 않았던 나카소네와 전두환 같은 수구꼴통들의 꼭두각시놀음 시대를 겪어낸 역사는 다시금 발전하고 있다"고 나는 믿는다.

국어사전의 하고 많은 단어들 중 아는 단어라고는 '법과 질서'밖에 없는 자들이 나라를 다스리면서 '법과 질서'만이 선진국을 만들어준다는 혹세무민을 일삼고 있는 동안, 태평양 저편에서는 경천동지할 변화의 서막이 황톳물처럼 흐르기 시작했다. 그런 도도한 변화가 한 개인에게서 시작되었을까? 아니다. 그것은 팽팽하다고는 할 수 없겠지만 거의 보수에 맞먹을 정도의 세력을 유지해온 '다른 생각들', 곧 진보적 생각들이 만들어낸 하나의 거대한 흐름이다.

물론 촘스키를 진보로 봐야 할지, 무정부주의자로 봐야 할지, 혹은 자유주의적 사회민주주의자로 봐야 할지는 모르겠다. 그의 말이 분명해보이지 않을 때도 있기 때문이다. 그러나 그의 말처럼 '주의'가 중요한 것은 아니다. 촘스키가 정작 중요시하는 것은 '정의正義'라는 한 단어로 수렴된다. '더 좋은 세상, 더 많은 정의가 더 많은 사람들에게 주어지는 세상'을 위해 그는 발언하고 행동한다. "그러면 뭐해? 세상은 안 바뀌는데"라고 말할 수도 있을 것이다. 그런데 세상이 바뀌든 바뀌지 않든, 아닌 건 아니라고 말하는 것이 옳은 게 아닐까. 그렇다면 촘스키는 옳다. 그리고 우리를 대신해서 옳은 말을 해주는 그가 고맙다. 우리 대신 문서보관소를 뒤지고, 옛 기록들을 찾아내고, 시간을 내서 미국이 어떻게 잘못되었는지를 떠들어주니까 말이다.

'잘못된 것을 보면 잘못됐다고 말해야 한다'는 이 단순한 명제는 초등학교 교실에서도 이젠 통하지 않는 것 같다. 요즘 아이들은 참으로 영악해서 그런 실수를 저지르지도 않을 뿐더러 무엇이 잘못되어 있어도 모르는 척, 못 본 척 넘어간다. '진실'이 우리를 불편하게 한다는 것을 우리는 거의 본능적으로 알아차린다. 그러나 우리는 그 '진실'에 눈을 감아버린다. 불편함보다는 편함을 추구하려는 본능 때문에 말이다.

책을 읽는 동안 나는 오랫동안 상념에 젖었다. 온갖 이미지들이, 조각난 이미지들이 떠올랐다. 체 게바라와 조지 오웰, 동티모르 대통령이었던 구스마오의 얼굴이 떠올랐다. 〈블러드 다이아몬드〉 속에 나오는 흑인 아이의 모습도 떠올랐다. 그리고 사라졌다. 나는 분명 그들처럼 살 수 없다. 그들은 영웅이고 난 그 영웅을 짝사랑하는 소시민일 뿐이다.

촘스키의 책이 처음 번역된 것도 아닌데, '또 촘스키야?'라고 생각할 수도 있을 것이다. 그럼에도 이 책이 번역된 것은 시대의 광기가 아직 끝나지 않았기 때문이다. 양대에 걸친 부시와 그의 무리들이 세상을 어지럽혔다. 그들은 무고한 나라를 쑥대밭으로 만들어놓고는 찾으려던 "대량살상무기를 찾지 못한 것"이 후회된다고 말한다. 찾지 못한 것이 후회된다는 것인지, 쑥대밭으로 만든 것이 후회된다는 것인지 분명하지 않다. 퇴임을 앞둔 부시는 "대량살상무기 문제가 아니었다면 이라크를 침공하지 않았을 것이냐"는 질문에, "그건 확실하지 않다"고 대답했다. 어차피 대량살상무기는 핑계였으니까, 이래도 그만 저래도 그만이었을 것이다. 그런데 이래도 되는 걸까? 뭐, 남의 나라 일이니까? 그렇다, 그건 맞다. 다리가 망가졌어도 내가 그 다리를 건널 일이 없으면 고치든 말든 상관없는 것이다. 읍내로 이어주던 다리가 망가지고, 누군가의 집이 홍수로 떠내려가도 신경 쓰지 않아도 된다. 내 일이 아니니까 말이다.

비참한 세상이다. 역사는 발전하는 것이라고 학교에서 배웠기에 더욱 비참하다. 역사는 되풀이될 뿐이라는 걸 체험으로 알게 되는 순간, 비참함은 체념으로 바뀐다. 혹자는 "그러니까 신이 필요한 것 아닌가. 지금은 참고, 천국에 가서 복을 누리자"고 말한다. 이 무슨 권력의 논리인가. 그러니까 정치인들이 입만 열면 '법과 질서'를 외치는 것이 아닌가. 따지고 보면 종교의 논리와 '법과 질서'의 논리는 일란성 쌍둥이다. 약자들이 저항하지 못하게 한다는 점에서 말이다. 누구나 법과 질서를 지킨다면, 그건 좋다. 공평하니까. 그런데 권력자들이 과연 법과 질서를 지키고 있을까? 생각해볼 필요도 없는 질문이다. 미국도 입만 열면 '민주주의와 인권'을 말한다. 그러면서 비밀스럽게 혹은 아예 드러내놓고 다른 나라의 인권을 말살하고 민주주의를 압살시킨다. 이 사실을 촘스키는 냉엄하게 고발한다. 서글픈 일이다. 믿을 놈 없는 세상이라더니. 그래도 다행이다. 내가 아이티 공화국이나 니카라과, 콜롬비아 사람으로 태어나지 않아서 말이다. '운 좋게' 미국시민으로 태어났다 해도 3000만 명의 극빈층에 속하지 않으리란 보장이 어디 있겠는가. 그래도 미국에서 태어났다면 이유도 모른 채 첨단 무기의 실험 대상이 되어 흔적도 없이 사라질 위험은 없었을 것이다.

아니, 이도 저도 아닌 한반도에서 태어난 것을 다행으로 생각해야 할까? 모르겠다. 부아가 치밀긴 마찬가지다. 권력자들의 짓거리를 촘스키처럼 낱낱이 파헤쳐주는 사람이 쉬 보이지 않기 때문이다. 비밀 문서보관소를 뒤지고, 그들끼리의 메모를 찾아내고, 비밀 장부를 까발리고, 그렇게 해서 그들을 고발할 또다른 촘스키가 우리에겐 필요하다. 물론 없는 것은 아니다. 발 빠른 인터넷 누리꾼들이 그 일을 톡톡히 해주고 있다. 고마운 일이다. 그러니 권력자들이 온갖 수단을 동원해 인터넷에 재갈을 물리려고 안달복달하는 것이다. 가소로운 일이다. 공기(전파)를 막으려고 하다니.

이렇게 말하고 보니까 권력을 욕한 것 같아서 겁이 난다. 최근 상황을 보니 권력이 무섭긴 무섭다. 유모차를 타고 촛불시위를 한 삼척동자도 도로보행법인지 도로교통법인지를 위반했다니까 말이다.

아직도 촘스키인가? 이렇게 긴 역자 서문을 보면서 이런 의문을 가질 법도 하다. 나도 그렇다. 이제 촘스키 책은 더이상 보고 싶지 않다. 책이 문제가 있다는 말이 아니다. 그의 책이 필요 없는, 그런 세상에서 살고 싶다는 말이다. 더이상 고발할 것이 없는 세상, 더이상 국가기록물을 뒤지지 않아도 되는 세상, 더이상 사전적 의미와 정치적 의미가 별도로 존재하지 않는 세상에서 살고 싶다. 촘스키인들 이런 책을 쓰고 싶어서 쓰겠는가? 그러니까 그의 책을 읽는 일은 새로운 사실들을 발견하는 과정이라기보다, 타인의 눈을 통해 나의 바람들을 재확인하는 되새김인 것이다.

2009년

장영준

촘스키, 변화의 길목에서 미국을 말하다

옮긴이의 글 촘스키의 책이 필요 없는, 그런 세상에서 살고 싶다 … 004

PART 01 우리는 한다면 한다
유례가 없는 불량국가 미국 … 014
결국 권력에 대한 복종과 부화뇌동이 문제 … 018

PART 02 레바논과 중동의 위기
미국과 이스라엘이 합작한 레바논 침공 … 026
그들만의 '질서'를 중동에 강요하는 이스라엘 … 040
진퇴양난에 빠진 미국 … 053
핵 문제의 가장 큰 위협은 바로 미국 … 057
누가 9.11로부터 이득을 보는가 … 062

PART 03 라틴아메리카: 노예 숙소에서의 소란
가십거리에 목숨 거는 언론 … 074
'신자유주의'라는 최악의 구원자 … 083
민주주의 없는 민주국가 미국 … 089
영광스런 미래를 위해 과거를 잊어라 … 095
라틴아메리카의 새로운 질서 … 098
거울 속 미국을 보라 … 110

PART 04 미국 대 복음서
'첫 번째 9.11'이 가져온 검은 그림자 … 118
라틴아메리카, 갈림길에 서다 … 127
중동 평화의 훼방꾼 미국 … 132
NPT는 허수아비 조약 … 142

PART 05 가능한 생각의 틀
대중과 권력집단의 분열 … 150
예측 불가능한 미국의 경제 … 155
분리주의를 교사하는 미국 … 159
악랄한 선전선동과 음모 … 175

PART 06 침략과 발뺌
제국주의를 둘러싼 비겁한 변명 … 186
이스라엘 그리고 로비 … 193
언급해서는 안 될 '로드맵'이라는 판도라 상자 … 207

PART 07 지구가 직면한 위협
지구의 생존을 위협하는 '최고' 경영자들 … 214
전통적인 미디어의 후퇴와 새로운 미디어의 등장 … 226
지하드 그룹을 단결시킨 부시 … 234

PART 08 무엇을 할 것인가
우리는 한다면 한다 … 242
미국이 말하는 '그랜드 에어리어' … 250
마피아 두목에게 대들지 마라 … 255
이스라엘의 착한 동생 터키 … 263
아프리카까지 뻗어간 마수의 손길 … 268
존재해서는 안 될 '존재할 권리' … 273

주석 … 282
찾아보기 … 308

적국이 국제법을 위반하면 그것은 아주 중대한 공분의 대상이 됩니다. 그러나 미국이 그런 일을 저지르면 마치 아무런 일도 일어나지 않은 것처럼 행동합니다. 《뉴욕타임스》는 2001년 9월 11일부터 2003년 3월 21일 사이에 이라크에 대한 70건의 사설에서 '유엔헌장'과 '국제법'이란 단어를 한 번도 사용하지 않았습니다. 이것이 바로 미국이 불량국가라는 사실을 믿는 (진보적이라 알려진) 신문의 전형적인 예입니다.

우리는
한다면 한다

• 2006년 2월 10일, 매사추세츠 주 캠임브리지에서

유례가 없는 불량국가 미국

제임스 트로브James Traub는 《뉴욕타임스 매거진》에서 이렇게 말했습니다. "조약이라든가 국제규범은 불량국가를 제어하지 못한다. 유엔헌장에 명시된 타국 영토에 대한 침략 행위 금지조항은 사담 후세인Saddam Hussein이 쿠웨이트를 강제로 점령했을 때 전혀 그를 제어하지 못했다." 그는 또 이렇게 덧붙였습니다. "군사력에 대해 말하자면, 미국은 독자적 판단으로 행동할 수 있고, 또 그렇게 할 것이다. 외교적 해결책은 전선이 통일되었을 경우에만 사용할 것이다."[1]

Chomsky 트로브도 잘 알고 있다시피, 미국은 유례가 없는 불량국가입니다. 국제법의 제약을 전혀 받지 않는 불량국가지요. 또 미국 스스로도 그렇게 말합니다. '우리는 한다면 한다'고 말입니다. 예를 들면 미국은 유엔헌장을 깡그리 위반하면서까지 이라크를 침략했습니다.

트로브는 그러한 사실을 알면서 왜 그렇게 말하지 않았을까요?

Chomsky 그가 그렇게 말했다면 《뉴욕타임스》에 계속해서 글을 쓸 수 없게 되었겠지요. 그런 신문에 글을 쓰기 위해서는 지켜야 할 어떤 원칙이 있어요. 잘 조직된 사회에서는 아는 것을 곧이곧대로 말할 수 없는 법이니까요. 그런 사회에서는 권력에 도움이 되는 것만을 쓰고 말해야 합니다.

그 말을 들으니까 알렉산더 대왕이 해적과 나누었다는 대화가 생각나는군요.

Chomsky 그런 일이 실제로 있었는지는 알 수 없지만, 성 아우구스티누스Saint Augustine의 이야기에 따르면, 어떤 해적이 알렉산더에게 불려왔어요. "네가 감히 해적질로 바다를 어지럽히느냐"라고 알렉산더가 물었지요. 해적이 대답했어요. "당신은 어째서 세상을 어지럽힙니까? 나는 그저 작은 배 한 척을 가지고 있다는 이유로 해적이라 불립니다. 그러나 당신은 거대한 해군을 가지고 있다는 이유로 제왕이라 불립니다. 당신은 세상 전체를 못살게 굴고 있습니다. 당신에 비하면 나는 아무것도 아니지 않습니까?"² 세상이 이렇게 돌아가고 있습니다. 제왕은 세상 전체를 못살게 굴어도 아무런 비난도 받지 않는데, 그에 비하면 하찮은 존재인 해적은 중대 범법자로 치부되고 있죠.

지난 2006년 1월에 파키스탄에 대한 미국의 미사일 공격으로 열여덟 명의 파키스탄 민간인이 죽었습니다. 《뉴욕타임스》는 사설에서 다음과 같이 썼습니다. "미국의 공격은 은신 중인 알 카에다Al Qaeda의 최고위 지도자들을 겨냥한 것이므로 정당한 것이었다."³

Chomsky 그런 기사가 가능한 것은 《뉴욕타임스》가 언제나 그래왔던 것처럼 미국이 불량국가라는 것을 인정하고 있기 때문입니다. 그건 뭐 별로 놀랄만한 것도 아니지요. 미국은 마음만 먹으면 어떤 일이 일어나든 상관없이 폭력을 사용할 권한이 있습니다. 실수로 다른 사람들을 죽이게 되면 이렇게 말하고 말지요. "미안, 사람을 잘못 죽였군." 미국이 폭력을 행사하는 데는 아무런 한계도 없는 것 같습니다.

《뉴욕타임스》를 비롯해서 다른 자유주의적 매체들은 국내의 정보사찰과 프라이버시 침해에 대해서는 염려하면서도, 왜 똑같은 수준의 준법정신을 국제법 분야까지 확대하지 않는 걸까요?

Chomsky 사실 미국 언론은 국제법의 위반에 대해 제임스 트로브만큼이나 염려하고 있어요. 특히 미국의 적국이 국제법을 위반했을 때 말입니다. 그러니까 원칙상으로는 완전히 일관성이 있는 셈이지요. 그러한 원칙을 이중잣대라고 해서는 안 될지도 모르지요. 말하자면 언론의 그런 원칙은 권력에 대한 복종이라는 하나의 원칙이라고나 할까요.

정보사찰은 권력자들에게는 귀찮은 일입니다. 그들은 정보사찰을 좋아하지 않습니다. 권력자들은 이른바 빅 브라더에 의해 자신들의 이메일이 감시당하는 것을 원하지 않습니다. 그들은 정보사찰을 당하면 짜증이 나겠지요. 반면에 중대한 국제법 위반, 가령 누렘버그 전범재판소Nuremberg Tribunal*가 "쌓이고 쌓인 전체의 악을 자체에 내포하고 있는 중대한 국제 범죄"라고 불렀던 국제법 위반, 예를 들면 미국의 이라크 침공과 같은 국제법 위반은 그들에게는 아무런 문제도 안 됩니다.⁴

━━ * 누렘버그 전범재판소: 나치 독일의 정치, 군사, 경제 지도자들에 대한 전범재판이 열린 법정으로 1945년부터 1949년까지 독일의 누렘버그 재판소에서 이루어졌다.

참 흥미롭고 중요한 책이 한 권 나왔어요. 국제법 전문가인 하워드 프릴Howard Friel과 리차드 포크Richard Falk가 쓴 《신문의 기록The Record of the Paper》 말입니다. 당연한 말인지 모르겠지만, 이 책은 거의 서평이 쓰이지 않았어요. 이 책은 《뉴욕타임스》가 국제법을 대하는 태도를 다루고 있습니다. 저자가 이 신문을 선택한 것은 이 신문의 중요성 때문이지요.[5] 나머지 신문들도 마찬가지긴 합니다만 포크와 프릴은 이 신문의 관행에 일관성이 있음을 지적합니다. 적국이 국제법을 위반하면 그것은 아주 중대한 공분의 대상이 됩니다. 그러나 미국이 그런 일을 저지르면 마치 아무런 일도 일어나지 않은 것처럼 행동하죠. 한 가지 예를 들어 볼까요. 《뉴욕타임스》는 2001년 9월 11일부터 2003년 3월 21일 사이에 이라크에 대한 70건의 사설에서 '유엔헌장'과 '국제법'이란 단어를 한 번도 사용하지 않았습니다.[6] 이것이 바로 미국이 불량국가라는 사실을 믿는 (이른바 진보적이라 알려진) 신문의 전형적인 예입니다.

마틴 루터 킹Martin Luther King Jr.은 1967년 4월 4일 리버사이드 교회 연설에서 이렇게 말했습니다. "마음속으로는 진실을 말해야 한다는 양심의 가책을 받아도, 사람들은 막상 자신이 속한 나라의 정부 정책에 대해서는 쉽게 반대하지 못합니다. 특히 전쟁 중에는 더더욱 그렇습니다."[7] 실제로 그런가요?

Chomsky   그런 일은 어디든지 있습니다. 특히 미국에서 그런 일은 자주 일어납니다. 그런데 문제는 1967년 당시에 미국이 과연 '전쟁 중'이었나 하는 것입니다. 마틴 루터 킹은 그랬다고 암시합니다. 미국이 당시 전시 상황에 있었다는 것이 이상하게 들릴 수도 있겠지만, 사실인즉 미국은 다른 나라를 공격하고 있었습니다. 그렇습니다. 실제로 미국은 인도차이나 전체를 공격하고 있었어요. 다른 나라로부터 공격을 받지는 않았지만 말입니다. 미국의 인도차이나 공격은 어떤 전쟁이었을까요? 그 전쟁은 명백한 침략 행위였습니다.

결국 권력에 대한 복종과 부화뇌동이 문제

하워드 진Howard Zinn은 〈문제는 시민의 복종이다〉라는 제목의 연설에서 "시민의 불복종이 우리의 문제가 아니다. …… 우리의 문제는 시민들이 너무 쉽게 복종한다는 것이다"라고 했습니다. 사람들이 너무나 쉽게 명령에 순종하고 의문을 제기하지 않는 것이 바로 미국의 문제라는 것입니다. 이 점에 대해 어떻게 생각하십니까?[8]

Chomsky 하워드 진의 말이 옳습니다. 권력에 대한 복종과 부화뇌동은 심각한 문제입니다. 여기 미국에서만이 아니라 어떤 곳에서든 마찬가지지요. 그런데 시민의 복종이 여기 미국에서 특히 더 중요한 문제가 되는 것은 미국이 너무 강력한 국가이기 때문입니다. 가령 룩셈부르크 같은 곳보다 미국에서 더 문제가 되는 것입니다. 물론 이것은 어디서나 똑같은 문제이긴 합니다만.

우리가 권력에 어떻게 맞서야 하는지에 대해서는 여러 가지 모델이 있습니다. 무엇보다도 우리는 우리 자신의 역사에서 많은 모델을 찾을 수 있습니다. 또 서반구의 다른 지역에서도 여러 가지 사례를 찾아볼 수 있습니다. 예를 들면, 볼리비아와 아이티는 미국에서는 생각도 할 수 없는 종류의 매우 민주적인 선거를 치렀습니다. 볼리비아의 경우, 대통령 후보들이 모두 예일대학을 나왔고, 재학 당시 (귀족 자제들의 비밀 사교클럽인) '스컬 앤 본즈 소사이어티Skull and Bones Society'의 회원이었으며, 동일한 기업들의 후원을 받았기 때문에 거의 유사한 공약들을 내세우는 부유한 사람들이었습니까? 아닙니다. 볼리비아 국민들은 자기들과 같은 계급의 후보자인 에보 모랄레스Evo Morales를 대통령으로 뽑았습니다. 그것이 바로 민주주의입니다. 아이티에서는 또 어땠습니까? 장 베르트랑 아리스티드Jean-Bertrand Aristide가 2004년 초 미국에 의해 강제로 조국에서 추방되지 않았더라면, 그는 아이티에서 충분히 재선에 성공했을 겁니다.

아이티와 볼리비아 사람들은 민주주의 제도에 적극적으로 참여할 수 있었어요. 그러나 여기 미국에서는 그것이 불가능합니다. 이것이 바로 권력에 대한 복종의 실질적 의미입니다. 우리에게 필요한 불복종은 제 기능을 하는 민주주의 제도를 새로 만들어내는 것이지요. 이것을 극단적이라고 할 수 있을까요?

2005년 볼리비아 대선에서 에보 모랄레스가 거둔 승리는 남아메리카를 통틀어 원주민 후보가 선거에서 승리한 최초의 사례입니다.

Chomsky 볼리비아에서 모랄레스가 거둔 승리는 미국에게 특히 놀라

볼리비아에서 모랄레스가 거둔 승리는 미국에게 특히 놀라운 사건이었습니다. 이 나라 국민 대다수가 원주민이기 때문이지요. 미국의 국방성과 민간 전략가들은 이러한 사태를 심각하게 우려하지 않을 수 없었어요. 그것은 라틴아메리카가 이제 미국의 통제를 벗어나기 시작했다는 것과 처음으로 원주민들이 무시할 수없는 세력으로 정치의 장에 등장하기 시작했다는 것을 의미합니다.

운 사건이었습니다. 이 나라 국민 대다수가 원주민이기 때문이지요. 미국의 국방성과 민간 전략가들은 이러한 사태를 심각하게 우려하지 않을 수 없었어요. 그것은 라틴아메리카가 이제 미국의 통제를 벗어나기 시작했다는 것과 처음으로 원주민들이 무시할 수없는 세력으로 정치의 장에 등장하기 시작했다는 것을 의미합니다.

원주민 인구는 볼리비아뿐 아니라 페루와 에콰도르에도 많습니다. 이 나라들 역시 상당한 에너지 생산국들입니다. 라틴아메리카의 어떤 단체들은 심지어 인디언 국가의 창설을 요구하기도 합니다. 그들은 자신들의 자원을 스스로 통제하기를 원합니다. 사실 그들 중 일부는 자기네 에너지 자원이 개발되는 것조차 원하지 않아요. 그들은 그들 스스로의 방식으로 살기를 원하지, 그들의 사회와 문화가 파괴되고 뉴욕과 같은 교통지옥 속에 갇혀 사는 것을 원하지 않습니다. 아시겠지만, 이 모든 변화가 미국에게는 커다란 위협입니다. 그런데 이러한 변화야말로 민주주의라고 할 수 있습니다. 미국에서는 불가능한 새로운 민주주의 말입니다.

그러나 우리가 그런 변화만을 모방할 필요는 없을 것입니다. 과거에도 여러 번 그런 기회가 있었으니까요. 미국에서 민중의 힘이 위대한 변화를 일으켰던 기회 말입니다. 마틴 루터 킹을 말씀하셨습니다만, 그는 혼자만의 힘으로 변화를 가져올 수는 없다는 사실을 우리에게 알려준 첫 번째 사람일 겁니다. 그는 실질적인 성취를 가능하게 했던 거대한 민중운동의 일부였어요. 킹은 앨라배마에서 인종차별을 일삼는 경찰에 저항한 것으로 우리의 존경을 받고 있습니다. 마틴 루터 킹 기념일Martin Luther King Day*이 되면 우리는 이에 관한 온갖 이야기들을 듣게 되지요. 그러나 그가 가난과 전쟁이란 문제로 관심을 돌리자 그는 일거에 비난의 표적이 되었어요. 그가 암살되었을 때 무엇을 하고 있었습니까? 그는 멤피스에서 청소부들의 파업을 지원하고 워싱턴에서 가난한 사람들과의 행진을 계획하고 있었어요. 그가 이 일로 칭송받은 것이 아닙니다. 그렇다고 베트남 전쟁에 대한 미적지근하고 굼뜬 반대운동으로 칭송을 받은 것은 더더욱 아닙니다. 실제로 그는 이러한 태도 때문에 심하게 비판받았어요.[9]

   이 문제는 어려운 양자물리학이 아닙니다. 양자물리학은 난해함과 복잡함으로 가득 찬 분야지요. 양자물리학을 이해하려면 많은 공부를 해야 하고 데이터를 올바르게 분석해야 합니다. 그러나 우리가 지금 이야기하고 있는 이 문제의 기본 원리는 너무나 투명합니다. 오히려 그러한 원리를 못 본 척 하는 것이 더 어려울 따름이지요.

---

* 마틴 루터 킹 기념일: 1983년부터 제정된 미국의 개인 기념 휴일로 그의 생일인 1월 15일을 중심으로 세 번째 월요일이다.

한 가지 더 첨부할 것은 사람들이 '이스라엘의 레바논 침공'에 대해 이야기하는데, 그것이 정확하지 않다는 점입니다. 이스라엘군이 사용한 제트기, 미사일, 기타 군수품들은 모두 여기 미국에서 만들어진 것들입니다. 미국은 그런 무기들을 이스라엘에 대량으로 공급하고 공격행위를 허용했습니다. 그러니까 정확히 말하면 '미국과 이스라엘의 침략'인 것입니다. 게다가 미국은 유엔의 휴전 요청에 거부권을 행사하면서 몇 주 동안이나 휴전을 지연시켰습니다. 따라서 미국은 전과 마찬가지로 이스라엘의 레바논 침공에 직접적으로 개입한 것입니다.

PART 02

레바논과
중동의 위기

• 2006년 8월 15일, 매사추세츠 주 캐임브리지에서

미국과 이스라엘이 합작한 레바논 침공

이스라엘의 레바논 침공에 대한 공식 설명은 이렇습니다. "헤즈볼라 Hezbollah*가 7월 12일 이스라엘 쪽으로 월경하여 여덟 명의 이스라엘 병사들을 사살하고 두 명을 납치한 데 대해 자위책으로 공격을 감행했다."[1] 또 부시 대통령도 "헤즈볼라가 이스라엘을 공격함으로써 위기를 초래했다"고 말했습니다.[2] 이런 공식적인 설명에 문제는 없습니까?

Chomsky 너무나 많은 문제들이 있어요. 세세한 사실들은 정확합니다. 그러나 꼭 지적해야 할 점은 미국과 이스라엘도 그때까지 똑같은 방식으로 헤즈볼라의 병사들을 납치했다는 것입니다. 게다가 훨씬 더 중대한 범죄인 민간인 납치에 대해 아무런 반대도 하지 않았습니다. 이스라엘은 수십 년간 민간인들을 납치해왔어요. 그렇지만 아무도 그에 대한 보복으로 이스라엘을 침공해야 한다고 주장하지 않았습니다.[3] 더 큰 문제는 최근의 폭력 증가가 7월 12일에 시작된 것이 아니라는 점입니다. 그것은 6월 25일 하마스Hamas**가 국경에서 이스라엘 병사 한 명을 납치하고 두 명을 사살한 직후 가자지구Gaza Strip에서 시작되었습니다.[4] 이 사건으로 이스라엘의 폭력이 엄청나게 증폭되었습니다. 가자지구에서는 6월에만 약 40여 명의 팔레스타인 사람들이 이스라

---

* 헤즈볼라: 레바논의 시아파 주민을 기반으로 하는 이슬람부흥운동. 1982년 이스라엘군의 레바논 침공 직후에 설립되었다. 이들은 이스라엘에 대한 무장저항운동을 거행한다. 이슬람공화국의 수립을 지향하는 조직으로 당수의 국민적 인기도 높다. 이 조직에 의한 남레바논에서의 반이슬람투쟁은 2000년 5월 이스라엘군의 철퇴를 불러왔다(야후백과사전).

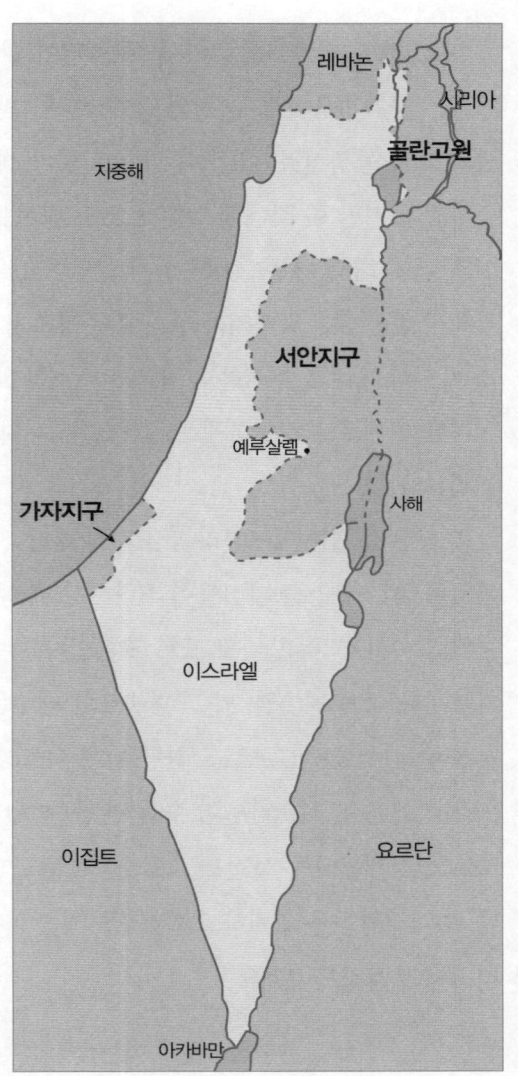

이스라엘의 점령지
가자지구, 서안지구, 골란고원

군에 의해 피살되었고, 6월 28일부터 7월에 이르는 기간에 이어진 이스라엘의 무차별 공격으로 170여 명 이상이 죽었습니다.[5] 이스라엘의 폭력은 한 달도 채 안 되는 사이에 4배 이상 증폭되었어요.

바로 하루 전인 6월 24일에 무슨 일이 일어났습니까? 그날 이스라엘군은 가자지구에서 두 명의 팔레스타인 민간인을 납치했습니다. 의사와 그의 동생이었어요.[6] 이 사건은 이미 세간에도 알려진 것입니다. 뜸하긴 하지만 이 사건에 대한 보도도 찾아볼 수 있습니다.[7] 그렇지만 이 사건에 대해 아무도 대응하지 않았어요. 그 누구도 이스라엘을 침공해서 반쯤 초토화시켜야 한다고 주장하지 않았습니다. 그러니까 우리 자신의 잣대로 보더라도 미국과 이스라엘이 레바논을 침공한 것은 어떠한 이유로도 정당화될 수 없는 것입니다. 우선 이것이 한 가지 문제입니다.

또다른 문제는 헤즈볼라의 조치에 대해 우리가 어떻게 생각하든 상관없이, 헤즈볼라는 자신들이 취한 조치에 대해 정당한 이유가 있었다는 점입니다. 그것은 바로 포로 교환입니다. 몇 개월 뒤로 거슬러 올라가봅시다. 2006년 2월, 약 70퍼센트의 레바논 사람들은 (헤즈볼라를 특히 좋아하지 않았지만) 포로 교환을 위해 이스라엘 병사들을 납치하는 것에 찬성했어요. 이스라엘이 수십 년 동안 레바논에서 민간인들을 납치하고 살상해왔다는 사실을 그들도 잘 알고 있었기 때문이지요.[8] 얼마나 많은 사람들을 납치하고 살해했는지는 아무도 모릅니다. 모든 것이 비밀에 부쳐졌으니까요.

▬▬ ** 하마스: 팔레스타인 지역에 거점을 둔 극단적 무장단체. 1991년 시작된 이스라엘과 PLO 간 평화협상을 줄곧 반대하면서 1993년 첫 번째 평화협정 이후 10여 차례 발생한 대형 사건에 직간접으로 관여했다. 하마스란 아랍어로 '열정'을 뜻하며 '이슬람 저항운동'의 약자이기도 하다. 이슬람 수니파의 원리주의 조직으로, 1988년 12월 팔레스타인 점령지인 서안과 가자지구에서 일어난 주민봉기(인티파다)를 이끌기 위해 창설된 뒤 이스라엘 병사에 대한 납치 살해작전을 주도해왔다. 창설자는 현재 이스라엘 교도소에 복역 중인 셰이크 아메드 야신이다.

헤즈볼라가 이스라엘을 자극한 또다른 공식적인 이유는 가자지구에 사는 팔레스타인 사람들과 연대감을 형성하고 그들에 대한 지지의사를 보여주기 위한 것이었어요. 그들이 이스라엘로부터 광포한 공격을 받고 있었기 때문입니다. 현재 헤즈볼라는 전 아랍 세계에서 팔레스타인 사람들을 지원하는 유일한 단체입니다.

그러나 이보다도 훨씬 더 많은 배경이 거의 언급조차 되지 않고 있습니다. 이 사건의 좀더 가까운 배경은 팔레스타인이 2006년 1월의 자유선거에서 이스라엘이 원하는 것과는 정반대 방향으로 나아간 것입니다. 그들이 팔레스타인 의회에서 하마스를 다수당으로 선택한 것 말입니다.[9] 이스라엘 입장에서는 팔레스타인은 결코 선거를 통해 이스라엘이 원하지 않는 길로 가면 안 되는 것이었어요. 그것이 바로 미국이 말하는 민주주의의 개념입니다. 민주주의란 미국이 하라는 대로 할 때만 가능한 것입니다. 미국이 싫어하는 사람을 선택한다면 민주주의는 허용될 수 없는 것이죠.

결국 이스라엘과 미국은 곧바로 팔레스타인에 대한 냉혹한 처벌을 시작했습니다. 팔레스타인 사람들을 처벌하기 위해 자금줄을 끊고, 잔혹 행위를 강화하고, 그들을 아사하게 만든 것입니다. 이러한 사례들을 보면 미국이 말하는 '민주주의의 증진'이란 수사가 무엇을 뜻하는지 금방 알게 되지요. 이스라엘은 가자지구에서 이미 심각한 수준에 다다른 자신들의 범죄 행위를 더욱 강화시켰어요. 이스라엘의 인권단체들이 지적하다시피, 이스라엘은 가자지구를 이 세상에서 가장 큰 감옥으로 탈바꿈시켰습니다.[10]

한편, 요르단 강 서안지구West Bank에 대해 이스라엘은 언제나 그랬

이 정책은 이스라엘이 군사적 합병과
분할정책을 통해 옥토를 빼앗고 물을 포함한
주요 자원들을 강탈한 후,
여기에 이스라엘 사람들을 정착시키고
기간시설을 갖추게 함으로써 결과적으로
팔레스타인 사람들의 거주 지역을
사람이 살 수 없는 분할지로 고사시키려는 정책입니다.

듯이 미국의 지원을 등에 업고 온갖 정책을 밀어붙이고 있습니다. 이스라엘은 자신들의 소행을 '합의'라고 미화하고 미국은 '철수'라고 부르고 있어요. 그러나 사실대로 말하자면, 이 정책은 이스라엘이 군사적 합병과 분할정책을 통해 옥토를 빼앗고 물을 포함한 주요 자원들을 강탈한 후, 여기에 이스라엘 사람들을 정착시키고 기간시설을 갖추게 함으로써 결과적으로 팔레스타인 사람들의 거주 지역을 사람이 살 수 없는 분할지로 고사枯死시키려는 정책입니다. 이러한 분할지들은 서로서로 분리되었습니다. 팔레스타인 사람들에게 상업, 교육, 문화적 생활의 근거지가 될 수도 있었던 예루살렘의 팔레스타인 정착지들로부터도 완전히 분리되었어요.[11]

이스라엘은 요르단 계곡Jordan Valley도 점령했는데, 이 역시 미국의 지원을 등에 업었기 때문에 가능했습니다. 가자지구라는 대규모 감옥에 더하여 몇 개의 더 많은 감옥들이 요르단 강 서안지구에 세워지게 된 셈이지요.

미국을 등에 업고 이루어진 이 모든 점령 정책들은 물론 완전히 불법이고, 유엔 안전보장이사회의 명령과 국제사법재판소의 판결들을 위반하는 것입니다. 이스라엘 점령 아래의 팔레스타인 사람들의 상황은 너무나 모질고 잔인합니다만, 이미 이런 상황이 수년째 지속되고 있어요.

여러 문헌에 따르면, 레바논의 헤즈볼라와 팔레스타인의 하마스는 이스라엘을 인정하지 않고 이스라엘의 축출을 위해 싸운다고 합니다. 그들은 또 가자지구에서 이스라엘을 향해 카삼 미사일Qassam Missile*을 발사하고 레바논에서 카추샤 미사일Katyusha Missile이나 다른 미사일들로 공격하고 있습니다.

Chomsky 하마스 이야기부터 해봅시다. 하마스는 이스라엘과 맺은 휴전협정을 1년 반 동안 준수했습니다. 그런데 이스라엘의 잔혹 행위가 다시금 절정에 오르자 휴전협정이 깨지게 된 것이지요. 일부 팔레스타인 사람들이 가자지구에서 카삼 미사일을 발사했는데, 이건 어리석은 범죄 행위임에 틀림없습니다. 그러나 우리는 그 이유를 이해할 수 있어요. 이들의 공격은 이스라엘의 계속되는 잔학 행위와 무단 탈취, 합병, 분할 정책에 대한 대응책으로 나온 것입니다. 지난 1년 반 동안 하마스는 휴전협정을 준수했지만, 이스라엘은 휴전협정을 거부했을 뿐 아니라 끊임없이 암살과 폭격을 감행했고 불법적으로 자금을 차단했습니다. 그럼에도 하마스는 이스라엘에게 장기적이고 무한적인 휴전협정을 맺자고 요청하는 암시를 되풀이해서 보냈습니다. 그뿐 아니라 이스라엘이 점령지로부터 철수하는 데 동의만 한다면 양국 간 협상에 들어갈 용의가 있다는 암시도 여러 차례 보냈습니다.

헤즈볼라는 어떤가요? 무엇보다도, 로켓 공격과 관련해서 유엔은 '이스라엘-레바논' 국경에서 어떤 일들이 있었는지를 보여주는 자세한 기록을 가지고 있어요. 유엔은 이스라엘 측이 거의 매일 불법적으로 국경을 침범하고, 정찰 비행을 하고, 초음속 비행기를 날리는 등 여러 가지 군사적 조치들을 자행한 사례들을 수백 건씩 기록하고 있습니다. 그러나 헤즈볼라는 이스라엘이 2000년 5월 남부 레바논에서 철수

---

* 카삼 미사일: 단순한 철제 로켓에 폭발물을 장착한 미사일이다.

한 때부터 2006년 7월까지 단 한 건의 로켓 발사도 하지 않았습니다. 2006년 5월 28일 이스라엘에 대한 보복의 일환으로 항공기, 대포, 박격포, 탱크를 동원한 월경 공격을 제외하곤 말입니다. 이것을 제외하고는 단 한 건의 휴전협정 위반도 없었습니다.[12]

헤즈볼라의 입장은 이스라엘을 합법적인 국가로 인정하지 않겠다는 것입니다. 헤즈볼라는 이스라엘이 존재해서는 안 되는 집단이라고 생각합니다. 그러나 헤즈볼라의 지도자인 하산 나스랠러Hassan Nasrallah는 팔레스타인 사람들이 받아들이는 것이면 무엇이든 헤즈볼라도 받아들일 것이라고 여러 번 말했습니다. 팔레스타인 사람들이 양국 간의 합의를 받아들인다면, 헤즈볼라도 그것을 좋아하지는 않겠지만 어쨌든 받아들일 것입니다. 우연인지는 모르겠지만 이란의 입장도 이와 똑같습니다. 서방 세계는 이란의 지도자인 마흐무드 아흐마디네자드Mahmoud Ahmadinejad의 미친 듯한 감정적 격발을 좋아하지 않지만, 그는 이란의 최고지도자 아야툴라 알리 하메네이Ayatollah Ali Khamenei의 심복입니다. 하메네이는 이란이 아랍연맹Arab League*의 입장을 받아들일 것이라고 선언했는데, 그 입장이란 이스라엘과의 관계 정상화 및 국경선에

---

* 아랍연맹: 1945년 아랍 여러 나라의 주권과 독립을 수호하기 위해 창설된 지역협력기구. 창립 회원국은 이집트, 이라크, 사우디아라비아, 시리아, 레바논, 예멘, 요르단 등 7개국으로, 본부는 이집트 카이로에 있다. 1948년 이스라엘 건국, 1952년 이집트혁명 등에 영향을 받아 범아랍주의에 기초한 정치·군사 면에서의 활동이 강화되었다. 그러나 연맹 내의 경제적 협력은 비교적 순조로운 반면, 1963년 무렵부터 사우디아라비아와 같은 왕정국가들과 이집트 등의 급진공화제 국가들의 대립으로 정치면에서 자주 마찰이 생겼다. 1980년대에 들어서도 연맹 내의 온건파와 강경파 사이의 분쟁으로 어려움을 겪었다. 1990년 8월 긴급정상회의에서는 이라크의 쿠웨이트 침공을 비난하고 이라크의 즉각 철수를 요구했다. 또 사우디아라비아로의 아랍연합군 파견 등을 결의했다. 1997년에는 이스라엘의 동예루살렘 유대인정착촌 건설을 비난하고 이스라엘과의 관계정상화 동결을 아랍권에 권고했다(야후백과사전).

대한 양국 간 해결, 즉 국제적 컨센서스입니다.[13] 그런데 이러한 국제적 합의를 받아들이지 않는 유일한 주요 당사자가 바로 미국과 이스라엘이지요. 그러므로 우리가 제기해야 할 올바른 질문은 이런 것입니다. '미국과 이스라엘은 과거 30년 동안 그래왔던 것처럼 지금도 계속해서 이스라엘과 팔레스타인 문제의 외교적 해결책을 끊임없이 저지하고 방해한다. 그뿐 아니라 불법적 행위를 통해 외교적 해결책을 불가능하게 만들고 있다. 이 점에 대해 우리는 어떻게 해야 하는가?' 이것이 바로 우리가 제기해야 할 문제입니다.

레바논을 방문했을 때 나스랠러를 만나셨지요? 그에 대해 당신은 어떻게 생각하십니까?

Chomsky 그를 만나본 다른 사람들과 같은 생각을 가지고 있어요. 예를 들면, 나도 레이건 정부 시절 반 테러리즘에 관한 고위 관리였던 에드워드 펙Edward Peck과 같은 생각을 가지고 있어요. 펙은 나스랠러가 아주 이성적이고 실용적인 사람이었다고 말했지요.[14] 실제로 그는 매우 사려 깊은 사람이었고, 묻는 말에 빠짐없이 대답해주는 사람이었어요. 사람에 따라 그가 말한 것을 좋아할 수도 있고, 좋아하지 않을 수도 있겠지요. 그러나 그에게서는 진지한 질문에 대한 진지한 답을 얻을 수 있었어요. 이스라엘 문제에 관해서 그는 내가 앞에서 한 말을 되풀이했습니다. 그의 입장 중에서 가장 논란이 되는 부분은 '헤즈볼라가 과연 무장을 유지해야 하는가'에 관한 것이었어요.

나는 레바논에서 헤즈볼라를 가장 강력하게 반대하는 사람들과 많은 시간을 보냈지만 보도되지는 않았어요. 미국에서 함께 간 두 친구와 드루즈Druze족* 지도자인 왈리드 줌블라트Walid Jumblatt를 만난 적이 있습니다. 우리는 또 메론파Maronite**의 대통령 후보이자 제헌의회파로 헤즈볼라를 극도로 싫어하는 치블리 말라트Chibli Mallat와도 대화를 나누면서 여러 시간을 보냈어요. 그 사람들에게, 또 레바논에서 만난 다른 사람들에게도 물어봤어요. 헤즈볼라가 무장을 유지하는 데 대해 어떻게 생각하는지를. 불행스럽게도, 아무도 해답이 없었습니다. 나 자신도 어떤 것이 옳은지 모르겠어요.

헤즈볼라의 무장에 관한 문제는 다음과 같은 문제로 환원됩니다. 즉 '레바논이 미국과 이스라엘의 공격을 막을 억제력을 가지고 있는가?' 하는 것입니다. 이 문제는 결코 추상적인 것이 아닙니다. 지금의 레바논 침공은 지난 30년 동안 자행된 이스라엘의 레바논 침공 중 다섯 번째입니다. 이스라엘의 침공은 매번 파괴적이고 잔혹했어요. 특히 1982년의 침공은 레바논의 많은 부분을 유린했고 필경 2만 5000명 이상의 목숨을 앗아갔을 겁니다.[15] 농담이 아닙니다. 아무도 미국과 이스라엘의 공격을 막을 수 없다면 해답은 분명합니다. 레바논은 억제력이 없는 것입니다. 미국과 이스라엘은 자기들이 원하면 어느 나라건 침략합니다. 레바논이 억제력을 가질 권리가 있다면 무엇이겠습니까? 그것은 분명 군대는 아닙니다. 레바논군은 너무 약해서 미국에 의해 여지없이 유린당할 테니까요. 유일하게 믿을 만한 억제력은 이스라엘의 침

---

* 드루즈족: 중동에 거주하는 이슬람 소수파다.
** 메론파: 시리아 동카톨릭교회의 일파로 5세기 초의 메론이 제시한 교리를 따른다. 레바논의 다수 종파다.

략을 막아주겠다는 미국의 약속뿐일 것입니다. 그러나 그런 가능성을 기대하느니 차라리 내일 당장 유성이 지구에 떨어지기를 기대하는 것이 낫겠지요. 그것이 우리의 문제입니다. 미국에 있는 당신이나 나나 또다른 사람들이 그러한 침략 억제력을 제공하지 못한다면, 레바논 문제는 아무런 해결책도 없습니다.

대안이 있을까요? 헤즈볼라의 논리대로 하자면 이스라엘을 막는 유일한 길은 게릴라전입니다. 다른 어떤 대비책도 이스라엘의 점령을 막을 수 없어요. 어쨌든 이스라엘은 미국의 지원을 등에 업고 레바논을 불법적으로 22년 동안 점령했습니다. 그러한 점령이 유엔 안전보장이사회의 명령을 위반하는 것이든 뭐든 상관하지 않은 채 말입니다. 이스라엘의 점령은 잔혹하고 억압적이었어요. 이스라엘군은 레바논 저항군의 게릴라전을 견디다 못해 2000년이 되어서야 겨우 물러났지요.

레바논 정부는 헤즈볼라의 무장에 대해 애매한 태도를 취하고 있어요. 수니파Sunni*로서, 시아파Shia**인 헤즈볼라의 우호세력이라고 볼 수 없는 푸아드 시니오라Fouad Siniora 수상과 정부의 입장은 레바논 민

---

* 수니파: 이슬람교의 2대 교파 중 하나로 다수파다. 예언자 마호메트가 죽은 뒤, 아부 바크르, 우마르, 우스만, 알리가 칼리프로 선임되었는데 알리만이 정당한 후계자라고 주장하는 일부의 사람들을 제외하고는 대다수의 사람들이 위의 4명을 정통 칼리프로 인정했다. 이 다수파는 그후 우마이야 왕조, 압바스 왕조의 칼리프도 똑같이 인정하여 현실의 이슬람 세계의 역사적 전개를 그대로 승인하였다. 이것을 기본 입장으로 10세기 무렵까지 시아파·할리지파 등의 극단파에 대처했다. 이 과정에서 그 사상이 형성된 것이 수니파다(야후백과사전).

** 시아파: 수니파와 함께 이슬람교를 양분하는 분파의 총칭. 수니파에 비해서 그 수는 매우 적다. 원래는 예언자 마호메트의 후계자는 그의 사촌이며 사위인 알리뿐이라고 주장하는 사람들, 즉 시아 알리(알리의 당파)를 뜻하였다. 많은 분파가 있으나 대표적인 것으로는 이란의 국교, 신자수가 가장 많은 12이맘파, 현재도 아가 칸 4세(재위 1957~)를 이맘으로 받드는 지파가 존속하는 이스마일파, 예멘에 현존하는 자이드파 등이 있다(야후백과사전).

병대의 무장 해제를 결의한 유엔 안전보장이사회 결의안 1559호가 헤즈볼라에게는 적용되지 않는다는 것입니다. 헤즈볼라가 민병대가 아니라 저항군이기 때문이라는 것이지요. 레바논 정부의 이러한 입장에 대해 각자 상황에 따라 동의할 수도 있고 동의하지 않을 수도 있겠지요. 그러나 어떤 식으로든 이 문제는 해결이 되어야 할 것입니다.

이스라엘의 침공이 있기 수개월 전에 이루어진 여론조사에 따르면 "레바논 국민의 58퍼센트는 헤즈볼라가 무장을 유지할 권한이 있고 지금처럼 계속해서 저항운동을 해야 한다"고 생각하고 있어요.[16] 내가 여기서 인용한 자료는 레바논 학자인 아말 사아드 고라이엡Amal Saad-Ghorayeb의 글입니다. 그녀는 헤즈볼라에 관한 권위 있는 전문가로서 그녀의 글들은 미국의 주류 언론에서도 널리 인용되고 있죠. 결코 헤즈볼라에게 우호적이라고 할 수 없는 사람입니다. 그녀는 여론조사를 직접 수행하기도 했어요. 그녀가 덧붙인 바로는 이스라엘의 침공 기간인 7월 말이 되자 이 수치는 레바논 국민의 87퍼센트로 치솟았고, 여기에는 기독교파와 드루즈파의 80퍼센트가 포함되어 있었습니다. 그녀는 다음과 같이 결론을 내렸어요.

이스라엘의 전쟁기계들이 저지른 높은 사망률, 거의 25퍼센트에 이르는 난민, 회복 불가능한 엄청난 규모의 경제적 파괴 등으로 인해 헤즈볼라의 '저항의 논리'와 억제력이 정당성을 부여받았다. 헤즈볼라는 레바논 정부가 포기한 거대한 정치적·군사적 진공 상태를 급속히 메웠고, 지속적인 반격을 통해 이스라엘을 지상에서 꼼짝 못하게 만들었다. 레바논 국민들은 레바논의 대변자 역할을 자임한 미국과 이스라엘의 점령군들을 거부했고, 레바논 국민들로부터 헤즈볼라를 영원히 제거하려던 그들의 음모를 분쇄했다. 아프가니스탄, 이라크, 팔레스타인 사람들이 이미 미국과 싸웠던 것처럼, 레바논 국민들은 그들에게 '자유'를 가져다주겠다는 미국의 숨 막히게 하는 욕망을 죽음의 키스와 동일시하기 시작했다.¹⁷

레바논이야말로 철갑주먹에 의존하는 미국과 이스라엘의 또다른 성공사례입니다.

당신은 방금 유엔 안전보장이사회 결의안 1559호를 언급하셨습니다. 영국의 BBC에서 일하던 팀 르웰린Tim Llewellyn은 이 결의안을 "레바논의 국내 문제에 유엔 안전보장이사회가 개입한 독특한 사례"라고 했습니다.¹⁸ 정말 그런가요?

Chomsky 이 결의안은 틀림없이 전례가 없는 것입니다. 그러나 그것이 실제로 유일한 사례인지는 잘 모르겠어요. 유엔 안전보장이사회는 다른 나라의 국내 문제에 잘 개입하지 않습니다. 결의안 1559호에서 독특하다고 볼 수 없는 부분은 시리아의 철군을 요청한 부분입니다. 이 부분은 냉소적이고 위선적이긴 하지만 충분히 안전보장이사회의 권한 안에 드는 것입니다.

시리아군은 1976년에 미국과 이스라엘의 지원으로 레바논에 진주했습니다. 당시 시리아군의 임무는 팔레스타인 사람들을 무참히 죽여 없애는 것이었어요. 그건 그렇다 칩시다. 시리아는 미국을 등에 업고 레바논에 영구 주둔했어요. 첫 번째 부시 정부는 걸프전*이 터지자 아랍 국가들을 포함하는 연합군을 조직하려는 목적으로 시리아가 레바논에 계속 주둔할 수 있도록 지원했습니다. 그런데 지금은 그들 자신이 보기에도 말이 안 되는 이유를 대며 프랑스와 합세해 시리아가 철수하도록 결정한 것입니다. 시리아가 철수해야 하는 것은 맞는 말이지요. 그러나 시리아는 지금이 아니라 이미 1976년에 철수했어야 합니다.

유엔 결의안의 다른 부분은 레바논의 국내 사정에 관한 것인데, 르웰린이 지적한 것처럼 다소 회의적입니다. 그것은 누가 보아도 유엔 안전보장이사회의 역할이 아닙니다. 미국과 이스라엘의 공격 위협에 대해 레바논 국민들이 어떻게 대응해야 할지를 정하는 것은 레바논 국민들의 몫이니까요.

한 가지 더 첨부할 것은 사람들이 '이스라엘의 레바논 침공'에 대해 이야기하는데, 그것이 정확하지 않다는 점입니다. 이스라엘군이 사용한 제트기, 미사일, 기타 군수품들은 모두 여기 미국에서 만들어졌습니다. 미국은 그런 무기들을 이스라엘에 대량으로 공급하고 공격행위를 허용했습니다. 그러니까 정확히 말하면 '미국과 이스라엘의 침략'인 것입니다. 게다가 미국은 유엔의 휴전 요청에 거부권을 행사하면서 몇 주 동안이나 휴전을 지연시켰습니다.[19] 따라서 미국은 전과 마찬가지로 이스라엘의 레바논 침공에 직접적으로 개입한 것입니다.

---

* 걸프전: 1990년 8월 쿠웨이트를 전격 점령한 이라크에 대하여 미국, 영국, 프랑스 등 서방 진영과 사우디아라비아, 이집트, 시리아, 모로코 등 일부 아랍 진영으로 구성된 다국적군이 1991년 1월부터 벌인 전쟁(야후백과사전).

그들만의 '질서'를 중동에 강요하는 이스라엘

세이무어 허쉬Seymour Hersh는 《뉴요커New Yorker》에 '레바논 보기: 이스라엘 전쟁에서의 미국의 이익Watching Lebanon: Washington's Interests in Israel's War'이라는 글을 썼습니다. 그의 주장에 따르면 부시 행정부는 '이스라엘의 보복공격을 기획하는 데 깊이 개입'했습니다.[20] 그의 글에 대해 어떻게 생각하십니까?

Chomsky 그는 매우 탁월한 기자입니다. 그는 자신이 들은 그대로 보도했을 것이라고 확신합니다. 그러나 그가 만난 취재원들은 정보 요원들과 외교관들이었고, 그것도 종종 익명으로 처리되었어요. 문제는 이들이 사람들에게 진실을 말하는 것이 아니라, 사람들이 알아야 한다고 생각하는 것만을 말한다는 것입니다. 신원을 밝히지 않은 정보 요원이나 외교관으로부터 얻은 정보는, 바로 우리 같은 사람들이 믿기를 원하는 것들뿐이라는 점을 이해해야 합니다. 그런 정보들은 진실일 수도 있고 아닐 수도 있습니다.

나는 특별한 정보 자료를 가지고 있지는 않습니다. 그러나 나 역시 허쉬와 거의 같은 결론을 내렸습니다. 약간의 차이만 있을 뿐입니다. 우선 이스라엘의 레바논 공격 기획에 미국이 세세하게 개입했을 리는 없습니다. 이스라엘의 레바논 공격이 사실 이스라엘 병사들의 납치가 일어나고 나서 수 시간 이내에 즉각적으로 이루어졌기 때문입니다. 자세한 계획을 세울 시간이 없었던 셈이지요. 물론 이스라엘은 요르단 강 서안지구의 모든 팔레스타인 사람들을 요르단이나 걸프 해역으로 몰아내기 위한 유사시 계획들을 분명 가지고 있었을 것이고, 지금도 그런 계획들이 존재한다고 나는 확신합니다. 모든 국가는 비상 계획들을 가지고 있으니까요. 그러나 그런 계획들을 실행에 옮기겠다는 이스라엘의 결정은 미국과의 협의를 통해 이루어졌을 것입니다. 이스라엘은 미국에 이렇게 말했겠지요. "오케이 사인만 보내라, 그러면 우리는 돌진한다."

글에서 허쉬는 미국의 목표 중 하나가 미국의 이란 공격에 방해가 되고 있는 레바논의 억제력을 제거하는 것이라고 주장합니다. 이 점은 확실하다고 자신 있게 말할 수 있어요. 이란에 대한 미국과 이스라엘의 잠재적 공격을 억제할 수 있는 유일한 방해물은 이스라엘에 대한 헤즈볼라의 공격 가능성입니다. 옳든 그르든 미국과 이스라엘은 남부 레바논을 공습함으로써 그러한 억제력을 제거할 수 있다고 생각했겠지요.

탄야 라인하트Tanya Reinhart는 《이스라엘/팔레스타인Israel/Palestine》이라는 자신의 저서에서 레바논에 대한 아리엘 샤론Ariel Sharon과 에후드 바락Ehud Barak의 기록을 검토했습니다. 그녀는 다음과 같이 적고 있습니다. "샤론은 레바논에서 새로운 질서가 구축되기를 희망했다. 그런데 그러한 희망이 수포로 돌아가고, 남부 레바논에 대한 이스라엘의 점령이 몇 년 동안 지속되면서 점점 더 비용이 높아지자 샤론은 새로운 계획을 세웠다. 그것은 이스라엘이 레바논에서 일방적으로 철수하는 것이었다." 실제로 이스라엘은 2000년 5월에 레바논에서 철수했어요. 그녀는 계속해서 말하기를 "그렇게 함으로써 이스라엘은 세계로부터 평화세력으로 인정받게 되었다"고 했습니다. 또 샤론의 전략은 "이스라엘이 일단 철수한 이후에 어떤 사건이 터지기만을 기다리는 것"이라고 밝혔어요. "새로운 상황에서는 양측 사이에서 벌어지는 아주 사소한 사건이라도 레바논과 시리아를 파멸적으로 유린할 합법적인 근거로 간주될 것"이기 때문입니다.[21]

Chomsky 라인하트는 아주 정확하게 보았습니다. 그녀는 상황을 아주 잘 파악하고 있어요. 그녀의 말을 진지하게 받아들여야 한다고 생각합니다.[22] 그러나 나는 미국과 이스라엘이 시리아까지 공격할 의도를 가지고 있다고는 생각하지 않습니다. 이성적인 집단이라면, 이스라엘은 적어도 시리아에 들어설 후계 권력집단의 성격에 대해서도 고려해야 할 테니까요. 내가 말하는 '이성적'이란 '합리성rationality'을 의미하는 것입니다. 적어도 이스라엘의 경우 이성적이란 전제를 해야 한다고 봅니다. 딕 체니Dick Cheney와 도널드 럼스펠드Donald Rumsfeld와 같은 사람들에게 이성적이기를 기대할 수는 없다 하더라도 말입니다.

하여튼 시리아의 바샤르 알 아사드Bashar al-Assad 대통령은 이스라엘이 원하는 것을 거의 그대로 들어주고 있어요. 그저 조용히 입 다물고 있을 뿐입니다. 그는 이스라엘이 자기 나라 땅인 골란고원Golan Heights을 강제로 합병한 것을, 물론 불법적으로 말입니다만, 그냥 내버려두고 있어요. 이스라엘의 소행에 대해 별다른 대응을 하지 않고 있는 거죠. 물론 시리아는 군사력 면에서 아주 약한 나라입니다. 그러니까 이스라엘의 시각에서 보자면, 시리아 정부는 그런 대로 봐줄 만한 존재인 셈이죠. 현 정부를 대체할 후계 정부가 혹시라도 이슬람 근본주의자들이 되고 그들이 헤즈볼라처럼 게릴라전이라도 벌이게 된다면 그건 이스라엘이 결코 원하지 않는 끔찍한 일이 될 것입니다. 그러므로 내 생각에 이스라엘은 시리아를 공격하고 싶지 않을 겁니다.

레바논에서의 '새로운 질서'란 이스라엘의 아주 오래된 계획입니다. 심지어 이스라엘이 1948년 건국되기 이전부터 레바논에 괴뢰정부를 세우려는 음모들이 있었습니다. 메론당 국가를 세우는 것 말입니다.

1982년 이스라엘의 레바논 침공의 주요 목적이 팔레스타인해방기구Palestine Liberation Organization, PLO*의 당혹스런 협상 요청에 종지부를 찍고 PLO를 레바논으로부터 몰아내려는 것이었음은 더이상 비밀이 아닙니다. 이 전쟁은 '갈릴리호를 수호하기 위한' 전쟁으로 묘사되곤 하지만, 실상은 요르단 강 서안지구를 탈취하려는 침략전쟁이었어요.

그리고 두 번째 목적은 레바논에 메론당 괴뢰정부를 수립하는 것이었습니다. 다른 이스라엘 논평가들도 라인하트와 대동소이한 결론을 제기합니다. 레바논의 괴뢰정부와 친밀한 관계인 유리 에이브너리Uri Avnery도 1982년 침공의 목적이 메론파 왕국을 설립하려는 샤론의 오랜 계획

---

* 팔레스타인해방기구: 팔레스타인 사람들을 대표하는 정치조직. 약칭 PLO. 1948년 이스라엘 건국과 제1차 중동전쟁의 패배로 거주지에서 쫓겨난 아랍인(팔레스타인 사람)들이 조국해방과 민족자결을 도모하기 위해 만든 조직으로, 1964년 5월 아랍연맹의 지원 아래 공식 창설되었다. 산하에는 최고 의사결정기관으로 국회에 해당하는 팔레스타인민족평의회PNC, 내각 역할을 하는 PLO집행위원회, 정규군에 해당하는 팔레스타인해방군PLA과 게릴라조직인 팔레스타인민족해방운동FATAH · 팔레스타인해방인민전선PFLP · 팔레스타인해방인민민주전선PDFLP 등 10개의 단체들이 있다.
1970년대까지는 아라파트의 주도로 각종 비행기 납치와 이스라엘을 지원하는 서방국가들에 대한 무차별 테러를 자행했다. 1973년 10월 제4차 중동전쟁 이후 아라파트는 PLO가 국제테러에 개입하지 않는 대신 국제사회가 PLO를 인정해줄 것을 요청했다. 이에 1974년 10월 아랍정상들은 PLO를 400만 팔레스타인 사람들의 유일한 합법기구로 인정했고, 12월 유엔도 PLO를 UN의 정식 옵서버로 받아들였다.

을 소생시키려는 데 있다고 말했습니다.[23] 그럴 수도 있겠지요. 나는 잘 모르겠습니다. 그러나 아무래도 그런 주장엔 의심이 가는군요. 이스라엘은 처음에 1982년의 침공을 성공적으로 끝낼 수 있을 것이라고 생각했을 겁니다. 거의 성공을 거두었으니까요. 그러나 지금의 기준으로 보면 그렇지 않습니다. 우선 메론파가 분열되어 있어요. 그중 가장 큰 분파는 미셸 아운Michel Aoun 장군이 이끄는 것으로 헤즈볼라와 연계되어 있습니다. 게다가 메론파는 현재 그들이 1982년 당시에 가지고 있던 권력에는 근처에도 가지 못하고 있어요. 그 당시에는 이스라엘이 뒷받침해주는 강력한 무장 민병대를 거느리고 있었습니다.

이스라엘 군대는 과거 전쟁에서의 혁혁한 전과로 명성이 지나치게 과장되어 있습니다. 시다트 바라다라얀Siddharth Varadarajan은 8월 14일자 《힌두》에 다음과 같이 썼어요. "30년 이상 군사적 점령을 유지한 채 기껏해야 소년병이나 보잘 것 없는 무장을 갖춘 게릴라들을 상대로 전쟁을 하는 것은 전면전을 치러낸 전설적인 이스라엘군의 명성에는 분명 치명적인 타격이 될 것이다."[24]

Chomsky   나는 군사전문가는 아닙니다만, 그러한 견해에 동의하지 않습니다. 이스라엘이 가령 시리아와 전쟁을 치르게 된다면, 그것은 6일 전쟁*이 되지는 않을 것입니다. 아마도 15분이면 끝나는 전쟁이 되지 않을까요? 게릴라 전쟁이 아니라 전면전이라면요. 헤즈볼라는 그런 점에서 독특합니다. 이스라엘은 레바논 국민들 속에 깊이 숨어 있는 게릴라 운동과 싸우고 있어요. 군사적 견해에서 보자면, 이는 쉽지 않은 상당히 복잡한 싸움이지요. 폭격을 하고 또 하지만 성과가 전혀 없어요. 이스라엘은 지상군을 보내고 싶지 않을 겁니다. 그들은 지금 레바논이 게릴라전을 수행하고 있다는 점을 잘 알고 있기 때문이지요. 처음에 자신들을 레바논으로부터 몰아냈던 것과 똑같은 종류의 게릴라전 말입니다. 이스라엘이 개입했을 때, 그들은 어디에서나 만만치 않았습니다. 헤즈볼라 무장 세력이 그들의 앞 뒤 사방에 있었기 때문이지요.

그러한 상황은 마치 미국이, 남베트남민족해방전선National Liberation Front** 무장 세력, 즉 공식적 선전 용어로 '베트콩'이라 불리던 게릴라들과 싸우던 것과 비슷했을 겁니다. 베트콩은 실제로 어떤 특정 집단이 아니라 베트남의 일반 백성들이었습니다. 그러한 상황은 자신과의 싸움이기도 하지만, 일반 백성 모두를 상대로 한 싸움이기도 합니다. 그것이 무슨 의미인지 우리는 잘 알고 있어요. 이스라엘이 '헤즈볼라

* 6일전쟁: 1966년 시리아와 이스라엘 간에는 골란고원을 둘러싸고 긴장이 고조되고 있었는데, 1967년 4월 제1차 중동전쟁 정전협정에서 이스라엘이 비무장지대로 설정된 골란고원 일대에 농작물을 경작하겠다는 일방적인 조치를 발표함으로써 시리아의 감정을 격발시켰다. 이것이 이스라엘과 시리아 간의 무력충돌을 유발시킨 원인이 되었다. 시리아와 요르단은 이집트의 개입을 요청하게 되었고 나세르는 요르단 및 이라크와 동맹관계를 맺어 이스라엘과의 전쟁 준비를 서둘렀다.
그러나 1967년 6월 5일 새벽 이스라엘 공군은 공격 3시간 만에 아랍제국의 비행기 400여 대를 폭격하였다. 이중 286대가 이집트의 비행기였다. 반면 이스라엘의 비행기 손실은 19대에 불과했다. 이스라엘은 전쟁발발과 동시에 제공권을 완전히 장악하고, 시나이 반도를 지나 수에즈 운하까지 진주했다. 이스라엘의 기습공격으로 이집트는 군장비가 거의 파괴되어 전쟁 시작 4일 만에 UN의 정전 권고를 수락하는 상황이 되었다. 이스라엘군은 시나이 작전이 끝난 6월 8일 주력부대를 골란고원으로 이동시켰고, 시리아는 이스라엘 기갑부대의 도착과 동시에 UN의 정전 권고를 수락했다(야후백과사전).
** 남베트남민족해방전선: 베트남은 1946년에서 1954년까지 프랑스와의 전쟁에서 승리함으로써 1954년 7월 휴전을 위한 제네바협정을 체결했다. 북위 17도선을 군사경계선으로 정하고, 2년 후 전국적 선거를 통해 통일국가를 수립한다는 것이 협정의 내용이었다. 그러나 1955년 남베트남에 고딘디엠 정부가 수립되자 이에 반대하는 공산분자들은 1960년 12월 남베트남에서 '남베트남민족해방전선' 즉 '베트콩'을 결성했다.

목표물'을 공격했다는 말은 그들이 민간인을 공격했다는 것을 의미합니다. 가령 남 베이루트를 봅시다. 나는 몇 달 전에 그곳을 실제로 방문했습니다. 그곳은 가난한 도시 지역으로 이른바 '헤즈볼라 목표물'에 해당하는 곳이었어요. 시민들 대부분은 헤즈볼라를 지지하는 시아파 회교도들이거나 헤즈볼라의 가까운 동맹군인 아말파Amal*였지요. 시아파나 아말파는 거의 유사한 프로그램을 가지고 있더군요. 이스라엘이 헤즈볼라를 공격하고 싶으면, 이들 민간인 사회를 공격하면 되는 것이었어요.

알란 더쇼위츠Alan Dershowitz와 같은 광신자들도 있습니다. 그는 레바논 인구의 80퍼센트 이상이 헤즈볼라를 지지하기 때문에 레바논 사람은 누구나가 합법적인 공격 목표물이라는 궤변을 늘어놓았습니다.[25] 그러니까 누구든지 성스런 국가인 이스라엘에 대한 저항을 지지한다면, 그들은 합법적으로 파괴의 목표물이 되는 셈이지요. 이와 유사한 사례를 찾을 수 있을까요? 아무리 생각해봐도 나는 아직 이런 끔찍한 예를 찾을 수가 없어요. 더쇼위츠와 같은 자들의 견해는 거의 병적인 극단주의에 해당하는 것입니다. 그런 극단주의자보다 좀더 온건한 사람들은 레바논 민간인들에 대한 공격이 "부적절하다"고 말합니다.[26] 그러나 그러한 행위는 단순히 '부적절한' 것이 아닙니다. '잔인무도한' 짓이지요.

누구든지 눈송이처럼 깨끗할 수는 없겠지요. 그러나 우리가 해결해

---

* 아말파: 1975년 창립된 시아파 민병대로 레바논 내전에서 가장 중요한 정파였다. 시리아의 지원과 이스라엘에 의해 밀려난 30만 명 정도의 시아파 난민들이 아말파에 속한다.

야 할 문제는 미국입니다. 무엇보다도 미국은 바로 우리이기 때문입니다. 우리가 자행하고 있는 일들이 바로 그런 것들입니다.

레바논 수상인 라피크 하리리Rafik Hariri가 2005년 2월 14일 암살당한 이후 거리에는 대규모 시위가 있었고, 미국이 사주한 이른바 백양목혁명Cedar Revolution*이 일어났습니다. 이로 인해 시리아군은 레바논을 떠났습니다. 이로써 레바논에 새로운 시대가 열렸다고나 할까요.

Chomsky 무엇보다도 오렌지혁명 이후 레바논에는 시리아보다도 미국에 대한 적개심과 의구심이 팽배했습니다. 조지 부시는 오렌지혁명에 대한 공과를 차지하고자 했지만, 레바논 사람들은 상황을 다르게 봤어요. 오렌지혁명은 레바논 사람들이 쟁취한 것입니다. 프랑스와 미국이 민주주의를 향한 레바논 사람들의 열정을 방해하지 않은 것은 사실이지만, 그것은 그들 자신의 역설적인 이유가 있었기 때문입니다. 이 점에 대해서는 더 말할 것이 없습니다.

미국의 시각에서 보면 모든 신생 민주주의는 미국의 이익에 부합해야 합니다. 미국은 레바논이 부자들을 위한 상업 및 금융의 중심지가 되기를 원합니다. 헤즈볼라가 그렇게 강력해진 여러 가지 이유들 중 하나는 레바논 정부가 남 베이루트와 남 레바논의 가난한 시아파 시민

---

* 백양목혁명: 시리아군의 점령에 항의하는 레바논의 혁명을 국기의 문양을 따서 백양목혁명이라 부른다. 특히 2005년 2월 14일에 있었던 레바논 수상 라피크 하리리의 암살을 계기로 레바논의 백양목혁명이 거세게 일어났으며 시리아군의 추방을 주요 목표로 삼았다. 마침내 4월 27일 시리아군이 레바논에서 완전히 철수하게 된다.

들을 위해 본질적으로 아무것도 해주지 않았기 때문입니다. 헤즈볼라의 권위는 헤즈볼라가 2000년에 이스라엘을 레바논으로부터 몰아낸 게릴라 전쟁을 이끌었기 때문이 아니라 건강, 교육, 재정보조 등과 같은 사회적 서비스를 제공한 데서 나온 것입니다. 많은 레바논 사람들에게 헤즈볼라는 일종의 정부입니다. 다른 이슬람 근본주의 운동단체들과 마찬가지로 이러한 상황 자체가 바로 헤즈볼라의 견고한 대중적 지지기반입니다.

사람들은 국가가 없는 지도자를 원하지 않습니다. 특히 군사적 영웅들의 경우 더욱 그렇지요. 그러나 근본적인 문제가 해결되지 않는다면, 그러한 일이 일어날 수밖에 없습니다. 불가피한 일이지요. 사실 미국과 이스라엘은 실질적으로 세속적 아랍민족주의*를 파멸시킴으로써 이슬람근본주의를 신봉하는 극단주의자들이 소생하는 데 도움을 주었습니다. 그러나 세속적 아랍민족주의를 파괴한다고 해서 사람들이 단순히 "좋아, 내 목을 자르라." 하고 물러서지는 않습니다. 세속적 아랍민족주의자들은 어딘가 다른 곳으로 은신처를 찾게 되지요. 그 은신처가 바로 극단주의적 종교 광신입니다.

사실, 경우에 따라서는 이러한 운동이 적극적으로 조장되기도 합니다. 제2차 세계대전 이후로 미국은 극단적 이슬람근본주의**자들을 지원하는, 세계에서 가장 강력한 지원자였습니다.

---

* 세속적 아랍민족주의: 1954년 2월 압델 나세르가 이집트 대통령이 되면서 표방했던 정치 이념을 말한다. 이는 나세르가 수에즈 운하를 국유화하면서 아랍의 진보주의자들을 결집시키기 위해 주장한 반 군주제, 반 식민주의, 반 시오니즘, 사회주의, 세속주의, 범아랍주의를 뭉뚱그린 정치이념이다. 나세르의 주장에 고무돼 이라크의 사담 후세인, 리비아의 무아마르 카다피, 팔레스타인의 야세르 아라파트, 시리아의 하페즈 알 아사드 같은 젊은 지도자들이 집권하기에 이르렀다.

아랍 세계에서 미국의 가장 오래되고 소중한 동맹국은 사우디아라비아입니다. 이란은 그에 비하면 민주주의 지상낙원입니다. 사우디아라비아의 종교적 극단주의 독재자들에 대한 위협은 세속적 아랍민족주의였는데, 이러한 민족주의는 주로 게말 압델 나세르Gamal Abdel Nasser가 추진한 것이었습니다.

나세르가 미국의 적이 된 이유는 그가 극단적인 종교적 근본주의자들의 기반인 사우디아라비아를 위협했기 때문이었습니다. 우연히도 사우디아라비아는 원유를 통제하고 있었는데, 바로 이것이 미국이 사우디아라비아를 감싼 진짜 이유였지요. 1967년 이스라엘은 (이집트를 기반으로 하는) 세속적 아랍민족주의를 일소함으로써 미국, 사우디아라비아 그리고 에너지 회사들에게 엄청난 기여를 했습니다. 당시 세속적 아랍민족주의가 풍미하면서 자국의 자원을 자국 국민을 위해 사용하려는 위험한 분위기가 생겨났는데 이러한 시도는 용납될 수 없는 것이었어요. 그러한 자원들은 오래 전에 조지 키넌George Kennan*이 말한 것처럼 '미국의' 자원이고, 따라서 미국은 그 자원을 '보호'해야 하기 때문입니다.[27]

** 극단적 이슬람근본주의: 이슬람 교리가 정치, 경제, 사회, 문화 등 공동체와 국가의 기반이 돼야 한다며 모든 분야의 이슬람화를 추구한다. 서구의 세속·물질주의를 강하게 거부하고 서구의 제도와 사상을 빌려오지 않아도 이슬람 교리에 따라 이슬람 공동체 건설이 가능하다고 여기는 이들을 서구에서 극단적 이슬람근본주의자라고 이름 붙였다. 근본주의자들 중 일부는 서구에 대한 분노와 좌절감으로 테러에 의존하는데 이것이 반 이스라엘 투쟁과 더불어 오늘날 이슬람 테러리즘의 배경이다.
* 조지 키넌: 1940년대 미 국무성의 정책을 결정한 일급 정책입안자로 마샬플랜을 입안하는 등 냉전시대의 미국 정책을 좌우했다. 미 중앙정보국 작전 등을 통해 은밀히 공산주의를 저지하기 위한 정치적 전쟁을 수행했으며, 촘스키의 저서 여러 곳에 언급되는 극우반공주의자다.

똑같은 일이 되풀이해서 벌어지고 있습니다. 이스라엘은 세속적 민족주의자들인 PLO를 궤멸시킴으로써 하마스를 태어나게 했습니다. PLO는 사실 협상과 해결을 요구하는 온건한 집단이었는데 말입니다. 이스라엘과 미국이 절대로 원하지 않는 것이 바로 협상이었기 때문에, 그들은 PLO를 궤멸시켜버린 것입니다. 그후 어떻게 되었습니까? 놀랍게도 팔레스타인 사람들은 분열하지 않았습니다. 오히려 그들은 무언가 다른 것, 종교적 근본주의로 눈을 돌리게 되었습니다.

지하드* 운동은 이미 1970년대부터 존재하긴 했습니다. 바로 1981년에 있었던 안와르 사다트Anwar Sadat의 암살을 자행한 집단이 바로 지하드였습니다. 그러나 그 이후 지하드 운동은, 미국이 아프가니스탄에서 러시아군과 싸우도록 하기 위해 그들을 조직하고 엄청난 양의 중화기를 제공하던 시점까지, 주로 이집트를 근거로 명맥만 유지했을 뿐입니다. 미국은 물론 아프가니스탄 사람들을 위해서가 아니라 냉전의 적국에 대항하기 위한 조치로 지하드를 지원한 것입니다. 이 과정에서 미국의 행동이 당연히 러시아의 아프가니스탄 주둔을 연장시키는 자극제가 되었음은 물론입니다.

현재 극단적 이슬람주의의 주요 거점이 된 파키스탄에서는 지하드 운동이 전 대통령 무하마드 지아 울하크Muhammad Zia ul-Haq와 더불어

---

* 지하드: 이슬람의 확대와 방위를 위한 이슬람교도들의 투쟁으로 '성전'을 말한다. 지하드는 회교공동체에 부과된 종교적 의무다. 이슬람법에는 이를 수행하는 구체적 방법들이 상세하게 규정되어 있다. 역사적으로는 초기 아랍의 정복뿐 아니라 십자군에 대한 전쟁이나 오스만 왕조의 유럽 진출을 위한 전쟁도 지하드라는 이름으로 수행되었다. 근대·현대에 일어난 반제국주의, 이슬람 복고주의, 이슬람 원리주의에서는 이슬람 세계의 방위를 위하여 실제로 무기를 가지고 싸우는 지하드가 또다시 강조되고 있으며, 참가자에게는 전리품의 분배가, 순교자에게는 천국이 약속된다(야후백과사전).

시작되었어요. 그는 레이건 정부의 강력한 지원을 받았습니다. 사실 레이건 정부는 8년의 집권 기간 내내 지아 울하크의 핵무기를 개발을 모른척 했어요. 사실 그가 핵을 개발하고 있다는 사실을 잘 알고 있었으면서 말입니다. 그러나 매년 레이건 정부는 파키스탄이 핵무기를 개발하지 않았다는 사실을 확인해주곤 했어요. 파키스탄의 극단적인 근본주의 편향을 지원하고자 했기 때문입니다.

그들은 또 사우디아라비아가 극단주의 마드라사madrassa*에 자금을 제공하고 있다는 사실을 잘 알고 있었습니다. 파키스탄의 공식적 학교체계를 무용지물로 만든 '마드라사'는 이전에는 순기능을 하는 비교적 괜찮은 보조 교육기관이었습니다. 파키스탄의 핵물리학자인 퍼비즈 후드보이Pervez Hoodbhoy와 같은 사람들은 이제 마드라사로 인해 과학을 공부하려는 학생을 모집할 수 없게 되었다고 한탄합니다. 학교에서는 오직 코란만을 가르치는 광신적 극단주의가 횡행하고 있기 때문입니다. 물론 과거에는 그렇지 않았어요. 이러한 사태 전개는 레이건 정부에 의해 더욱 강화되었습니다. 레이건 정부 시절의 관리들 중 많은 수가 지금도 여전히 공직에 있습니다.

그들은 복음주의자들입니다. 미국은 미국의 정책과 맞는 사람이라면 누구든지 지원합니다. 사담 후세인은 우연히도 세속적 광신자였지만, 미국은 그도 지원했습니다. 그가 이란을 침공했을 때도 지지

---

* 마드라사: 이슬람 교리를 연구하고 가르치는 학원. 10세기 무렵 가즈니왕조 때 시아파와의 항쟁 중에 창시되었다고 한다. 셀주크왕조가 마드라사를 제도화했다. 19세기 말까지는 서아시아에 있는 거의 대부분의 도시에 1개 이상의 마드라사가 있었으나 근대 고등교육의 보급과 함께 사라졌다. 인도·동남아시아에서는 마드라사가 초급 코란학교를 뜻하는 경우도 있다(야후백과사전).

했구요. 사실 미국은 후세인을 위해 이란과의 전쟁을 승리로 이끌기까지 했어요.

이라크, 이란, 레바논의 시아파 회교도들 사이에는 어떤 관계가 있습니까?

Chomsky 그 점에 대해서는 도널드 럼스펠드, 딕 체니, 폴 울포위츠 Paul Wolfowitz에게 점수를 줘야 할 것입니다. 그들은 이라크에 시아파가 독주하는 국가를 창설했어요. 이 시아파 정권은 이란과 밀접하게 연계되어 있는데 궁극적으로는 또다른 근본주의 회교국가가 될 것입니다. 이 사람들이 그런 국가를 창설했습니다. 전에는 이라크에 그런 국가가 없었다는 점을 기억하십시오. 이 사람들은 지금 자기들이 무슨 일을 벌이고 있다고 생각하는지 모르겠지만 결과적으로 그런 결과를 초래한 책임이 있습니다. 이라크 의회는 이스라엘의 레바논 침공을 비난하는 결의안을 통과시켰습니다.[28] 이라크의 수상인 누리 알 말리키 Nuri al-Maliki는 이스라엘의 침공을 비난하는 강력한 성명을 발표하기도 했습니다.[29] 그가 미국을 방문했을 때 그는 그 일로 인해 집중적인 공격을 받았어요. 미국의 일부 민주당 하원의원들은 미국과 이스라엘의 제3국 침공을 그가 감히 비난했다는 이유로 그를 거부했습니다.[30] 그런 일은 하면 안 되는 것이었어요. 진보적인 민주당 의원에게조차도 그것은 격분을 자아내는 일이거든요.

진퇴양난에 빠진 미국

이라크에서 벌어진 잔혹한 살상과 폭력은 《뉴욕타임스》의 퓰리처상 수상자이자 이스라엘의 침공을 강력하게 지지하는 칼럼니스트 토마스 프리드먼Thomas Friedman조차 자신의 입장을 철회하게 만들었습니다.[31] 이라크에서의 미국의 정책은 도대체 어디로 가고 있는 걸까요?

Chomsky 미국은 진퇴양난에 빠졌습니다. 철수전략에 관한 모든 논의는 가장 근본적인 문제점, 즉 미국이 이라크로부터 쉽게 빠져나올 수 없다는 사실을 직시하지 않고는 본질적으로 무의미합니다. 미국은 이라크를 주권을 가진 독립국가로 내버려둘 수도 없습니다. '내버려둘 수 없다'는 말이 너무 강할지는 모르지만, 그렇게 된다면 베트남과는 비교도 할 수 없을 만큼 엄청난 패배가 될 것입니다. 비교하는 것조차 무의미하지요. 베트남의 경우, 미국은 그 나라를 파괴한 후 걸어 나오는 것으로써 전쟁을 승리로 끝낼 수 있었어요. 그렇게 하는 것이 미국의 주요 목표였기 때문입니다. '바이러스'를 제거함으로써 그것이 독자적으로 발전해 다른 나라를 '감염'시키는 것을 저지하는 것, 그래서 아시아에서의 미국의 지위가 손상되는 것을 방지한다는 게 바로 미국의 목표였습니다. 미국이 베트남에서 목표를 충분히 실현하지는 못했지만, 적어도 주요 목표들은 성취했어요.

그러나 이라크에서는 그렇게 할 수 없습니다. 이라크는 훨씬 더 중요한 가치를 가지고 있기 때문입니다. 이라크는 전 세계에서 두 번째로 큰 유전을 가지고 있습니다. 미국의 입장에서 보자면 그것도 아주 쉽게 차지할 수 있는 유전이죠. 또 전 세계의 주요 에너지 생산 지역의 핵심적 위치에 있다는 지정학적 이유 때문에도 미국에게는 중요한 나라입니다. 이라크는 이란 및 사우디아라비아와 국경을 맞대고 있습니다. 미국이 이라크를 이라크인들에게 그대로 넘겨준다는 것은 그들에겐 악몽입니다. 그렇게 되면 이라크는 당연히 시아파가 지배하는 이슬람근본주의 국가가 될 겁니다. 이미 그런 조짐이 보이기도 합니다만 같은 종파인 이란과 더욱 더 긴밀해질 것이 뻔합니다.

이상한 지정학적 우연의 일치인지는 모르겠지만, 전 세계의 주요 에너지 보고는 시아파가 지배하는 지역에 몰려 있습니다. 사우디아라비아는 세계에서 가장 큰 에너지 보고를 가지고 있어요. 사우디의 유전은 이라크와의 접경지대에 주로 집중되어 있는데, 이 지역 역시 미국의 지원을 받는 사우디의 독재자들, 즉 그들의 지배를 받는 시아파 회교도들이 몰려 사는 곳입니다. 그러나 이제 이들은 더 많은 권리를 위해 움직이기 시작했고, 심지어는 자치권을 요구하기도 합니다. 이라크의 시아파 형제들이 이라크 내에서의 정책에 대해 어느 정도의 통제권을 획득하는 것을 보면서 자극을 받았기 때문이지요. 이렇게 보면 이 지역에서 느슨하나마 일종의 시아파 연대세력이 형성될 가능성도 있어요. 이란 시아파, 이라크 시아파, 사우디아라비아 시아파들이 연대해서 미국으로부터 벗어나 세계 에너지원의 대부분을 통제하는 가능성 말입니다.

설상가상으로 이러한 연대는 동쪽으로 시선을 돌릴지도 모릅니다. 미국은 유럽을 위협할 수는 있어도 중국을 협박할 수는 없어요. 미국이 중국을 두려워하는 이유 중의 하나가 바로 이것입니다. 중국인들은 이미 과거 3000년 동안 이 지역에 등장했어요. 쉽게 겁을 먹을 나라가 아닙니다. 미국은 중국으로 하여금 중동문제에서 손을 떼라고 하지만, 중국인들은 끊임없이 이 지역에 투자를 늘리고 있습니다.

중국의 후진타오 주석이 지난해 미국을 방문했을 때, 부시 정부는 그에게 공식 만찬을 제공하지 않음으로써 굴욕감을 안겨줄 수 있다고 생각했어요. 실제로 미국은 공식 만찬 대신 오찬만 제공했습니다.[32] 후진타오는 매우 점잖은 사람이었어요. 그는 자신이 당한 굴욕감을 아주 부드럽게 받아넘기는 대신, 워싱턴에서 곧바로 사우디아라비아로 날아가 융숭한 환대를 받았지요.[33] 그는 사우디아라비아와 새로운 투자를 체결하고 무역관계를 증진시켰습니다. 중국은 이제 사우디아라비아의 최대 무역 파트너가 되었고 지금은 군수물자까지 제공하고 있습니다. 이러한 사태진전이 미국의 민간 전략가들을 경악시켰음에 틀림없어요. 사우디아라비아야말로 지금까지 미국의 주요 먹잇감이었으니 말이죠.

이러한 문제들이 미국의 이라크 철수라는 문제와 연관되어 있습니다. 요지는 '어떻게 군대를 철수시킬 것인가.' 하는 기술적인 문제가 아닙니다. 그런 기술적 문제는 이라크 내전과는 하등의 관계도 없어요. 사실 미국은 그 점에 대해서 그렇게 신경 쓰지 않습니다. 미국의 이라크 점령은 이라크의 내전을 격화시킬 것입니다. 미국이 이라크에 계속 주둔하는 데는 실질적인 목적이 있어요. 이라크가 민주화되고 온건한 주권국가로 성립되지 못하도록 하기 위해서지요. 만약 이라크가 민주화된다면 미국의 전략가들에게는 치명적인 재앙이 될 테니까요.

중국의 후진타오 주석이 지난해
미국을 방문했을 때, 부시 정부는 그에게 공식 만찬을
제공하지 않음으로써 굴욕감을 안겨줄 수 있다고
생각했어요. 후진타오는 매우 점잖은 사람이었어요.
그는 자신이 당한 굴욕감을 아주 부드럽게
받아넘기는 대신, 워싱턴에서 곧바로 사우디아라비아로
날아가 융숭한 환대를 받았지요.

핵 문제의 가장 큰 위협은 바로 미국

신보수주의의 핵심 주창자인 빌 크리스톨Bill Kristol은 최근 《위클리 스탠더드Weekly Standard》에서 '이란의 침략'에 대해 논평하면서 미국이 '이란의 핵 시설에 군사적 공격을 가하는 문제'를 진지하게 고려해야 한다고 주장했습니다.³⁴

Chomsky 크리스톨도 명백히 알고 있다시피 표적을 잘못 골랐습니다. 이란 정부는 수년 동안 협상을 제안해오지 않았습니까? 그 점에 대해서는 우리 모두 알고 있어요. 그리고 그도 알겠지만, 2003년 이란의 온건파 하타미Khatami 정부는 강경파 종교 지도자들의 용인 아래, 제기된 모든 현안들에 대해 미국과 협상을 하자고 제안했습니다.³⁵ 여기에는 물론 핵 문제도 포함되었지요. 그뿐 아니라 이스라엘과 팔레스타인 문제의 당사자 간 해결까지도 포함하고 있었어요. 앞에서도 언급했던 것처럼, 이란은 이스라엘과 팔레스타인 문제에 대해 양국이 서로 해결하는 것을 공식적으로 지지해왔습니다. 부시 정부는 겉으로는 협상 제안을 거부하지 않았습니다. 어떻게 했는지 아십니까? 그러한 제안에 어떠한 반응도 보이지 않는 거만함을 보여주었어요. 오히려 그러한 제안을 전달한 스위스 외교관을 비난했죠.³⁶

협상을 거부한 것은 미국입니다. 미국의 국무장관 콘돌리자 라이스Condoleezza Rice가 정책을 바꾸었기 때문에 이란이 갑자기 협상을 진지하게 고려하게 되었다고 하는 것은 사실이 아닙니다.³⁷ 이란 정부는 물론 괜찮은 정부는 아닙니다. 이란 정부에 대해서는 온갖 종류의 혐오스런 문제들을 제기할 수 있을 것입니다. 그러나 핵 문제에 관한 한, 이란 정부가 먼저 협상을 제안했습니다. 다시 말하지만, 이란 정부는 이스라엘과 팔레스타인 문제에 관해서도 양 당사자 간 해결을 받아들이겠다고 했습니다. 그러나 미국은 협상이 시작되기도 전에 이란이 협상 결과를 먼저 양보해야만 '협상'이 가능하다는 이상한 억지를 폈지요. 이란이 우라늄 농축을 중지해야만 협상이 가능하다는 것입니다. 이란은 법적으로 우라늄 농축을 할 수 있는 권리가 있는 나라입니다. 즉, 미국의 협상 목표는 이란의 우라늄 농축 중지였던 것입니다.[38] 말하자면, 이란이 미리 양보하면 미국이 협상 테이블에 앉겠다는 속셈이지요. 그것도 머리에 총을 겨눈 채로 말입니다. 어쨌든 미국은 이란에 대한 협박을 철회하지 않을 것입니다. 미국은 이 점을 아주 분명히 했어요. 그러나 이런 협박은 유엔헌장에 대한 명백한 위반입니다.

우라늄을 농축해서 핵무기를 제조하는 것은 대단히 심각한 문제입니다. 인류 전체의 운명이 그것에 달려 있어요. 우라늄 농축이 계속된다면, 우리는 더이상 생존할 수 없게 될 것입니다. 이 문제를 어떻게 해결할 것인가에 대한 몇 가지 제안들이 있어요. 주요 제안은 국제원자력기구International Atomic Energy Agency* 의장이자 세계적으로 존경

---

* 국제원자력기구: 원자력에너지의 사용 및 제한 관리를 위한 국제기구로, 약칭은 IAEA다. 1953년 12월 8일 제8차 유엔총회에서 제안되어 1956년 80개국의 서명을 받아 1957년 7월 29일 발족했다. 궁극 목적은 세계의 평화·보건·번영 촉진이며 특히 원자력에너지가 군사적 목적으로 쓰이는 것을 막고 있다. 이와 같은 목적을 위하여 원자력에너지의 평화적 이용 촉진, 보건안전상 기준 제시, 저개발국에 대한 기술원조 모색, 과학기술정보와 전문가의 교환, 방사능 보호시설의 설치·관리 등을 담당한다. 2005년 현재 회원국은 139개국으로 한국은 1957년 가입하여 1987년 9월에 제31차 빈 총회에서 이사국으로 선출되었다. 북한은 1974년에 가입했다. 본부는 오스트리아 빈에 있다(야후백과사전 요약).

받는 노벨상 수상자인 모하메드 엘바라데이Mohamed ElBaradei가 제시한 것입니다. 그는 무기 수준의 핵분열 물질은 국제기구의 관리와 감시 아래에 두자고 제안했지요. 핵분열 물질을 사용하려는 국가들이 평화적 목적을 위해 그 물질을 사용할 경우 국제원자력기구에 신고하자는 것입니다.[39] 이 제안은 매우 사려 깊은 것입니다. 내가 알고 있는 한, 이러한 제안을 받아들인 국가는 전 세계에서 이란이 유일합니다. 이 점은 다른 곳에서도 관련 기록을 찾아볼 수 있습니다.

데이비드 코텐David Korten이 《대전환Great Turning》이라는 책을 냈습니다.[40] 그는 석유 고갈, 기후 변화, 미국 달러화의 폭락이라는 세 가지 요소로 구성된 완벽한 대전환이 갑자기 도래할 것이라고 쓰고 있습니다.

Chomsky   그것들은 모두 다 문제입니다. 그러나 그것들보다 훨씬 더 심각한 문제는 핵전쟁의 위협이라고 생각합니다. 핵전쟁의 위협에 대해서는 일부 전문가들을 제외하고는 별로 논의되지 않고 있습니다. 군축 전문가들이 제시하는 문헌들을 읽어보면, 핵전쟁은 대단히 심각하고 점증하는 위협으로 간주되고 있어요. 그리고 이러한 위협은 부시 정부의 공격적인 군국주의에 의해 급격히 증대되었습니다. 내 생각이 색다른 것은 아닙니다. 지금의 미국 정책들이 이른바 '머지 않아 종말적' 재앙을 초래할지도 모른다는 로버트 맥나마라Robert McNamara*와 같은 사람의 견해를 보더라도, 이 문제가 얼마나 심각한지를 이해할 수 있을 것입니다.[41]

　환경파괴의 위협도 매우 심각합니다만, 핵 위협만큼 긴급한 것은 아닙니다. 물론 환경파괴 문제도 오래도록 방치한다면 사태가 악화되겠지요.

　미국 달러화의 폭락에 관해서는 우선 여러 가지 문제들이 뒤섞여 있어요. 미국이 엄청난 규모의 무역적자에 대해서 어떤 식으로든 조치를 취하리라는 점을 경제학자들은 다 알고 있습니다. 즉 미국이 할 수 있는 유일한 대책은 달러화를 약화시키는 것입니다. 달러화를 약화시키면 인플레이션이 오겠지만, 동시에 미국의 수출이 증가하고 제조업 분야의 일자리도 늘어날 것입니다.

　석유고갈 문제를 볼까요. 석유 고갈이 가까이 온다면 그것은 어쩌면 우리에게 축복이 될지도 모릅니다. 사람들은 석유 고갈을 재앙이라고 말하지만, 그들이 간과하고 있는 것은 석유를 계속해서 사용할 경우 더 나쁜 재앙을 초래할 수도 있다는 것입니다. 지금과 같이 석유 자원을 남용한다면 다음 세대까지 석유를 사용할 수 있을까요? 석유는 유한재입니다. 어느 시점에 이르면 석유를 사용하는 것이 더이상 경제적일 수 없게 되겠지요. 그런 시대가 언제가 될지는 아무도 모릅니다. 불확실한 사항들이 너무나 많습니다. 역청사암에서 원유를 정제하는 것이 경제적으로 더이상 가능하지 않게 될지, 혹은 지금은 활용할 수

---

* 로버트 맥나마라: 미국의 실업가이자 정치가. 캘리포니아 대학 버클리 분교를 졸업한 후 하버드 대학 대학원에서 경영학을 전공하고, 1940년 이 대학의 교수가 되었다. 제2차 세계대전 중에 공군의 자료·인력 등을 통제하기 위한 통계체계를 연구하여, 전 세계에 배치되어 있는 공군에 이 체계를 적용했다. 1961년 케네디 대통령에 의해 국방장관에 임명되었고, 케네디와 존슨의 가장 유력한 자문역으로 미국 정치에 큰 영향을 끼쳤다.
베트남 전쟁은 그가 해결하고자 했던 가장 중요한 문제였다. 1964년경에는 베트남 전쟁이 맥나마라의 전쟁이라는 비난을 받기도 했다. 1967년에 국방장관을 사임하였고, 1968년 세계은행 총재에 취임하여 1981년까지 재직했다(야후 백과사전).

없는 다른 석유 자원을 찾아내게 될지 확실하지 않아요. 어떤 통계에 따르면, 어쩌면 베네수엘라가 세계에서 가장 큰 유전을 가지고 있는지도 모릅니다.[42] 이 문제도 확인하기가 쉽지 않지요. 그러나 석유 고갈은 언젠가는 닥칠 운명임에 틀림없습니다.

이러한 상황이 인류가 사회를 재구성하기 위한 이성적 조치들을 취하고 우리의 환경을 오염시켜서는 안 된다는 사실을 인식하는 출발점이 된다면, 인류는 더이상 환경을 파괴하지 않게 될 것입니다. 그렇지 않으면 모두 죽게 될 테니까요. 그런 일이 좀더 일찍 일어난다면 좋겠어요. 지금의 부시 정부나 그 다음 정권이 이러한 긴급한 재앙을 막을 조치를 취한다면 좋은 일이지요. 그렇게 된다면 일부 음모가들이 늘 말하는 것과는 달리 경제에도 도움이 될 것입니다. 이러한 조치들은 지금 당장이라도 취해질 수 있습니다. 즉 우리가 대체 에너지원을 찾아내고 삶의 방식을 바꾸면 됩니다. 생활습관을 바꾸는 것이 반드시 해롭다고는 할 수 없어요. 뉴욕의 교통지옥 속에 그대로 앉아 있을 수 있다는 것은 전혀 대단한 일이 아닙니다. 그런 방식은 최고의 삶이 아닙니다.

시급한 다른 위협 요인들도 많이 있습니다. 의료보장문제도 아주 심각합니다. 미국은 선진 산업국가 중에서도 최악의 의료제도를 운영하고 있어요. 다른 산업사회들보다 1인당 두 배 이상의 비용을 지불하고 있습니다. 그러면서도 의료서비스의 질은 산업 국가들 중에서 최악이구요.[43] 비용은 계속해서 오르고 있습니다. 그 이유는 모두들 잘 알고 있을 겁니다. 의료보장비가 자꾸 올라가는 이유는 제약업계의 너무나 강력한 힘과 민영화된 의료보장제도 때문입니다.

제약회사들은 국가의 보조금을 받으면서도 약 가격을 계속해서 올리고 있어요. 민영화된 의료보장제도는 극단적으로 비효율적입니다. 의료보장문제를 대다수 국민이 원하는 방식으로 고치지 않으면, 우리의 아이들과 그 다음 세대에게 또다른 심각한 걱정거리가 될 것입니다. 미국 국민 대다수는 의료보장제도를 온 국민이 혜택받는 국민의료보장제도로 바꾸길 원하지 않습니까? 미국이 적어도 다른 산업국가에서 시행하는 수준의 효율적인 의료보장제도를 시행해야 한다고 주장하는 것을 두고 유토피아적이라고 할 수는 없을 것입니다.

누가 9.11로부터 이득을 보는가

지난 9.11사태에 대한 많은 이론들 중에는 부시 정부가 공격에 직·간접적으로 연루되었다고 일관되게 주장하는 이론이 있습니다. 왜 그런 주장들이 제기된다고 보십니까?

Chomsky 우선 나는 그런 이론들을 믿지 않습니다. 이 문제에 관해서 수많은 편지들을 받았어요. 9.11은 이제 거대한 산업, 일종의 광신적 산업이 된 것 같습니다. 많은 사람들이 나에게 투쟁을 위한 우선순위를 바꾸라고 합니다. 내가 매일매일 받는 수백 통의 편지들 중에서 어떤 극단적인 편지는 이렇게까지 말합니다. "다른 모든 일들을 제쳐두고서라도 이 문제를 최우선적으로 다뤄야 하는 것이 당신의 임무입니다." 이런 편지들은 주로 '9.11 진실조사위원회'라는 단체의 사람들로부터 오고 있어요.

9.11과 관련해서는 물론 몇 가지 의문들을 제기해야 할 것입니다. 우선 물리적 증거입니다. 설명되지 않은 몇 가지 우연의 일치들과 사람들마다 다른 증언들이 있습니다만, 이런 것들이 결정적인 실마리를 제공하지는 않을 것입니다. 이러한 문제들은 모든 복잡한 세계사적 사건들에 늘 있어왔지요.

더 자세히 말해볼까요? 우리가 몇 시간쯤 인터넷을 뒤진다고 해서 매우 전문적이고 유능한 토목공학자나 기계공학자가 되고 건물구조에 관한 전문가가 될 수 있을까요? 그럴 수 있다면 굳이 매사추세츠공대 MIT에 토목공학과나 기계공학과를 둘 필요가 없겠지요. 굳이 대학엘 뭐하러 가겠습니까?

9.11과 관련된 물리적 증거를 믿는다면, 우리가 다음으로 할 일은 명백합니다. 그 증거를 평가할 수 있는 전문가들을 찾아가는 것입니다. 그렇지만 나는 권위 있는 전문가들이 심사하는 학술 저널에 누군가가 9.11 관련 증거들을 제시했다는 이야기를 아직 듣지 못했습니다. 그건 차치하더라도, 토목공학과나 기계공학과를 찾아갈 수도 있겠지요.

'9.11 진실조사위원회'의 사람들은 이 사건이 완벽한 공모에 의한 것이라고 믿는 것 같습니다. 그러나 그것이 그렇게 거대한 음모에 의한 것이라면, 우리가 그것을 잊어버리는 것도 당연할지 모릅니다. 이 사람들은 그들이 두렵다고 말합니다. 그러나 아무것도 두려워할 것이 없습니다. 이런 분야의 경험을 가진 사람들은 알겠지만, 권력에 비판적인 사람들 사이에서는 그저 겁을 먹고 조용히 있는 것이 가장 안전

많은 잠재적 저항 에너지가 9.11에 대한
논의에 소진되고 있습니다. 권력 집단의 시각에서
보자면 이건 참으로 다행인 셈이겠지요.
'그래 이 사람들에게는 씨 스팬이나 실컷 볼 수 있도록
해주자. 그리고 9.11 관련 서적들을 서점 앞줄에 놔주자.'
아마 이렇게 생각할 겁니다.

하지요. 실제로 9.11은 권력 핵심부에 의해서는 매우 관대하게 다루어지는 측면이 있어요.

바로 이 점에서 우리에게 또다른 의구심이 떠오릅니다. 9.11에 대한 논의가 왜 이렇게 관용적으로 다루어지고 있는가? 이 점에 있어서 나는 권력자들을 의심합니다. 9.11은 정부의 훨씬 더 심각한 진짜 범죄들로부터 국민들의 저항 에너지를 분산시키고 있어요. 그럴 리는 없지만, 가령 미국 정부가 세계무역센터를 폭파했다고 가정해봅시다. 그들의 기준으로 보자면 이건 아주 사소한 범죄에 불과합니다. 핵전쟁의 위협과 환경재앙을 증대시키는 것이 훨씬 더 나쁜 범죄입니다. 인류 전체의 생존을 앗아갈 수도 있기 때문입니다. 미국 정부가 저지른 이라크와 레바논 침공을 봅시다. 아니면 미국 정부가 자국의 근로자들에게 저지르고 있는 만행을 보십시오. 그런 사례는 수없이 많습니다.

미국 정부는 실질적 의미에서의 범죄를 저지르고 있어요. 그런데 이런 일상적 범죄에 대해서는 아무런 항의도 찾아볼 수 없어요. 여기에는 여러 가지 이유가 있겠지만, 그중 하나는 많은 잠재적 저항 에너지가 9.11에 대한 논의에 소진되고 있기 때문입니다. 권력 집단의 시각에서 보자면 이건 참으로 다행인 셈이겠지요. '그래 이 사람들에게는 씨스팬C-SPAN*이나 실컷 볼 수 있도록 해주자. 그리고 9.11 관련 서적들을 서점 앞줄에 놔주자.' 아마 이렇게 생각할 겁니다. 그렇기 때문에 정부가 9.11에 대해 이렇게 관대하게 나오는 것입니다. 말하자면 국민

---

* 씨스팬: C-SPAN은 Cable-Satellite Public Affairs Network의 약자로 미국 케이블 텔레비전 네트워크로서 정부 관련 일이나 공공문제들을 24시간 방송한다. 이 방송의 특성은 모든 프로그램을 편집하거나 검열하지 않는다는 것이고, 상업광고가 일체 없다.

들이 9.11과 같이 전혀 해결할 수 없는 문제를 쫓아다니며 에너지를 소비하는 동안, 정작 중요한 많은 문제들을 간과하게 되는 것입니다.

그렇습니다. 9.11은 훨씬 더 심각한 문제들에 접근하지 못하도록 우리의 에너지를 고갈시키고 있어요. 그와 관련된 증거도 확실하지 않구요. 테러의 물리적 증거물을 제시하는 사람들이 과연 그것을 판별할 능력이 있는지도 의심스럽습니다. 이 문제는 매우 난해한 전문적 공학에 관한 것입니다. 사람들이 간과하고 있는 한 가지 논점은 과학자들이 실험을 하는 근본적 이유입니다. 과학자들은 창 밖에서 일어난 사건을 기록한 비디오 테이프를 분석하지 않습니다. 이유는 간단해요. 창 밖에서 일어난 사건은 너무나 많은 변수들을 포함하고 있기 때문에, 이 복잡한 사건의 실체를 비디오 테이프를 분석하는 것만으로는 이해할 수 없기 때문이지요. 이런 사건에는 늘 설명할 수 없는 온갖 종류의 우연의 일치와 명백한 과학법칙의 위반이 수반됩니다. 통제된 실험에서조차 예기치 않은 문제들이 발생하지 않습니까? 과학 저널의 칼럼이나 기사를 보면 이러한 사례들은 수없이 나옵니다. 이런 저런 일들이 일어난다는 점을 알고 나면, 결국 우리가 (에너지를 소진해가면서 9.11을 쫓아다녀봤자) 얻을 수 있는 것은 아무것도 없습니다.

'누가 9.11로부터 이익을 보는가?'에 관한 논란도 소용이 없습니다. 9.11 이후에 가진 첫 번째 인터뷰에서 나는 전 세계의 모든 권력 집단들은 각자의 목적을 위해 즉각 이 사건을 활용하리라고 예견했습니다. 그 당시로는 그리 통찰력 있는 예견은 아니었습니다만.[44] 과연 러시아는 체첸 공화국에서의 만행을 극대화시켰고, 이스라엘은 서안지구에서, 인도네시아는 아체 자치주에서, 중국은 신장을 비롯한 서부

지역에서 그렇게 했습니다. 미국에서는 아시다시피 9.11을 여러 목적으로 활용하고 있습니다. 문제는 9.11이 널리 알려지지 않은 방식으로도 활용되어왔다는 사실입니다.

9.11이 남용된 한 가지 방식은 《월스트리트저널Wall Street Journal》에 잘 보도되었습니다. 이 신문은 거대 기업들이 최상위 경영자급들에게 어마어마한 스톡옵션을 제공하기 위해 어떻게 9.11을 활용했는지에 대해 매우 탁월한 탐사보도를 실었습니다.[45]

테러사건이 발생하자 주식시장이 며칠 동안 폐쇄되었지요. 주식시장이 다시 개장되었을 때 모든 사람들은 혹시 시장이 무너지지 않을까 두려워했습니다. 그래서 사람들은 개장일에 맞추어 보유한 주식을 낮은 가격에 투매했어요. 물론 그 주식들은 금방 정상가격으로 올라가게 되어 있는데도 불구하고 말입니다. 말할 것도 없이 대기업의 최고경영자들과 상층부에게는 어마어마한 노다지였어요. 이것이 바로 9.11이 활용된 한 가지 예입니다. 다른 방식들도 많습니다. 거의 모든 정부들이 자국 국민들을 더 억압적으로 통제하는 조치들을 취하기 시작했습니다. 부시 정부도 마찬가지였어요.

'누가 이 논란으로부터 이득을 보는가.' 하는 문제는 사건에 실체에 대해 아무것도 말해주지 않습니다.

9.11에 대한 주장은 그 전체가 완전히 신뢰를 상실했어요. 9.11에 대한 주장들에 일말의 진실이라도 있다면, 항공 산업, 미디어, 비행기 조작 등을 포함하는 어마어마한 음모가 필요합니다. 즉 음모설이 맞다면 정부에서 일하는 많은 사람들은 이런 모든 문제들에 대해 알았어야 합니다. 따라서 이런 음모는 결코 성공할 수 없는 것입니다. 아니 어떠

한 독재자라 하더라도 이런 음모를 성공시킬 수는 없을 것입니다. 테러 사건은 매우 가능성이 낮은 작전인데 비해 음모가 누설될 가능성은 매우 높습니다. 정부의 음모라면 이러한 사건은 이미 사전에 발각될 것입니다. 조금이라도 정보가 샌다면 일이 실행도 되기 전에 이미 비밀요원들이 들이닥칠 것이고, 그것으로 공화당은 영원히 종말을 맞게 되겠지요. 무엇을 위해서? 그러니까 정부의 음모란 어불성설입니다. 그럴 가능성이 전혀 없으니까요. 이들은 어쨌든 자기들이 하고자 하는 일을 하기 위해서는 늘 핑계거리를 댑니다. 그리고 늘 핑계거리를 찾을 수 있어요.

9.11에 대한 이러한 주장들의 진정한 호소력은 무엇입니까?

Chomsky 이 문제는 마치 근본주의자인 복음주의 종교가 내세우는 호소력과 닮았다고 생각합니다. 사람들은 아주 회의적인데 그건 당연한 것이지요. 사람들은 어떠한 권력기관도 믿지 않습니다. 사회가 분열되어 있어요. 이런 저런 운동단체들도 많고 대중조직들도 많이 있지만, 통일된 조직은 대부분 사라졌고 정치적 결사체도 존재하지 않습니다. 대부분의 대중 저항운동이 (그나마 조직을 유지하고 있는) 교회에서 나오는 것도 이런 이유 때문입니다.

현 상황을 달가워하지 않는 사람들, 어려운 시기를 겪어본 사람들, 아무것도 신뢰하지 않는 사람들, 그렇다고 대응할 방법도 찾지 못하고 있는 사람들이 우리 사회 도처에 있습니다. 이 사람들은 무언가를 손에 꽉 쥐고 있습니다. 바로 인터넷입니다. 인터넷은 위험을 내포하고 있기도 합니다. 인터넷은 정보를 구하고, 운동을 조직하고, 온갖 종류의 일을 꾸미는 데 아주 탁월한 도움을 줍니다. 누군가 한 사람이 자신의 블로그에 어떤 주장을 펴면, 그것이 아무리 신뢰할 수 없는 것이라 하더라도 나중에 대여섯 사람이 그것을 보게 되고, 곧 그 숫자는 기하급수적으로 증가해 마침내 그 자체를 강화하는 거대 사건으로 돌변합니다. 이런 인터넷 산업은 부지기수입니다. 9.11 운동도 그중 하나지요. 개개인이 원자화되고 탈정치화된 사회에서는 이런 일이 일어나기가 쉽습니다.

나는 홍수처럼 밀려드는 이메일을 받습니다. 매일 매일 받아보는 많은 편지들은 아주 진지하고 정직한 사람들이 보낸 것입니다. 그들은 이렇게 말하지요. "제가 무엇을 해야 하는지 말해주십시오." 이런 이메일은 거의 언제나 부유한 특권층에게서 온 것들입니다. 물론 최고의 부자들은 아니지만, 적어도 저녁에 책상머리에 앉아 누군가에게 편지를 쓸 만큼의 특권을 누리는 사람들 말입니다. 제3세계 사람들은 "제가 무엇을 해야 하는지 말해주십시오"라고 말하지 않습니다. 그들은 자신들이 어떤 일을 하고 있다고 나에게 말해줄 뿐입니다. 상대적으로 매우 높은 수준의 자유를 누리는 곳에서는 사람들이 언제나 "제가 무엇을 할까요?"라고 묻습니다. 그리고 그들은 "그래 여기 내가 할 수 있는 일이 있다"면서 "한 시간 안에 내가 유능한 건축전문가가 되어서 부시가 세계무역센터를 폭파한 진범이라는 사실을 밝혀내고 말거야." 이렇게 말합니다.

이렇게 되면 워싱턴의 권력자들은 틀림없이 박수를 칠 것입니다. 몇 년 전에 나는 비밀 해제 절차에 관한 국방성 서류를 우연히 보게 되었어요. 이 절차에 따르면 정부는 케네디 암살에 관한 정보를 정기적으로 재분류하도록 해서 비밀해제 여부를 결정하고 있어요.[46] 케네디가 마피아에 의해 암살당했는지 여부에 관해 사람들이 추적하도록 내버려 두면, 열혈 운동가들이 문제의 핵심을 추적하거나 저항단체를 조직화하는 대신 마치 기러기 사냥에 나선 사냥꾼들처럼 이리 뛰고 저리 뛰기 시작할 것이기 때문이죠. 지금부터 30년이 지나 비밀이 해제된 정부문서를 통해 9.11 '산업'이 사실은 정부에 의해 조종된 것임이 밝혀진다 하더라도 나는 아마 놀라지 않을 겁니다.

● ● ●

우리가 접할 수 있는 베네수엘라 관련 모든 보도에서 차베스는 '더러운 독재자'라고 지칭됩니다. 도대체 차베스가 어떤 근거에서 독재자입니까? 그는 자유롭고 공정하기로 전 세계로부터 공인 받은 선거에서 연속으로 당선되었습니다. 베네수엘라 언론은 미국에서라면 상상조차 할 수 없는 욕설로 그를 끔찍하게 비난합니다. 비록 잠시지만 차베스 정권을 전복시킨 군사 쿠데타도 있었습니다. 쿠데타는 베네수엘라 유수의 언론과 부시 정부의 지원을 등에 업은 것이었어요. 베네수엘라는 일련의 국민투표를 치렀고, 그때마다 차베스는 아무런 강압적 조치 없이 쉽게 승리했습니다.

라틴아메리카 :
노예 숙소에서의 소란

• 2006년 9월 29일, 매사추세츠 주 캠임브리지에서

가십거리에 목숨 거는 언론

《헤게모니냐 생존이냐Hegemony or Survival》에서 당신은 투키디데스 Thucydides를 인용하셨지요? "큰 나라들은 하고 싶은 대로 하고, 작은 나라들은 큰 나라들이 시키는 것을 받아들일 뿐이다"[1]라고 말입니다.

Chomsky 내 생각으로는 그것이 바로 국제관계를 지배하는 두 가지 지배적 원리 중 하나인 것 같습니다. 대부분의 다른 국제관계 원리들은 우리가 어느 정도 무시할 수 있지만, 당신이 말한 투키디데스의 원리는 국제관계를 지배하는 강력한 원리이기 때문에 무시할 수 없습니다. 이 것과 짝이 되는 또다른 원리는 널리 존경받지만 실제로 널리 읽히지는 않는 아담 스미스Adam Smith가 말한 것입니다. 그는 영국에 대해 이렇게 지적했어요. 국가 정책의 '주요 결정자들' 즉 '상인과 제조업자들'은 영국 국민 전체의 이해관계를 포함해서 그 결과가 다른 사람들에게 아무리 '가혹한' 것이라 하더라도 자신의 이해관계가 '특별히 잘 지켜지도록' 한다[2]고 말입니다. 이것이 바로 국제관계를 지배하는 두 번째 원리입니다. 아주 간단한 이 두 가지 원리를 사용하면, 그것이 어떤 국가든 상관없이 그 나라의 많은 정책들을 설명할 수 있을 것입니다.

지난 2006년 9월 20일 뉴욕의 유엔 본부에서 있었던 우고 차베스Hugo Chávez의 유엔총회 연설에 대해 많은 사람들이 주목했습니다. 그는 부시를 "악마"라고 부르는가 하면 연단에서 내려오면서 "유황 독소"라고 맹비난했습니다.[3] 미국에서는 사람들이 욕설을 사용해 부시를 개인적으로 공격하는 경향이 있습니다. 이런 것들이 과연 도움이 되는 것일까요?

Chomsky   우선 당신의 첫 번째 언급에 대해 나는 동의하지 않습니다. 사실대로 말하자면 차베스의 연설에 대해서 언론은 전혀 관심을 갖지 않았어요. 9월 20일의 유엔총회 연설은 적어도 언급이 되긴 했지만 그걸 두고 '관심이 주어졌다'고까지 말할 수는 없습니다. 그것보다 훨씬 더 중요한 연설이었던 작년의 유엔총회 연설도 언론의 주목을 받지 못했습니다.[4] 2005년 연설에서 차베스는 새로운 '국제경제질서'라는 개념을 수립하자고 제안했습니다. 이 제안은 사실 종전의 피식민지 국가들로부터 그리고 1970년대에는 비동맹 운동권으로부터 지지를 받았던 것입니다. 유엔의 주요 경제개발 후원 기관인 유엔무역개발협의회United Nations Conferenceon Trade and Development*가 제시한 개념이었지요. 이 계획안은 이른바 제3세계를 다소나마 동등한 기반에서 국제무대에 나설 수 있도록 하려는 매우 진지한 프로그램이었어요. 그러나 이 계획안을 재도입하자는 차베스의 제안은 미국에 의해 일언지하에 거부되었습니다. 그 대신 미국은 정반대의 국제질서인 이른바 신자유주의를 도입했어요. 이 문제는 전 세계 국가들에게 매우 심각한 이슈임에도

━━━ * 유엔무역개발협의회: 국제연합무역개발회의라고도 한다. 1964년 개발도상국의 산업화와 국제무역을 지원하고 심화된 남북문제 해결을 목적으로 설치되었다. 제2차 세계대전 이후 아시아와 아프리카의 많은 나라가 독립했으나, 급속한 인구 증가와 취약한 경제구조로 인한 이들 저개발국가의 빈약한 경제는 전후 세계경제의 큰 문제로 부상했다. 당시 세계무역을 지배하고 있던 '관세 및 무역에 관한 일반협정' 등 선진국 위주의 경제기구에 대한 반발이 높아지면서 남북문제의 근본적 개선이 요구된 데 대한 반응으로 설치되었다(인터넷 자료).

차베스의 연설은 매우 진지한 것이었어요.
그러나 내가 아는 한 거의 보도되지 않았습니다.
이 나라에 진정한 신문이 있다면, 그들은
'럼스펠드나 차베스가 어떤 단어를 사용했는가.' 하는
지엽적인 문제가 아니라,
마땅히 '럼스펠드의 정책과 차베스의 정책이
어떤 것인가'에 대해 말해야 합니다.
그런 것은 가십거리일 뿐이지 않습니까?

불구하고 여기 미국에서는 그 중요성이 부각되지 않고 있습니다.

차베스는 유엔 개혁에 대해서도 핵심적인 문제를 제기했습니다. 그는 유엔 본부를 좀더 국제적인 도시로, 대부분의 세계인구가 거주하는 남반구로 옮길 것을 제안했어요. 또 에너지 소비에 대해서도 본질적인 문제를 제기했습니다. 베네수엘라는 원유생산국입니다. 그러나 그는 너무 많은 원유가 에너지 자원으로 소비되는 것은 환경에 치명적이라고 지적했어요. 그리고 에너지 생산, 자동차, 난방 등에 석유자원을 사용함으로써 발생하는 파멸적 결과를 방지하기 위해 사회경제적 질서가 근본적으로 수정되어야 한다고 말했습니다. 특히 부유한 산업국에서 말이죠. 그는 유엔의 밀레니엄 목표에 대해서도 언급했어요.[5] 또 유엔 헌장에도 명시된 것처럼 국제관계에서의 무력 사용이나 무력을 통한 협박에 대해 제약을 가해야 하는 중요성을 되풀이해서 강조했습니다. 이와 관련해 무력 협박, 도발, 일방적 약속 위반 등을 다룰 유엔 고위급 조정위원회를 설치하자고 제안했습니다.[6] 그의 연설은 매우 진지한 것이었어요. 그러나 내가 아는 한 거의 보도되지 않았습니다.

부시를 '악마'라 부르고 '유황 독소'라 비난했던 최근의 연설에 대해서는 그리 건설적이라고 생각하지 않습니다. 도널드 럼스펠드가 차베스를 히틀러에 비유한 수사법이나 낸시 펠로시Nancy Pelosi*가 그를 '청부업자'라고 부르는 따위의 유치한 수사법도 저는 맘에 들지 않습니다.[7] 그런 것에는 아무 관심도 없어요. 이 나라에 진정한 신문이 있다면, 그들은 '럼스펠드나 차베스가 어떤 단어를 사용했는가.' 하는 지엽

---

* 낸시 펠로시: 1940년생으로 미국의 여성 정치인이다. 민주당 소속으로 2007년 미국의 60대 하원의장에 취임했다. 미국 역사상 최초의 여성 하원의장이다.

적인 문제가 아니라, 마땅히 '럼스펠드의 정책과 차베스의 정책이 어떤 것인가'에 대해 말해야 합니다. 그런 것은 가십거리일 뿐이지 않습니까?

하여튼 당신의 질문으로 다시 돌아가봅시다. 여기 미국에서 사람들이 부시를 경멸적으로 부르는 등의 행위는 극단주의자들에게는 아주 건설적일 것입니다. 그것은 마치 이 사람들이 칼 로브Karl Rove*가 조종하는 대로 움직이는 것 같은 느낌을 줍니다. 로브는 '뉴클리어 nuclear'를 '누클러'라고 어눌하게 발음하거나, 'misunderestimate'와 같은 희한한 어휘를 구사한다거나, 가짜 텍사스 사투리를 사용한다는 이유로 진보 진영의 비판가들이 부시를 능멸하기를 원하지요. 실제로 내가 보기에 부시는 어쩌면 문법적 실수를 저지르도록 훈련이 되었는지도 모르겠다는 느낌도 듭니다. 아마 예일대학을 다닐 때는 그렇지 않았을 겁니다. 그는 자유주의자들이 자신을 조롱하면 이렇게 말하겠지요. "봐라, 미국을 움직이는 저 엘리트 자유주의자들은 안락의자에 앉아 프랑스제 와인을 마시고 파이를 먹으면서 우리 같은 보통사람들은 이해하지도 못한다"라고요. 그래서 보통사람들은 공장에서 일하는 비슷한 종류의 사람들과 더불어 이런 부시를 좋아하게 됩니다. 사실 알고 보면 부시는 관목을 돌보러 자신의 목장으로 돌아갈 억만장자인

---

* 칼 로브: 미국 공화당 조직 활동가. 2005년 백악관 비서실 차장을 맡았다. 부시 정부의 최고 선거 전략가인 그는 '공동 대통령'이라 불릴 정도로 부시 정부의 실세였다. 상대 진영은 그를 '야비한 정치공작' 전략가로 부른다. 로브는 정치적 목적을 위해서는 수단과 방법을 가리지 않아도 된다고 설파한 마키아벨리의 신봉자로 알려져 있다. "정의는 승리자의 것이며, 거짓말도 반복할 경우 사람들이 결국 믿게 된다"는 정치철학을 가지고 있는 것이다. 부시 대통령과 30여 년간 교류하며 그를 텍사스 주지사와 대통령에 두 번씩 당선시켰다(인터넷 자료).

데도 말입니다. 부시의 어눌함 따위는 모두 겉으로 드러난 이미지에 불과합니다. 부시의 그러한 고도의 이미지 전략에 보탬이 되고 이 극우보수주의자의 성공을 돕고 싶다면, 조지 부시의 어눌한 발음을 계속 놀리고 그를 조롱하면 됩니다. 그러나 그러한 수사법은 파괴적이고 유치합니다. 다른 사람의 말꼬투리를 잡는 것도 마찬가지입니다.

이미지보다 더 중요한 것은 내용입니다. 차베스의 최근 연설에 관한 논란에서 내용에 대한 논의는 모두 조직적으로 누락되었습니다. 그저 말꼬투리에 대해서만 난리를 치고 있어요. 자료만 있다면, 나는 미디어를 샅샅이 뒤져서라도 그의 연설 내용에 대한 언급이 있는지 찾아보고 싶어요. 《뉴욕타임스》의 이른바 뉴스 해설이라는 것은 고작 가십이나 다루고, 연설을 조롱하는 쓰레기로 가득 차 있어요.

그렇지만 《뉴욕타임스》는 마지막에 아주 흥미로운 문장 하나를 포함시켰더군요. 기자는 "차베스가 우레와 같은 박수를 받았고 박수가 너무 오래 계속되자 유엔 관리들이 환호하는 사람들에게 박수를 그만 멈춰달라고 부탁할 정도였다"고 썼습니다.[8] 진지한 저널리스트나 논평가라면 이렇게 물어야 합니다. "차베스가 그렇게 환호의 박수를 받은 이유는 무엇인가? 그가 부시를 악마라고 불렀기 때문인가?"라고 말이죠. 아닙니다. 그 이유는 그가 전 세계에서 널리 받아들여지고 있는 일단의 견해를 대변했기 때문입니다.

차베스의 견해는 '문제가 많은' 것으로 불리기도 합니다. 사실은 그 반대지요. 오히려 문제가 많은 것은 미국의 미디어와 논평가들의 견해입니다.

미국이 세계 평화에 대한 가장 큰 위협이라는 차베스의 말은 전혀 논란의 여지가 없습니다. 유럽에서 실시된 여론조사를 봅시다. '세계 평화에 대한 주요 위협 요소가 무엇이냐'는 질문에 대해 '미국'이라는 대답이 압도적으로 많았습니다. 이보다 한참 밑에 이란과 기타 국가들이 거론됐어요.[9] 그러므로 우리가 《뉴욕타임스》의 논설위원들이나 비슷한 무리의 사람들처럼 이 세상을 규정하지 않는다면 차베스의 언급은 전혀 잘못된 것이 없습니다. 문제가 되는 것은 오히려 차베스의 주장이 문제라고 말하는 미국의 입장입니다.

우리가 접할 수 있는 베네수엘라 관련 모든 보도에서 차베스는 '더러운 독재자'라고 지칭됩니다. 도대체 차베스가 어떤 근거에서 독재자입니까? 그는 자유롭고 공정하기로 전 세계로부터 공인 받은 선거에서 연속으로 당선되었습니다. 베네수엘라 언론은 미국에서라면 상상조차 할 수 없는 욕설로 그를 끔찍하게 비난합니다. 비록 잠시지만 차베스 정권을 전복시킨 군사 쿠데타도 있었습니다. 쿠데타는 베네수엘라 유수의 언론과 부시 정부의 지원을 등에 업은 것이었어요.[10] 베네수엘라는 일련의 국민투표를 치렀고, 그때마다 차베스는 아무런 강압적 조치 없이 쉽게 승리했습니다. 어떠한 국제 기준으로 보더라도 말입니다. 오늘 백악관에서 융숭한 환대를 받은 카자흐스탄의 신사와는 전혀 다릅니다. 누르술탄 나자르바예프Nurusultan Nazarbayev는 말 그대로 독재자일 뿐 아니라 아주 잔혹한 사람입니다.[11] 좋습니다. "그럼 우리가 어떻게 해야 하느냐"라고 물을 수도 있겠지요. 그는 완벽한 사람도 아니고 그 나라의 민주주의가 천천히 도래할 수도 있는 것이니까요. 그러나 결과적으로 그는 미국에서 붉은 카펫을 걷는 융숭한 대접을 받았습니다.

중요한 것은 '베네수엘라 사람들이 차베스에 대해 어떻게 생각하는가'입니다. 정치 지도자에 대해 제기해야 할 문제는 그런 것이지요. 그 문제에 관해 우리는 답을 알고 있습니다. 그가 대통령이 된 기간 동안 정부에 대한 지지도는 꾸준히 높아졌어요. 아시다시피 지금 베네수엘라의 차베스 정부에 대한 지지율은 라틴아메리카에서 가장 높습니다.[12] 이것은 참으로 흥미로운 대목입니다. 따라서 우리가 제기해야 할 다음 질문은 이런 것입니다. "차베스에 대한 지지가 왜 높아졌는가?" 그것은 차베스 정부가 추진한 사회보장 정책들이 국민 대다수를 도울 수 있는 것이었기 때문이지요. 베네수엘라는 부유한 나라입니다. 자원이 풍부하지요. 물론 일부는 고도의 특권을 누리는 계층입니다만, 전체적으로 초일류 엘리트는 아주 적습니다. 최빈층에 속하는 대다수 국민들은 차베스 정부야말로 자신들을 생각해주는 최초의 정부라고 믿을 것입니다. 물론 이런 판단이 옳은지 그른지에 대해 논쟁을 벌일 수도 있겠지요.

사실 미국이 '비민주적'이라고 부르는 경우들은 특히 흥미롭습니다. 예를 들면, 볼리비아의 에보 모랄레스가 자국의 자원들을 국유화하기 시작하자 그는 권위주의자, 독재자, 민주주의를 파괴하는 사람으로 비난을 받았습니다.[13] 그렇지만 그가 자국민 95퍼센트의 지지를 받는다는 것이 문제가 될까요?[14] 그것이 '독재적'이란 말의 의미일까요?

우리는 민주주의에 대해 특별한 개념을 가지고 있어요. 민주주의란 말은 '미국이 시키는 대로 하라'는 것을 의미하지요. 그렇게 하는 나라는 민주적이고, 그렇게 하지 않는 나라는 비민주적인 것입니다. 즉 어떤 국가가 자국의 국민이 원하는 것을 행한다면 (미국이 볼 때) 그 나라

사실 미국이 '비민주적'이라고 부르는 경우들은
특히 흥미롭습니다. 예를 들면, 볼리비아의
에보 모랄레스가 자국의 자원들을 국유화하기 시작하자
그는 권위주의자, 독재자, 민주주의를 파괴하는
사람으로 비난을 받았습니다. 그렇지만 그가
자국민 95퍼센트의 지지를 받는다는 것이
문제가 될까요? 그것이 '독재적'이란 말의 의미일까요?

는 민주적이 아닙니다. 놀라운 것은 사람들이 이러한 미국의 논리를 깨닫지 못하고 있다는 것입니다.

'신자유주의'라는 최악의 구원자

토마스 프리드먼은 차베스가 "베네수엘라의 석유자원을 이용해 라틴 아메리카의 민주주의 선거를 왜곡하고 궁극적으로는 자기 나라를 나락으로 떨어뜨릴 경제적 대중영합주의를 조장하려 애쓰고 있다"고 썼는데요.[15]

Chomsky 차베스가 선거에 영향력을 발휘하려 한 것은 의심할 여지없는 사실일 것입니다. 그런데 그것이 새로운 일일까요? 우리도 선거에 영향을 주려고 하지 않습니까? 미국 정부는 다른 나라의 선거에 영향을 주려고 필사적으로 노력할 뿐 아니라, 결과가 잘못된 방향으로 나오면 그 나라를 처벌하기까지 합니다. 차베스가 그렇게 했습니까?

모든 국가가 다른 나라의 선거에 영향력을 발휘해서는 안 된다고 생각한다면, 미국민주주의증진협회National Endowment for Democracy와 같은 지원기관을 폐쇄해야 하지 않습니까? 그뿐 아니라 미국의 국무성도 폐지해야 하지 않을까요? 국무성은 지금 이 순간에도 니카라과 선거에 대규모로 개입하고 있으니까요. 니카라과 주재 미국 대사는, 내 생각으로는 틀림없이 콘돌리자 라이스의 명령에 따라 니카라과 국민들에게 이렇게 협박하고 있을 겁니다. "우리가 하라는 대로 투표하지 않으면, 너희들 모두 목을 졸라 죽여버릴 것이다."[16]

차베스의 정책이 과연 베네수엘라를 나락으로 이끌지에 관해서 토마스 프리드먼은 결코 권위자라고 할 수 없습니다. 프리드먼이 지지하는 경제 정책들은 중남미 대부분의 국가들에서 재앙적 실패로 끝나고 말았기 때문입니다. 지난 25년만 보더라도 그가 지지하는 정책을 채택한 국가들은 성장률이 급격하게 감소했어요. 경제를 비교적 잘 운용한 중국, 한국, 대만과 같은 나라들은 프리드먼이 주창한 국제적 규약들을 위반함으로써 그러한 성취를 달성할 수 있었습니다. 이 나라들은 국제통화기금International Monetary Fund과 세계은행World Bank이 제시하는 규칙들을 깨끗이 무시해왔어요. 그가 극찬하는 이른바 워싱턴 컨센서스Washington Consensus*를 무시함으로써 경제적으로 성장한 것이지요. 반면에 신자유주의 규칙들을 엄격하게 준수한 나라들은 경제 성장률이 급격히 둔화되었고 모든 다른 거시경제적 조치들을 취하지 않을 수 없게 되었지요.

사실 미국은 다른 나라들에게 규칙을 강요하면서 정작 스스로는 이런 규칙들을 지키지 않고 있습니다. 지난 25년 동안 미국에 신자유주의 규칙들이 제한적이나마 적용된 기간은 미국의 경제 역사에서 가장 긴 최악의 경제침체기였습니다. 당시 미국 대다수 국민들의 실질 임금은 정체상태였습니다.[17] 그런 상황이 마지막으로 언제였습니까? 물론

---

* 워싱턴 컨센서스: 미국식 시장경제체제의 대외 확산 전략을 뜻하는 말. 미국의 정치경제학자인 존 윌리엄슨이 지난 1989년 자신의 저서에서 남미 등 개도국에 대한 개혁 처방을 '워싱턴 컨센서스'로 명명한 데서 유래됐다. 이후 1990년대 초 IMF와 세계은행, 미국 내 정치경제 학자들, 행정부 관료들의 논의를 거쳐 '워싱턴 컨센서스'가 정립됐다. 세계 경제 시스템을 미국의 자본과 기업이 진출하기 쉽게 만들어 미국의 이익을 증진시키려는 술수라는 비판도 있다(야후용어사전).

토마스 프리드먼과 그의 친구들, 나 같은 사람들 그리고 우리 정도의 고정 수입을 받는 사람들에게 있어서는 경제가 잘 굴러갔을 겁니다. 미국 인구 1퍼센트에게는 황금시대라고 불러도 될 정도로 말입니다. 그렇지만 대다수 국민들에게는 그렇지 않았어요.

프리드먼이 단골 메뉴로 사용하는 사례인 인도를 봅시다. 인도는 그에게 휘황찬란할 것입니다. 그는 하이데라바드의 눈부신 연구소들에 대해 끊임없이 이야기합니다. 그것은 사실입니다. 나도 하이데라바드의 연구소들을 방문했으니까요. 그곳의 연구소들은 정말 MIT의 연구소들 못지않게 훌륭합니다. 그렇지만 연구소들의 정책의 결과로 인해 연구소로부터 몇 마일 밖의 지역에서는 농민들의 자살률이 급격하게 상승했어요.[18]

소프트웨어 엔지니어링에 투자된 정부의 재원은 사실 농부들에 대한 지원, 관개수로 개선, 농촌 신용 기금 등 농촌 개발을 위해 사용됐어야 했습니다. 그런데 정부는 그 기회를 빼앗은 것입니다. 이런 정책은 농부들을 수출 생산을 위한 노동자로 내몰게 만듭니다. 자기 자신과 인도의 일반 국민을 위한 식량을 생산하는 대신 그들은 예를 들면 면화를 생산하게 됩니다. 면화는 높은 노동, 비료, 많은 양의 물을 필요로 하는데 지금 인도의 사정상 어느 것 하나 충분하지 않아요. 게다가 면화 가격은 급격하게 요동칩니다. 어떤 해에는 많은 돈을 벌 수 있지만 어떤 해에는 한 푼도 못 건질 수 있어요. 기업 농업에서는 이런 일이 자주 일어납니다. 평균을 내보면 수입 수준은 그저 그런 셈이 되죠. 그러면 농부들은 또다른 작물을 선택합니다. 그러나 가난한 농부들은 어느 해 농작물을 팔지 못하게 됐다고 해서 아이들에게 "걱정마라, 올 해에는 아무것도 먹을 게 없지만 아마 내년에는 많이 먹을 수 있을 거야"라고 말할 수 없습니다. 결국 가난한 농부들은 빚을 지게 됩니다. 정부가 농업 지원금을 빌려주지 않기 때문에 40퍼센트라는 고금리를 무릅쓰고라도 전당포 자금을 빌릴 수밖에 없게 되지요. 프리드먼이 극찬하는 정책 때문에 말입니다. 그리고 다음해에 대부금을 갚지 못하면 땅을 팔게 되지요. 곧 아이들은 굶게 되지만 가난한 농부가 할 수 있는 일은 아무것도 없습니다. 프리드먼이 그려내는 경이로움의 바로 목전에서 인도 농부들의 자살률이 급격하게 상승하는 이유는 바로 이런 것 때문입니다.

언론인인 사이나스P. Sainath가 지적했다시피, 인도 역사상 처음으로 시골을 떠나는 대규모 이주민 사태가 발행했습니다.[19] 물론 추수기간에는 언제나 일정 규모의 이주 노동자들이 있긴 했어요. 그러나 이번 경우는 성격이 다릅니다. 사람들이 완전히 파괴된 농촌으로부터 도망치고 있는 것입니다. 즉 뭄바이의 슬럼가로 사람들이 쏟아져 들어오기 시작한 것이지요. 심층적인 경제 분석 기사들, 《뉴욕타임스》의 사설란에 실리는 주례사 리뷰가 아니라 진정한 분석 기사들에 따르면, 인도 인구의 80퍼센트 혹은 그 이상이 파악조차 되지 않는 비공식 경제를 영위하고 있습니다.[20]

인구 규모가 거의 파키스탄에 맞먹는 우타르 프라데쉬Uttar Pradesh 같은 주에서는 여자들이 처한 상황이 훨씬 더 열악합니다. 탈레반 치하의 아프가니스탄 여성들보다도 더 열악한 상황이에요.

물론 성장이 된 곳도 있어요. 그건 좋은 일이지요. 그런 곳에서는 도로를 개선하고, 소프트웨어 프로그램을 만들어내고 있습니다. 훌륭한 연구소도 가지고 있구요. 그렇지만 대부분의 인도 국민들에게 인도는 천국과는 거의 거리가 먼 곳입니다. 인도는 그래도 비교적 상황이 나은 경우에 속합니다. 그나마 신자유주의 규칙을 지키지 않았기 때문이지요. 인도 정부는 자본의 흐름과 금융을 철저하게 통제하는 데 성공했습니다. 그 과정에서 국제통화기금의 규칙들을 여러 가지로 위반하게 되었지만 말입니다.

반면에 국제통화기금의 규칙을 준수한 라틴아메리카의 여러 국가들은 최악의 재난을 맞았습니다. 이러한 상황은 세계은행과 그에 추종하는 경제학자들의 왜곡된 글로 흐려졌습니다. 이들은 신자유주의 규칙을 준수한 국가들에서 경제성장이 훨씬 더 높았고 빈곤이 감소했다고 주장합니다. 그러나 그들은 이러한 결과를 얻기 위해 두 가지 별개의 사실을 뒤섞어놓습니다. 하나는 수출 지향적인 것이고, 다른 하나는 워싱턴 컨센서스, 즉 신자유주의 규칙을 따르는 것입니다. 가령 중국은 인구가 10억 명이 넘는데, 주로 수출 진흥책을 사용하면서 신자유주의 규칙을 위반해왔습니다. 그들은 이 모든 것을 뒤섞어놓고 나서 이렇게 말합니다. "10억의 중국이 그렇게 높은 경제성장률을 달성한 것을 보니까, 신자유주의가 제대로 작동하고 있군요." 중국이 신자유주의 규칙을 가차 없이 위반함으로써 그러한 고도성장을 성취할 수 있었다는 사실을 까마득히 잊어버리고 말입니다. 이러한 속임수는 언제나 되풀이됩니다.

신자유주의 규칙을 강력하게 적용하려면 전형적으로 독재정치가 필요합니다. 사람들이 신자유주의를 찬성하지 않기 때문이지요. 신자유주의를 가장 지독하게 실천한 나라는 1973년 피노체트Pinochet가 쿠데타로 집권한 칠레였습니다. 여기에는 시카고 대학 출신의 경제학자들이 대거 관련되었지요. 그들은 하고자 하는 일이면 무엇이든 할 수 있었어요. 칠레는 악명 높은 경찰국가체제 아래 있었기 때문에 아무도 찍소리하지 못했죠. 그러나 1982년에 이른바 '시카고 학자들'의 영향으로 칠레는 역사상 가장 혹독한 경제적 붕괴를 겪게 되었습니다. 정부가 개입해서야 겨우 거의 모든 사기업과 은행들을 파산으로부터 구제할 수 있었어요. 칠레 사람들은 이러한 조치를 "사회주의로 가는 시카고 로드"라고 부릅니다.[21] 칠레는 살바도르 아옌데Salvador Allende 정부 아래에서보다 피노체트 체제 아래에서 더 많은 경제국유화가 이루어졌어요. 이것이 바로 위대한 신자유주의 실험의 종말입니다.

마지막으로 칠레 군부는 이러한 상황을 해결할 수 없게 되자 결국 민간에 손을 벌렸습니다. 그 결과 칠레는 신자유주의 정책과 신자유주의를 위반하는 정책이 혼재된 복잡한 정책들을 통해 점진적으로 회복되어 갔습니다. 이것이 오늘날 '자유시장의 기적'이라고 불립니다. 그러나 알고 보면 칠레의 경제는 근본적으로 국유화된 구리 산업체인 코델코Corporación Nacional del Cobre de Chile에 전적으로 의존하고 있습니다. 코델코는 이미 아옌데 정부 때 국유화되었습니다. 피노체트는 코델코를 민영화하려는 무모한 시도는 하지 않았죠. 코델코는 그만큼 효율적이었고, 지금도 분명 전 세계에서 가장 큰 구리 생산회사임에 틀림없습니다.[22] 이 회사는 또다른 사기업들보다 훨씬 더 많은 세수를 국가에 돌려줌으로써, 결과적으로 사회보장 프로그램과 다른 재정지출을 보조하고 있습니다. 구리 가격이 올라가면, 칠레는 걱정할 것이 없습니다. 칠레 경제는 이제 이전에 칠레 경제를 파멸로 이끌었던 정통 처방으로부터 어느 정도 해방되었다고 할 수 있습니다.

이웃의 아르헨티나에서도 사정은 마찬가지입니다. 아르헨티나는 전에 IMF의 규칙을 엄격하게 준수했지요. 그것이 뭘 의미하는가 하면, 결국 미국의 국방성이 정한 규칙, 즉 토마스 프리드먼이 극찬한 규칙들을 잘 지켰다는 뜻입니다. 그 결과 아르헨티나의 경제는 완전한 파멸에 이르게 되었어요. 결국 아르헨티나는 네스토르 키르취너Nestor Kirchner를 대통령으로 뽑았습니다. 그는 IMF의 규칙이라면 철저하게 무시했고, 그 결과 아르헨티나 경제는 상당한 수준으로 회복되었습니다. 아르헨티나 국민들은 이제 IMF를 완전히 추방시켰어요. 이는 물론 아르헨티나가 부분적으로 베네수엘라의 도움에 기대 자국의 빚을 청산할 수 있었기 때문에 가능했지요.[23]

이것이 바로 진짜 세계의 모습입니다. 멋진 식당에서 부유한 친구들과 식사를 하면서 《월스트리트저널》에 실린 사설을 읽을 때 보았던 세계와는 전혀 다른 모습이지요.

민주주의 없는 민주국가 미국

《헤게모니냐 생존이냐》라는 저서에서 당신은 "미국에는 민주주의가 심각한 파산 상태에 있다"고 진단했습니다.[24]

Chomsky 나는 이 문제를 그 후에 출간된 《실패한 국가Failed States》에서도 자세하게 논의했어요. 거기에서 일반의 여론과 실제 정책들을 광범위하게 분석했구요.[25] 여론과 실제 정책 사이에는 엄청난 차이가 있습니다. 예를 들면, 2005년에 연방예산안이 발표된 직후 미국의 국내 문제를 연구하는 미국국제문제조사연구소Program on International Policy Attitudes는 미국의 예산이 어떠해야 하는가에 관한 광범위한 여론조사를 실시했어요. 그런데 그 결과는 실제 예산안과 정반대로 나타났어요. 연방자금이 높아진 부문에서 절대 다수는 오히려 낮아져야 한다고 답했습니다. 전반적으로 군사비 지출의 증액, 이라크와 아프가니스탄에 쏟아 붓는 재정지출의 증액에도 반대했습니다. 그럼에도 불구하고 이 부분에 대한 지출은 지금까지도 증가일로에 있어요. 이와는 반대로 예산을 삭감한 사회지출, 의료보장, 재생 에너지, 군인연금, 유엔분담금 등에 대해서 일반 여론은 지출이 늘어나기를 원했어요.[26]

나는 친구에게 부탁해 몇 개의 신문들이 이 문제를 보도했는지 조사하도록 했어요. 그런데 단 하나의 신문도 이 문제를 보도하지 않았더군요. 아시다시피 이 문제는 너무나 중요한 뉴스거리임에도 불구하고 말입니다. 국민은 정부의 정책을 근본적으로 반대하고 있어요. 민주주의 사회에서 이것만큼 중요한 뉴스가 또 있을까요? 이러한 상황이 바로 미국의 민주주의 상태를 여실히 보여주고 있어요.

몇 주 전에 폴 월드만Paul Waldman은 미국에서도 지배적인 진보적 신문인 《보스턴 글로브》에 쓴 칼럼에서 미국의 민주당이 제 구실을 하지 못하고 있다고 지적했습니다.[27] 그는 민주당이 여전히 선거에서 정치적 이슈가 중요한 것으로 믿고 있다고 말했어요. 그런데 사실 미국 선거에서는 이슈가 중요한 것이 아닙니다. 민주당도 그렇게 생각하지 않아요. 선거공학적 측면에서 보면, 공화당은 이슈가 중요한 것이 아니라는 점을 충분히 이해하고 있어요. 미국 정치에서 중요한 것은 '이미지'입니다. 월드만에 따르면, 민주당이 해야 할 일은 그들이 가지고 있는 민주주의의 유물들을 모두 버리고 그들이 내세우는 후보자들을 광고하는 것입니다. 마치 병을 고치는 것이 아니라 생활방식을 고쳐서 병을 치유할 수 있다고 선전하는 의약품처럼 말입니다. 그렇게 한다면 우리는 '진정한 민주주의'를 구가할 수 있게 됩니다. 오늘날 널리 퍼진 견해는 실제 이슈가 아니라 그 이슈들을 어떻게 더 멋지게 '프레임'에 넣을 것인가를 이해하는 것입니다. 우리가 해야 할 일은 우리의 레토릭을 바꾸고 공화당원처럼 속임수를 사용하는 것이지요. 이슈는 잊어버리세요. 적절한 수사법을 사용하는 것이 승리의 지름길입니다.

어느 날 차를 타고 집에 가는 길에 내셔널 퍼블릭 라디오National Public Radio를 듣게 되었어요. 내가 자주 듣는 자학적 방송인데요, 방송에서 버락 오바마Barack Obama에 대해 길게 이야기를 하더군요.[28] 그에 대해 매우 호의적이고 거의 열광적일 정도로 말입니다. 정치계에 새로운 스타가 떠올랐다고 찬사가 줄을 이었어요. 그래서 나는 정치적 이슈에 대해, 어떤 이슈라도 좋으니, 언급이 있는지 유심히 들어보았지요. 아무런 언급도 없더군요. 방송은 오로지 그의 이미지에 관한 것뿐이었어요. 오바마가 기후에 관한 어떤 제안에 대해 찬성한다는 몇 마디를 듣긴 했던 것 같군요. 그러나 '그의 입장은 어떤 것인가?' 이런 것은 아무런 문제도 되지 않았어요. 신문을 읽어봐도 사정은 마찬가지예요. 그는 분명 사람들에게 희망을 주고 있습니다. 그는 사람들의 눈을 똑바로 쳐다보면서 이야기를 합니다. 그건 아주 중요한 것이지요. 그러나 그것보다 더 중요한 "우리가 우리의 자원을 원하는 대로 통제해

방송에서 바락 오바마에 대해
길게 이야기를 하더군요. 그에 대해
매우 호의적이고 거의 열광적일 정도로 말입니다.
그래서 나는 정치적 이슈에 대해, 어떤 이슈라도 좋으니,
언급이 있는지 유심히 들어보았지요.
아무런 언급도 없더군요. 방송은 오로지
그의 이미지에 관한 것뿐이었어요.

야 할까요? 국가 자원을 국유화해야 할까요? 국민들에게 마실 물을 공급해야 할까요? 의료보장제도를 국민들에게 되돌려주어야 할까요? 다른 나라에 대한 침략행위를 중지해야 할까요?" 와 같은 질문들은 제기되지 않습니다. 전혀요. 우리의 기존 선거제도와 정치체제가 저급한 수준으로 타락했기 때문에 중요한 이슈들은 완전히 주변으로 밀려나고 말았습니다. 이런 체제에서는 국민들이 후보자에 대한 정보를 알아서는 안 되는 것이지요.

많은 사람들은 2000년의 플로리다, 2004년의 오하이오 주의 경우를 보면서 미국 대통령 선거제도에서 나타나는 선거부정에 대해 걱정하고 있습니다.

Chomsky 우선 개인적으로 나는 그러한 염려들이 잘못된 것이라고 생각합니다. 그렇습니다. 선거 부정이 벌어진 것은 사실입니다. 언제나 그래왔어요. 예를 들면, 존 F. 케네디는 시카고에서의 유권자 선거부정으로 일리노이 주의 선거인단을 가져감으로써 선출된 것이 분명합니다. 그러나 이보다 훨씬 더 중요한 문제는 선거라는 것 자체가 전혀 이루어지지 않았다는 것이지요. 후보자들에게 각자의 정치적 입장이 있다 하더라도 당의 전략가들이 그들의 정치적 입장을 교묘하게 위장하기 때문에 정작 국민들은 이슈가 무엇인지 알 수가 없습니다. 단지 겉으로 보이는 이미지에 오도될 뿐입니다. 결국 국민들은 일종의 통계적 동점과 같은 결과를 늘 얻게 될 뿐이지요. 이건 선거가 아니라 동전 뒤집기와 같은 것입니다. 동전이 약간 잘못된 것이라 한들 그리 큰 문제가 되지 않지요. 본질적인 문제는 진정한 의미에서의 선거가 없다는 것입니다.

엘 고어와 조지 부시가 대결한 2000년 대통령 선거에서는 일종의 투표자 조작이 있었음이 명백합니다. 2004년에도 유권자 조작에 힘입어 극단적인 보수반동주의자들이 권력을 잡음으로써 전 세계에 엄청난 폐해를 끼치게 되었어요. 그런 의미에서라면 투표부정은 중요합니다. 그러나 '민주주의가 올바르게 작동하는가.' 하는 문제를 고려한다면, 더 중요한 것은 우리 미국에는 진정한 의미의 선거가 없다는 명백한 현실입니다.

가령 11월에 있을 하원의원 선거를 생각해봅시다. 하원의 모든 의석은 새로운 선거에 의해 채워지게 됩니다. 그러나 얼마나 많은 의석이 교체될까요? 5퍼센트 아니면 10퍼센트?[29] 언제나 현직 의원들이 승리를 거둬왔어요. 그들이 정치자금을 더 많이 거둘 수 있기 때문이지요. 사실 우리는 후보자들이 사용할 수 있는 정치자금 액수를 보면 선거결과를 정확하게 예측할 수 있습니다. 정치자금의 크기야말로 바로 후보자들이 기업으로부터 얼마나 강력하게 지원을 받고 있는가를 보여주기 때문이지요. 이것이 민주주의입니까? 대다수의 현직 의원들이 그대로 눌러앉고 극소수의 의석만 교체되는 이러한 제도가 민주주의입니까? 심지어는 민주주의자가 전혀 아니었던 제임스 메디슨James Madison조차도 무덤 속에서 돌아누울 겁니다.

영광스런 미래를 위해 과거를 잊어라

라틴아메리카로 이야기를 되돌려보겠습니다. 당신은 미국과 베네수엘라 사이의 역사를 논했습니다. 후안 비센테 고메스Juan Vicente Gómez와 마르코스 페레스 히메네스Marcos Prez Jiménez에 대해 말씀해주십시오.

Chomsky 앞에서 국제관계의 원리에 대한 투키디데스와 아담 스미스의 격언을 이야기했는데, 이에 덧붙여 또 하나의 원리를 첨부해야 할 것 같습니다. 즉 '곤봉을 쥐고 있는 사람은 역사적 망각을 강요한다'는 것입니다. 우리 미국에게 역사란 한낱 낡고, 고리타분하고, 희미한 것입니다. 누가 역사에 대해 신경을 씁니까? 영광스런 미래를 향해 행진합시다, 이런 분위기지요. 그러나 곤봉을 맞은 사람들은 역사를 기억합니다. 그들은 과거의 역사가 중요하다는 것을 알고 있을 뿐 아니라 역사가 되풀이된다는 것도 알고 있습니다. 베네수엘라가 딱 그런 경우에 해당합니다.

베네수엘라는 처음에 영국의 보호령이었어요. 석유시대가 도래하자, 제1차 세계대전이 끝날 무렵에 우드로 윌슨Woodrow Wilson이 이상주의에 사로잡힌 채 베네수엘라에서 영국을 몰아냈습니다. 미국은 영국을 대신해 베네수엘라를 차지했고, 사악한 고메스 독재정권을 지원했으며 베네수엘라의 석유자원을 미국의 통제 아래 두었지요. 모든 일이 순조롭게 되었어요. 그런 약탈 행위가 페레스 히메네스 시대까지 계속된 것입니다. 히메네스는 아이젠하워 정부로부터 메달을 받기도 했어요. 잔혹한 독재자였지만, 미국의 입장에서 볼 때는 그로 인해 베네수엘라의 석유를 미국의 손아귀에 넣을 수 있게 되었고 미국 회사들의 통제 아래 둘 수 있게 되었지요.

베네수엘라는 다른 자연자원도 풍부합니다. 얼마 안 되는 베네수엘라 엘리트들은 미국에 협조함으로써 스스로의 배를 채웠지요. 이 극소수 엘리트들이 베네수엘라 정부를 이끌어나갔어요. 로물로 베탕쿠르 Rómulo Betangcourt를 지지하는 국민들과 다른 사회민주주의자들에 의해 약간의 일탈이 있긴 했지만, 그것도 곧 역사 속의 이야기가 되고 말았어요.

차베스가 집권하기 바로 전의 정부에서 베네수엘라는 신자유주의로 인한 재앙을 겪었습니다. 국민들의 빈곤이 너무 심해 대규모 식량 폭동이 일어날 정도였어요. 차베스는 군사 쿠데타에 가담했지만 쿠데타가 실패함으로써 얼마 동안 감방살이를 하기도 했습니다.[30] 성장은 붕괴했고, 베네수엘라는 총체적 재앙에 직면했어요. 이것이 베네수엘라의 모든 기억입니다. 2002년의 쿠데타가 그들의 기억의 일부인 것처럼, 차베스 정부를 전복시키려는 여러 가지 시도들 역시 그들의 기억의 일부입니다.

이란이 미국에서 쿠데타를 지원했는데, 그것이 성공해서 정부가 전복되고 나중에 국민들의 저항에 의해 정부가 회복되었다고 생각해봅시다. 또 미국에 진주한 이란이 반정부 단체들인 이른바 '친 민주주의' 단체들에 자금을 쏟아부으면서 '민주주의를 지원'했다고 가정해봅시다. 그런 것을 우리는 어떻게 받아들여야 할까요? 이것을 '민주주의의 증진'이라 부를 수 있겠습니까?

역사적 망각이 중요한 곳은 비단 베네수엘라뿐이 아닙니다. 다른 많은 곳들도 마찬가지입니다. 이란을 봅시다. 우리 미국의 역사에서 보자면, 이란에 관해서는 한 가지 사건이 있어요. 바로 1979년 미국 대사관 인질사건이에요. 그러나 이란 국민들은 우리처럼 생각하지 않습니다. 이란의 역사는 반세기 이상 미국에게 끊임없이 고문당하고 괴롭힘당한 역사입니다. 1953년 미 중앙정보국과 영국은 쿠데타를 공모해 이란의 내각을 전복시키고 사악한 독재자 샤 레자 팔라비Shah Reza Pahlavi를 집권시켰습니다. 그 이후 그들은 그의 모든 잔학 행위들을 뒷받침해왔어요. 이 기간에 이란 통치자가 저지른 고문들, 사바크Savak*의 학살행위, 기타 등등에 대해 미국의 언론은 단 한 마디도 보도하지 않았습니다.[31] 1979년까지 그랬어요.

그러다가 마침내 지미 카터Jimmy Carter가 1977년 테헤란에 가서 "최고통치자의 위대한 영도력"을 추켜올리고 그에 대한 국민들의 "존경과 사랑"을 예찬했어요.[32] 카터의 입에 발린 말은 이란 국민들 다수를 격노케 했습니다. 1979년 이란 정부가 전복되자, 카터 정부는 거의 즉각적으로 그에 대응한 군사 쿠데타를 기도했지요. 그런데 그것이 실패로 돌아가자 레이건 정부는 이웃의 사담 후세인에게 눈길을 돌려 그로 하여금 이란을 침공하도록 했습니다. 이를 위해 레이건 정부는 이라크를 테러 지원국 명단에서 제외시켰고, 사담 후세인에게 엄청난 지원을 합니다. 여기에는 화학무기와 같은 대량살상무기를 개발할 수 있는 수단까지 포함되어 있었어요. 이렇게 해서 이란 국민 수만 명이 학

---

* 사바크 학살: 1979년의 이란 혁명 후, 명목상의 지도자인 레자 팔라비는 비밀경찰인 사바크National Organization for Information and Security를 조직하여 반대자들을 잔혹하게 학살했다. 많은 이란인들은 이러한 학살에 미국의 책임이 있다고 생각한다.

라틴아메리카: 노예 숙소에서의 소란

살되었던 겁니다. 이라크에 대한 미국의 지원으로 인해서 말입니다. 이러한 지원은 사담 후세인이 최악의 잔학행위를 저지르고 있는 동안에도 변함없이 이루어졌어요. 미국의 개입은 점점 더 많아졌고 마침내 '이란-이라크' 전쟁에 거의 직접적으로 개입할 지경에 이르렀습니다. 그러자 이란은 도저히 미국과 대항해 싸운다는 것이 불가능하다는 계산을 하고 항복하게 됩니다.[33] 이란 국민들이 미국에 대해 기억하고 있는 것은 바로 이런 것들입니다.

확신하건대 미국이 사담 후세인을 지원했다는 사실이 이란 국민들의 기억 속에서는 지워지지 않을 겁니다. 게다가 1989년에 이란과의 긴 전쟁이 끝나자 미국은 이라크의 핵무기 기술자들을 워싱턴으로 초대해 핵무기 개발법을 가르치기 위한 훈련을 시켰어요.[34] 이란 국민들은 결코 이러한 사실을 잊지 않을 것입니다. 미국을 필두로 한 국제사회가 이란의 핵무기에 관한 근거도 없는 염려를 늘어놓는 데 대해, 이란 국민들은 아마도 냉소적인 반응을 보이겠지요. 반세기 이상 억압을 당했으니 말입니다. 미국 국민들에게 이것이 문제가 됩니까? 아니겠지요. 그러나 이란 국민들에게는 이것이 아주 중요한 문제가 됩니다. 곤봉을 휘둘러댄 가해자들에게는 아무런 문제가 되지 않겠지만 말이지요.

라틴아메리카의 새로운 질서

베네수엘라는 아르헨티나, 쿠바, 우루과이와 더불어 텔레수르Telesur* 방송을 시작했습니다. 텔레수르는 라틴아메리카 텔레비전 채널로서

풀뿌리 민초들의 시각에서 뉴스를 제공하려는 새로운 방송이죠. 일종의 스페인어로 제공되는 알 자지라Al Jazeera라고나 할까요.

차베스가 야심차게 시작한 또다른 정책은 우리가 앉아 있는 이곳에서 멀지 않은 보스턴과 뉴욕의 사우스 브롱크스 및 미국의 다른 가난한 지역의 저소득층에게 난방용 석유를 할인가격에 제공하겠다는 것입니다. 베네수엘라가 아니라 미국의 가난한 사람들에게 말입니다. 그러나 미국에서는 이 역시 '말도 안 되는' 짓으로 받아들여지고 있습니다.

Chomsky   난방용 석유부터 이야기해봅시다. 일단의 미국 정치가들이 주요 석유회사와 접촉해서 극빈 가정들을 돕기 위해 좀더 싼 가격에 석유를 공급할 수 있는지 조심스럽게 물었어요. 지난 겨울에 석유 가격이 너무 높아 저소득층이 난방용 석유를 구입할 수 없었기 때문이지요. 단 한 회사만이 긍정적으로 대답했습니다. 베네수엘라가 운영하는 석유회사인 시트고Citgo였어요. 시트고는 미국 전역의 가난한 사람들에게

---

* 텔레수르: '남미의 알자지라'로 불리는 TV 네트워크. 2005년 7월 24일 베네수엘라 수도 카라카스에서 방송 송출을 시작했다. 뚜렷한 반미 노선의 베네수엘라가 주도하는 텔레수르는 그동안 남미 뉴스를 독점해온 미국과 유럽의 국제뉴스 방송에 맞서 자체 시각으로 뉴스를 보도하겠다는 목적으로 출범했다. 뉴스 정보의 주권을 되찾겠다는 것이다.
텔레수르의 초기 투자 자본은 250만 달러. 각국별 지분은 베네수엘라가 51퍼센트로 가장 많고 아르헨티나가 20퍼센트, 쿠바가 19퍼센트, 우루과이가 10퍼센트 등이다. 안드레스 이사라 베네수엘라 공보장관은 텔레수르가 남미 각국의 현지 케이블TV와 거대 위성방송인 '디렉트TV' 위성시스템을 통해 점진적으로 시청 영역을 확대할 것이라고 밝혔다. 이사라 장관은 미국이 전파 방해를 할 경우 위성시스템 외의 다른 방법으로 프로그램을 송출하겠다는 강경 입장을 표명하기도 했다.
이와 관련, 미국 하원은 "베네수엘라 국민에게 정확하고 객관적이며 포괄적인 뉴스를 제공할 목적"으로 베네수엘라를 대상으로 한 TV·라디오 방송을 미국 정부가 설립할 수 있도록 하는 내용의 법 개정안을 통과시켰다(2005년 7월 26일 서울신문 요약).

차베스는 카리브 해와 남아메리카의 극빈자들에게
값싼 석유를 제공하고 있습니다.
카리브 해 국가들은
페트로 카리브 원조기금을 통해 저금리 융자와 더불어
할인된 가격으로 석유를 공급받고 있어요.
그렇습니다. 이렇게 하면 의심의 여지 없이
차베스의 영향력이 훨씬 더 강력해질 것입니다.

싼 가격으로 석유를 공급하기로 동의했습니다.[35] 그러나 이 문제로 이 회사는 미국 정부와 언론에 의해 통렬하게 비난받았어요. 풍부한 석유 자원을 이용해 사람들의 환심을 사려는 차베스의 술책에 놀아났다는 것이었지요. 미국의 대외 원조가 완전히 '애타주의적'인 데 비해서 말입니다. 미국은 '결코' 정치적이거나 다른 목적을 위해 원조를 하지 않는답니다.

차베스는 카리브 해와 남아메리카의 극빈자들에게 값싼 석유를 제공하고 있습니다. 카리브 해 국가들은 페트로 카리브Petro Caribe 원조 기금을 통해 저금리 융자와 더불어 할인된 가격으로 석유를 공급받고 있어요.[36] 그렇습니다. 이렇게 하면 의심의 여지 없이 차베스의 영향력이 훨씬 더 강력해질 것입니다.

카리브 해에서 시행되고 있는 기적의 작전Operation Miracle에 대해서도 같은 말을 할 수 있을 것입니다. 이 프로젝트는 베네수엘라의 재정 지원으로 쿠바의 의사들이 자메이카와 같은 곳에 가서 의료서비스를 제공하는 것입니다.[37] 지금 이들은 맹인 치료에 집중하고 있어요. 이 사람들은 고도로 발전된 시술치료를 통해 그들의 시력을 회복시키고 있습니다. 의사들은 환자를 쿠바로 이송해 치료합니다. 환자들은 치료를 받은 후 다시 자메이카로 돌아가 밝은 세상을 보며 살게 되는 것이지요.

쿠바와 베네수엘라는 우리가 대학원 경제학 시간에 배운 것들, 우리가 해야 할 기본적 경제활동을 교과서적으로 실천하고 있어요. 즉 그들은 비교우위를 찾아 실천하고 있는 것입니다. 베네수엘라의 비교우위는 원유입니다. 쿠바의 비교우위는 의사, 교사, 간호사와 같이 고도로 숙련된 뛰어난 전문가들이고요. 그래서 그들은 이러한 비교우위를 베네수엘라와 쿠바에서 그리고 다른 곳에서 교환하고 있어요. 이렇게 하면 자메이카 사람들에게 효과가 있을까요? 당연히 효과가 있겠지요.

이것이 바로 미국이 베네수엘라를 제국주의라고 비난하는 한 가지 사례입니다. 마치 우리 미국은 그러한 일은 하지 않는 것처럼 말입니다. 미국이 그런 일을 하고자 한다면, 그때는 제국주의적 소행이 아니라 고매한 인도주의적 실천이 되겠지요. 쿠바와 베네수엘라가 하면, 그것은 더러운 두 독재자가 우리를 파멸시키고 세상을 지배하려는 사악한 짓이 되고요. 그러나 도움을 받는 사람들에게 이것은 아주 중요한 문제입니다. 베네수엘라가 아르헨티나의 적지 않은 국가부채를 대신 갚아줌으로써 국제통화기금으로부터 그들을 구제한 것이 아르헨티나 국민들에게는 대단히 중요한 것처럼 말입니다.

베네수엘라가 제안한 파이프라인은 성사만 된다면 베네수엘라에서 아르헨티나까지 이어지면서 라틴아메리카의 여러 나라에 엄청난 이익을 가져다줄 것입니다. 이것은 일종의 라틴아메리카 통합으로써 에너지 통합과 더불어 진정한 의미의 독립을 향한 진일보이기도 합니다.[38] 물론 미국이 이러한 아이디어를 혐오하는 것은 당연하지요.

텔레수르에 관해 말하자면, 여기에는 우선 아주 중요한 배경이 있습니다. 미국에서는 물론 그것이 보도되는 것조차 금지되었지만 말입니다. 앞에서 나는 차베스가 유엔총회 연설에서 전 세계 거의 모든 국가들인 주요 비동맹 국가들에 의한, 1970년대의 유엔 개발기구UNCTAD가 지지했던 국제경제질서를 되살리지는 제안을 했다고 말했습니다. 그는 여기에 덧붙여 또다른 제안을 했는데요. 그것은 새로운 국제정보질서에 관한 것입니다. 이 제안은 유엔의 교육, 과학, 문화 기구United

Nations Educational, Scientific, and Cultural Organization 즉 유네스코로부터도 지지를 받았습니다. 그 제안이 무엇인가 하면, 제3세계 국가들이 국제 미디어체제에 참여할 수 있도록 함으로써 미국을 주축으로 하는 서방 강국들에 의해 독점화된 국제정보질서를 개선하자는 것이었습니다.

당연한지도 모르지만 이러한 제안은 미국에 의해 통렬하게 공격받았습니다. 이념의 차이를 넘어서 그것은 자유언론을 말살하고 언론인들을 통제하려는 기도라고 말입니다. 미국의 공격은 가장 추악한 거짓말로 가득 찼어요. 《뉴욕타임스》와 같은 신문들은 유네스코 관리들의 반응조차 실어주지 않았습니다.[39] 그래도 안심이 안 되자 미국은 마침내 유네스코에 대한 분담금 지불을 중단해버렸습니다. 국제정보체계에 제3세계가 참여하는 것을 방지하기 위해서 말입니다. 그들도 알고 있습니다. 그들에게 '자유언론'이란 우리 미국의 독점 그리고 입 다물고 미국이 하는 말을 들어야 하는 것을 의미하지요.

텔레수르는 새로운 국제정보질서를 되살리고자 하는 시도로 나온 것입니다. 알 자지라 방송도 마찬가지구요. 미국의 지원을 받아 사우디아라비아와 주변의 여러 국가들을 포함한 중동의 산유국들을 지배하고 있는 독재자들은 알 자지라 방송을 증오하고 경멸합니다. 미국도 똑같은 이유로 알 자지라 방송을 능멸합니다. 알 자지라가 독립적 목소리를 내기 때문입니다. 이해할 만하지요. 미국이 허용하지 않는 한 세계는 그런 방송을 가질 수 없습니다. 미국은 결국 카불과 바그다드에 있는 알 자지라 방송 시설들을 폭격하고는 우발적 사고였다고 주장했습니다.[40] 눈을 가진 사람이 그것을 믿으리라고는 생각할 수 없습니다.

이라크에서 미국은 선거를 허용하라는 이라크 국민들의 저항에 마침내 굴복했습니다. 처음에는 가능한 모든 방법을 사용해서라도 선거를 막아보려 했지만 그럴 수 없게 되자 지금은 후안무치하게 생색을 내고 있어요. 그들은 마지막까지 선거를 뒤엎으려 했지요. 또 온갖 수단을 동원해서 알 자지라 방송을 막고자 했습니다. 방송을 통제하는 한 가지 방법은 바그다드에서 방송을 추방하는 것입니다.[41] 미국이 모든 것을 통제할 수 없다면 자유선거는 허용될 수 없는 것이니까요.

매우 희극적인 기자회견이 열렸는데 카타르의 국왕이 워싱턴에 와서 가진 기자회견입니다. 콜린 파월Colin Powell은 그를 미국으로 불러 융숭한 대접을 함으로써 그를 통해 알 자지라 방송을 폐쇄하고자 했어요. 그런데 그는 기자회견을 열어 카타르에서는 사람들이 언론자유의 소중한 가치를 신봉하며 이는 때때로 미국이 좋아하지 않는 것들을 말할 수도 있다는 걸 의미한다고 떠벌렸습니다.[42] 이 카타르 국왕은 미국의 압박을 받게 되자 결국 알 자지라 방송을 민영화하겠다고 두 손을 들었어요. 그러나 부시 정부는 여기에 만족하지 않았어요. 민영화는 효과가 없다고 주장하면서 아예 방송국의 문을 닫으라고 협박했어요. 미국의 통제를 벗어난 방송이라면 공영이든 민영이든 허용될 수 없다는 메시지였지요. 그것이 바로 미국이 말하는 '민주주의의 증진'이라는 개념입니다.

알 자지라는 아랍권에서 상당히 널리 시청되는 방송입니다. 2006년 여름 미국과 이스라엘이 레바논을 침공해 거의 전국을 초토화하고 있을 때, 알 자지라의 기자들은 바로 그 현장에 있었어요. 그들은 현장을 생생하게 중계했습니다. 그로 인해 레바논에서 무슨 일이 일어나고 있는지 사람들은 분명하게 알 수 있었지요. 파급 효과는 매우 컸습니다.

이제 알 자지라는 아랍어 방송뿐 아니라 영어 방송도 제공하려 하고 있습니다.[43] 내가 마지막으로 듣기론 채널을 얻는 데 어려움을 겪고 있다고 하더군요. 케이블 채널 한 곳이 관심을 보였다고는 합니다. 그러나 알 자지라가 영어 방송을 하기 위해 채널을 얻는 데는 엄청난 저항이 있을 겁니다.

텔레수르도 유사한 상황입니다. 미국은 강제로 텔레수르를 폐쇄할 힘이 없어요. 차베스가 텔레수르를 폐쇄하라는 부시나 라이스의 말을 호락호락 들을 사람이 아니지요. 상황이 어떻게 전개될지는 모르겠습니다. 그러나 텔레수르가 하나의 대안인 것은 분명합니다. 그것은 최소한 어느 정도까지는 세계 인구 대다수의 입장을 대변합니다. 미국은 부유하고 힘 센 자들의 이익을 위해 종사하고 그들의 통제 아래 있는 정보체계만을 고집하고 있지요.

베네수엘라가 메르코수르Mercosur* 경제협력체에 가입한 것의 의미와 지금 라틴아메리카에서 일어나고 있는 전반적인 통합 움직임에 대해 말씀해주십시오. 《인터내셔널 소셜리스트 리뷰International Socialist Review》에 다음과 같이 쓰셨지요. "베네수엘라는 어떤 라틴아메리카 국가보다도 중국과 긴밀한 관계를 유지하고 있다."[44] 왜 이것이 그렇게 중요합니까?

---

* 메르코수르: 브라질, 아르헨티나, 우루과이, 파라과이 등 남미 4개국 공동시장. 1991년 4개국 정상들이 남미공동시장을 결성키로 협의, 1995년 1월 1일, 모든 관세를 철폐하여 명실상부한 자유무역지대를 출범시켰다. 이로써 북미자유무역협정NAFTA이 채택된 이래 아메리카 대륙에 또 하나의 거대한 경제블록이 탄생하게 되었다. 메르코수르의 총 인구는 2억 명, 국내총생산은 연 7500만 달러에 이르고 있다(야후용어사전).

Chomsky 그것은 아주 중요합니다. 그것이야말로 스페인 정복 이래 라틴아메리카가 독립과 자체의 통합을 향해 움직이기 시작한 첫 번째 시도라고 할 수 있어요. 좀더 정확하게 말해야겠군요. 라틴아메리카 사람들은 그 전에도 그런 시도를 했지만 번번이 진압당했어요.

예를 들면, 브라질은 1960년대 초에 비교적 온건한 포퓰리스트 민주정부를 선택했어요. 그러나 케네디 정부는 군사쿠데타를 조종함으로써 민주정부 대신 신나치주의 치안국가를 수립시켰지요. 이것이 전염원이 되어 남미 전체로 퍼져나갔습니다. 칠레, 아르헨티나 등 중남미 국가들이 그 뒤를 따라 거대한 도살장으로 변하게 된 것입니다. 그러니까 라틴아메리카의 국민들은 이전에 스페인의 압제로부터 독립을 시도했던 것처럼 과거에도 그런 시도를 했던 겁니다. 정말 많은 노력이 있었습니다. 그렇지만 이번 베네수엘라의 사례는 성공 가능성이 매우 높은 첫 번째 독립 시도라 할 수 있어요.

그들은 서방세계, 처음에는 유럽인들 그리고 지금은 미국인들로부터 스스로를 해방시켰습니다. 베네수엘라는 이 과정에서 아주 중요한 역할을 하고 있어요. 베네수엘라만이 아니지요. 베네수엘라에서 아르헨티나까지 일련의 민주적 선거가 실시되고 있어요. 그리고 국민적 참여와 일종의 좌파 지향적인 선거 결과들이 속속 나타나고 있어요.

남아메리카 대부분이 독립과 통합을 향해 움직임에 따라, 미국의 주요 통제 수단은 이제 그 힘을 상실했습니다. 역사적으로 한 가지 통제 수단은 폭력과 철권제재입니다. 또 하나는 경제적 압박이고요. 최근에 미국은 IMF, 상무성, 세계은행 등을 통해 경제적 압박을 가했어요. 그런데 두 가지 방법 모두 효력을 상실하고 있어요. 2002년 베네수엘라

독립과 통합을 향해
움직이는 남아메리카

에 쿠데타가 일어났을 때 폭력을 뒷받침하기 위한 미국의 마지막 노력이 있었어요. 전통적인 것이었지요. 당시 미국은 뒤로 물러서서 쿠데타와 아무런 관련도 없는 것처럼 보이려 했습니다. 물론 미국이 뒤로 물러선 것은 베네수엘라 국민들의 반발뿐 아니라 라틴아메리카 전체의 강력한 부정적 반응 때문이었지요. 라틴아메리카는 우리 서방 세계, 특히 미국에서보다는 민주주의를 훨씬 더 진지하게 받아들입니다.

폭력의 위험이 모두 사라졌다고는 말하지 않겠습니다. 미국은 현재 아마 냉전시대보다도 더 많은 군사력을 라틴아메리카에 집중시키고 있을 겁니다. 라틴아메리카 장교들의 훈련은 급증했고, 이른바 미국식 군사학교들이 증가했어요. 사실 내 생각으로는 사상 처음으로 '라틴아메리카 원조'라고 불리는 미국의 군사비 지출이 주요 연방정부 기관들의 경제원조 전체보다 훨씬 더 높아졌을 것입니다.[45] 냉전 시대에도 이런 일은 없었어요. 미군기지도 점점 더 많아지고 있어요. 이런 저런 군사적 조치를 취하기 위한 준비들이 착착 진행되고 있구요. 그러나 전체적으로 미국은 과거만큼 능력을 가지고 있지 못합니다. 원한다고 아무 나라에서 군부 쿠데타를 교사하고 독재자들을 지원할 수 없게 된 것이지요.

경제적 고사작전도 효력이 많이 상실되었습니다. 아르헨티나가 IMF를 추방한 것이 한 예지요. 느리기는 하지만 남미 통합도 진행되고 있구요. 베네수엘라가 메르코수르에 가입했을 때, 아르헨티나 대통령 키르취너와 브라질 대통령 룰라 다 실바Lula da Silva는 베네수엘라의 합류 결정을 남미 통합을 위한 위대한 진일보라고 극찬했어요.[46] 그것이 얼마나 유의미한 일이 될는지는 기다려봐야 하겠지요. 남미 통합에는 수많은 국제 문제들이 가로놓여 있지만, 베네수엘라의 가입이 통합으로 가는 단초인 것은 분명합니다.

라틴아메리카 국가들의 역사를 보면, 그들은 매우 분열되어 있었습니다. 엘리트들은 서구로 기울어져 있었고, 그들의 멋진 별장은 지중해에 있었지요. 그들은 거기서 여름 휴가를 보냈습니다. 아이들은 미국과 유럽의 명문 대학에서 공부했구요. 심지어는 교통망조차도 서방 세계를 향해 건설되었어요. 자본 역시 국내가 아니라 서방 세계로 흘러갔죠. 국가들 사이의 통합은 아주 미미했어요. 사실 라틴아메리카 국가들 사이에는 많은 갈등이 있었습니다. 이제는 이러한 문제들이 극복되기 시작한 것입니다.

국제적으로 더 넓은 범위의 '남-남' 국가 간 통합이 있습니까?

Chomsky   중국을 보십시오. 중국은 미국의 전략가들에게는 공포의 대상입니다. 왜 그럴까요? 중국이 우리를 공격할까봐 그럴까요? 아닙니다. 중국은 군사적 위협 세력이 아닙니다. 중국은 부시의 군국주의에 대한 대응으로 군비를 조절할 뿐이지 군사적으로 강국이라 할 수 없습니다. 사실 중국은 군사적 억제력을 전혀 가지고 있지 못합니다. 그런데도 중국이 미국에 위협이 되는 것은 중국이 라틴아메리카, 사우디아라비아, 이란, 기타 많은 나라들로 침투해 들어갔기 때문입니다. 이 점이 미국을 미치게 만들고 있어요.

중국은 이제 라틴아메리카의 주요 경제 파트너가 되었습니다. 베네수엘라뿐이 아닙니다. 원자재 수출국인 칠레와 브라질은 중국과의 무역을 증대시키고 있고, 중국은 그에 따라 이들 국가에 대한 투자를 확대하고 있어요. 베네수엘라는 원유 수출을 다각화함으로써 적대적 관계에 놓인 미국에 대한 수출에 과도하게 의존하지 않으려 하고 있습니다. 당연하고 합리적이지요. 베네수엘라의 많은 수출이 이제 라틴아메리카 여러 나라로 다양화되고 있을 뿐 아니라 중국에까지 확대되고 있는 겁니다.[47] 미국 정부는 이런 일련의 움직임에 대해 당연히 불만스러워 하지요. 미국이 남미의 자원과 시장을 통제해야 하는데 말입니다. 다른 국가가 그렇게 하는 것은 결코 허용될 수 없거든요.

거울 속 미국을 보라

당신은 대개 강연이 끝나갈 무렵 '거울을 보라'는 은유를 자주 사용하시더군요?

Chomsky 우리는 우리가 누구인지, 우리가 무엇을 하고 있는지 자문해보아야 합니다. 예를 들어, 차베스가 유엔총회 연설을 마치자 참석자들이 그를 모욕하고 비하하는 대신 장시간에 걸쳐 열렬한 박수를 쳤다면, 당연히 우리는 왜 그런지 물어봐야 하지 않을까요? 여론조사에서, 세계의 다른 곳은 차치하고라도 심지어는 유럽에서조차 사람들이 미국을 세계평화에 대한 주요 위협세력이자 그들의 생존에 대한 위협으로 간주한다는 사실은 무엇을 의미합니까? 왜 그런 반응이 나오는 걸까요? "우리의 자유민주주의를 보고 사람들은 우리를 미워하는 거야." 이렇게 말할 수는 없습니다. 그들은 그런 이유로 우리를 미워하지 않습니다. 우리는 우리 자신의 모습을 직시해야 합니다. 우리가 무슨 일을 저질렀는지 알아야 해요. 과거 반세기 동안 미국이 이란에서 무슨 일을 저질렀습니까? 지금 미국은 이라크에서 무슨 일을 저지르고 있습니까?

바로 며칠 전에 실시된 여론조사에서, 여론조사 결과가 거의 보도되지는 않았습니다만, 이라크 국민의 70퍼센트가 일 년 이내에 미군이 철수하기를 원하는 것으로 드러났습니다. 나머지 대부분도 미군이 오래지 않은 시간 내에 철수하기를 바라는 것으로 나타났구요. 바그다드에서는 약 3분의 2가 미군이 즉각적으로 철수하기를 원했어요.[48] 왜 그럴까요? 자료를 보십시오. 자료를 보면 금방 알 수 있습니다. 이라크 국민 절대 다수는 미국이 폭력과 분열주의를 조장하고 있고 자기들이 원하지도 않는 영구적인 군사기지를 마음대로 건설하고 있다고 생각합니다.[49] 정말 그런가요? 보도된 군비 지출액을 봅시다. 그렇습니다. 미국은 지금 '반영구적인' 군사 기지를 건설하고 있어요. 반영구적인 군사 기지란 말은 미국이 원하는 한 언제까지든 머물 수 있는 영구적인 기지를 의미합니다. 실제로 깊은 지하벙커라든가 그 이외의 것들을 볼 때 영구성을 염두에 두고 건설되고 있습니다.

미국은 이라크군에게 군사 지원을 하지 않고 있습니다. 이는 미군이 이라크에 영원히 주둔하면서 수송, 지원, 백업, 기지 등을 제공할 것이고, 필요하면 언제든지 직접 개입하겠다는 것을 의미합니다. 이라크는 이런 것을 원하지 않습니다. 우선은 미국이 폭력을 부추긴다고 생각하기 때문이고, 아마도 그런 생각이 옳겠지만, 또 외세에 의해 국토가 점령당하는 것을 원하지 않기 때문이지요. 역지사지로, 이란이 우리 미국에 쳐들어와서 기지를 건설한다면 우리가 그것을 원하겠어요? 그러니까 이제 거울을 들고 우리 자신의 모습을 직시해야 합니다. 세상 사람들이 왜 미국의 정책에 대해 이러한 인상을 가지고 있는지 진지하게 물어봐야 하는 겁니다.

놀랍게도, 많은 미국 국민들도 미국에 대해 다른 나라 사람들과 똑같은 생각을 가지고 있습니다. 그러나 이러한 사실은 미국의 정치체제나 미디어로부터 효과적으로 배제되고 있죠. 미디어는 미국인들의 이런 태도를 보도조차 하지 않아요. 그러므로 우리는 우리 자신을 보고 우리의 나라가 어떤 나라인지를 직시할 필요가 있는 겁니다. 지금의 이 나라가 우리가 원하는 나라인가요? 미국이 바깥 사람들에게 지금처

우리는 우리 자신의 모습을 직시해야 합니다.
우리가 무슨 일을 저질렀는지 알아야 해요.
과거 반세기 동안 미국이
이란에서 무슨 일을 저질렀습니까? 지금 미국은
이라크에서 무슨 일을 저지르고 있습니까?

럼 보여지기를 원하고, 그 결과를 감내하기를 원합니까? 이 모든 것들은 우리가 선택할 수 있습니다.

레바논 전쟁을 봅시다. 레바논에서는 국민의 90퍼센트가 이 전쟁을 미국과 이스라엘의 침략으로 간주합니다. 물론 사실이 그렇습니다.[50] 미국은 레바논의 많은 부분을 파괴했어요. 레바논 국토의 많은 부분이 집속탄으로 인해 사람이 살 수 없는 곳으로 바뀌었습니다.[51] 또 그들은 원유 저장소를 폭격해 기름을 유출시킴으로써 이루 말할 수 없는 장기적인 환경파괴를 야기했습니다. 환경부 장관은 곧 대부분의 레바논 사람들이 미국과 이스라엘의 폭격 여파로 독이 든 물을 마시게 될 것이라고 말합니다.[52]

레바논 공격이 불러올 환경적 충격에 관해서는 《사이언스》에 기사가 실렸습니다.[53]

Chomsky 그 기사는 전문적인 분석을 하고 있더군요. 샘플을 추출해 분석한 결과 해안까지 도달한 유출기름에 고농도의 유독성 탄수화물과 기타 발암물질 및 독성 물질들이 포함되어 있다는 사실이 밝혀졌어요. 그들의 판단에 따르면 해안지대뿐 아니라 다른 모든 곳에서도 사정은 마찬가지일 겁니다. 《사이언스》는 또 유출된 기름이 바다의 바닥으로 가라앉고 있다고 말합니다. 이것은 가라앉은 기름이 먹이사슬을 파괴할 것이라는 걸 의미하죠. 상황은 익히 보아온 대로 악화되고 있어요. 기름 유출 문제 외에도 거기서 흘러나온 독가스 구름이 전국을 뒤덮게 됩니다. 그뿐 아니라 집속탄과 어마어마한 규모의 폭격으로 인해 파괴된 국토는 앞으로도 오랫동안 복구되지 못할 것입니다. 문화적 중심지와 서점들도 파괴되었어요. 베이루트에는 문화지역이라 불리는 거리가 있는데, 여기에는 많은 출판사들이 집중적으로 몰려 있었어요. 레바논은 아랍 세계의 문화 중심지였습니다. 그런데 그 문화 중심지가 쑥대밭처럼 파괴된 것입니다.

이라크의 상황은 훨씬 더 끔찍합니다. 서점, 문학 카페 그리고 사담 후세인의 독재정치 기간에도 살아남았던 가벼운 토론의 중심지들이 집중적으로 모여 있던 거리는 수천 년을 이어온 문화유산들과 함께 전소되었습니다. "전쟁에선 온갖 일이 일어나지요"[54]라는 말 그대로입니다. 이라크만은 그렇게 해서는 안 됩니다. 이라크 사람들은 그들의 문화와 문명과 삶을 누구보다도 소중히 여깁니다.

이런 사태의 결과는 어떻게 될까요? 레바논 전쟁의 결과도 이라크에서와 똑같겠지요. 즉 전쟁의 여파로 새로운 세대의 지하드가 생겨날 것이고, 조국을 파괴한 나라에 대한 복수심과 증오심으로 불타는 사람들이 양산될 것입니다. 언젠가 우리는 그들의 이야기를 또 듣게 되겠지요. 그러면 우리는 또 의아해 할 것입니다. '그들은 왜 우리를 미워하지?' 하고 말이죠. 그 이유를 알고 싶다면, 반세기 이전으로 되돌아가면 됩니다.

결코 역사적 망각에 빠질 수 없는 또다른 이유가 있습니다. '그들이 왜 미국을 싫어하는가'라고 궁금해 한 사람은 조지 부시가 첫 번째는 아닙니다. 아이젠하워도 똑같은 의문을 제기했어요. 과거로 돌아가서 무슨 일이 있었는지를 봅시다. 그때는 왜 사람들이 우리를 싫어했을까요? 지금 그들이 미국을 증오하는 것과 똑같은 이유였어요. 다만 지금은 상황이 더 악화되었기 때문에 사람들이 그때보다 우리를 더 미워하고 있죠.

거울 속 우리 자신의 모습을 보면, 아마도 우리 자신에 대해 뭔가를 배울 수 있을 것입니다. 그것이 우리가 첫 번째로 해야 할 일입니다. 그런 후에야 다른 사람들에 대해 이야기할 수 있겠지요. 그렇습니다. 우리는 패권주의적 슬로건을 외치기 전에 우리 자신을 먼저 이해하고자 노력해야 합니다. 차베스가 잔혹한 독재자라고 우리의 존경하는 지도자가 외친다고 해서, 우리도 그를 따라 차베스는 잔혹한 독재자라고 외쳐야 할까요? 그럴지도 모르지요. 그렇지만 우리의 존경하는 지도자가 그렇게 말했다고 해서가 아니라, 우리 자신이 이성을 가지고 판단을 내려야 합니다. 북한 사람들처럼 우리 스스로 맹목적으로 경애하는 지도자 동지를 따를 필요는 없습니다.

· · ·

니카라과는 아주 슬픈 곳입니다. 현재 남반구에서 두 번째로 가난한 나라예요. 많은 노동자들은 해외에서 일하고 있죠. 대부분은 코스타리카에 있습니다만, 미국이나 다른 곳에서도 일하고 있어요. 니카라과는 아무런 발전도 없는 빈부격차가 극심한 나라지요. 자동차로 마나과 시내를 다녀보면 휘황찬란한 도시의 모습을 볼 수 있습니다. 원하는 것은 무엇이든 살 수 있죠. 그러나 밤 동안 죽지 않으려고 창틀 사이로 손을 내밀어 동전을 구걸하는 아이들의 비참한 모습도 여기저기서 볼 수 있습니다.

미국 대 복음서

• 2006년 12월 12일, 매사추세츠 주 캐임브리지에서

'첫 번째 9.11'이 가져온 검은 그림자

어제 《뉴욕타임스》는 전날 죽은 칠레의 지도자 아우구스토 피노체트 Augusto Pinochet 장군에 대한 기사를 1면에 실었습니다.[1] 화성이나 어떤 다른 행성의 사람이 미국에 와서 본다면, 칠레에서 일어난 이 사건에 대한 미국의 유수 신문인 《뉴욕타임스》의 기사로부터 어떤 정보를 얻게 될까요?

Chomsky 외계에서 온 사람이 사실을 파악하고 나면 아마도 자신이 스탈린 치하의 전체주의 국가인 러시아에 도착한 것으로 착각하겠지요. 이 기사는 피노체트를 권좌에 앉게 했던 1973년의 칠레 쿠데타에서 미국이 수행한 역할에 대해 아주 간단히 스치듯 언급하고 있어요. 실제로 미국은 그 전에도 즉 1958년과 1964년에도 선거를 왜곡시켰어요. 1970년이 되자 미국은 아옌데 정부를 전복시키고자 했지요. 두 가지 방법이 있었는데, 하나는 강경책으로 군사 쿠데타를 일으키는 것이었고, 다른 하나는 온건책으로 닉슨이 미 중앙정보국 국장 리차드 헬름스Richard Helms에게 말했던 것처럼 '경제를 압살하는' 것이었어요.[2] 미국은 칠레의 상류층에 깊숙하고도 광범위하게 개입함으로써 확실하게 칠레 경제를 고사시켰습니다. 칠레의 군사 쿠데타는 미국이 1960년대와 1970년대를 통틀어 그리고 1980년대 중앙아메리카에서의 미국의 테러전쟁에 이르기까지, 온갖 수단을 통해 교사하고 지원하거나 아니면 직접 개입했던 일련의 쿠데타들 중 하나입니다. 이로 인해 중남미 전체에는 정치적 억압이 전염병처럼 퍼져나갔어요.

칠레의 경우는 특히 내 개인적으로 매우 가슴이 아픕니다. 바로 몇 주 전에 그곳을 다녀왔거든요. 내가 읽은 것 중 오늘날의 칠레 상황에 대해 가장 정확하게 진단하고 있는 글은 아리엘 도프만Ariel Dorfman이 쓴 것입니다. 그는 칠레를 "여전히 공포로 가득한 나라"라고 불렀어요.[3] 맞습니다. 17년 동안 독재정치를 겪어온 칠레 국민들에게는 그 공포가 아직도 남아 있습니다.

빌라 그리말디Villa Grimaldi는 피노체트가 저질렀던 최악의 고문실 중 하나입니다. 최근에 내가 방문했을 때, 지금은 저명한 국제변호사이자 교수이고 인권운동가인 어떤 사람이 전에 자신이 고문을 당했던 곳으로 나를 안내했어요. 그는 우리 방문객들에게 고문 과정 하나하나를 보여주었어요. 그들이 어떻게 고문을 당했는지를 생생하게 보여주었지요. 그는 고문 후유증으로 수년이 지나서야 겨우 자신이 겪은 일들에 대해 입을 열 수 있게 되었다고 털어놓았습니다. 피노체트가 저지른 고문만행은 참으로 끔찍했습니다. 그 사람 말고도 우리는 사형집행실에서 용케 살아남은 유일한 생존자를 만났어요. 모든 고문과정을 겪고 나면 그들은 이 사람이 더 필요한지 아닌지를 결정했습니다. 필요 없다고 판단되면 사형집행실에 처넣었죠. 이 사람은 천우신조로 살아남았습니다. 고문은 정말 끔찍했습니다. 그는 자신이 겪은 고문을 낱낱이 고발했어요.

고문 과정은 모두 의사들이 감시하는데 그들의 역할은 고문 받는 사람이 죽지 않도록 하는 것이었어요. 희생자들이 고문의 다음 순서를 위해 죽으면 안 되었기 때문이지요. 그래서 의사들은 고문관들에게 언제 고문을 중지해야 할지를 지시하고, 희생자가 기절하면 다시 깨어나

의사들은 고문관들에게 언제 고문을 중지해야 할지를
지시하고, 희생자가 기절하면 다시 깨어나도록
조치를 취해 고문을 계속 할 수 있도록 했습니다.
그 변호사에게 물었어요.
"그 의사들은 지금 어디 있습니까?" 그러자 그는
"모두들 산티아고에서 개업하고 있어요"라고
답하더군요.

도록 조치를 취해 고문을 계속 할 수 있도록 했습니다. 그 변호사에게 물었어요. "그 의사들은 지금 어디 있습니까?" 그러자 그는 "모두들 산티아고에서 개업하고 있어요"라고 답하더군요. 고문의 조력자들이 수도에서 버젓이 개업하고 있는 데 대해 아무도 어떠한 조치도 취할 생각을 하지 못하고 있어요. 저 악랄한 요세프 멩겔레Josef Mengele*가 거리를 활보하는 것과 똑같지요. 칠레 사람들은 여전히 공포를 느낄 수밖에 없을 겁니다.

칠레 작가인 후안 에르난데스 피코Juan Hernández Pico는 칠레에는 '테러의 문화'가 아직도 남아 있을 뿐 아니라, 테러에 대한 공포로 인해 "대중들이 바라는 것이 권력자들이 바라는 것과 다를 경우 대중들은 그 자신들의 바람을 포기한다"고 했습니다.[4] 사람들은 더이상 희망을 갖지 않습니다. 칠레에 있는 친구들은 이 점을 나에게 누차 설명했습니다. 칠레는 한 때 매우 생기 있고 쾌활한 나라였습니다. 그러나 지금은 국민들이 모두 고립되어 있어요. 그들은 서로를 신뢰하지 않습니다. 또 어떠한 조치도 취하려 하지 않습니다. 앞에서 말한 고문 의사들의 사례는 특히 끔찍한 경우지만, 다른 사례들도 정말 많습니다.

피노체트의 죽음에 관한 《뉴욕타임스》 기사의 요점은, '피노체트가 좋은 사람은 아니었지만 그가 시카고 경제학자들의 지도 아래 놀라운 경제적 성공을 칠레에 남겨주었다'는 것입니다. 그러나 《뉴욕타임스》

---

* 요세프 멩겔레(1911~1979): 독일의 비밀경찰 요원으로 나치 포로수용소 아우슈비츠의 외과의사였다. 수용소로 이송되어 오는 죄수들을 보고 생사여탈을 결정했으며 생체실험을 자행한 '죽음의 천사'로 알려져 있다. 전쟁이 끝난 후, 오스트리아에서 숨어 지내다가 아르헨티나로 잠적했고, 이후 브라질의 베르티오가에서 익사체로 발견되었다.

도 잘 알고 있다시피 그리고 기사를 잘 읽어보면 누구든지 진실을 보여주는 한 구절을 쉽게 알아차릴 수 있다시피, 사실 시카고 경제학자들은 칠레 경제를 공포 상태로 몰고갔을 뿐 아니라 칠레를 역사상 최악의 침체 상태로 몰아넣었습니다. 1982년에 칠레는 공적 자금을 사용해 민간경제를 구제했어요. 피노체트가 지배한 모든 기간이 완전한 재앙이었지요.

국가의 범죄를 보도하는 경우 언론이 종종 수동태 문장을 사용하는 것에 대해 어떻게 생각하십니까?

Chomsky 수동태 문장으로 쓰는 것은 언론의 전형적인 수법입니다. 언론은 "미국이 사람들을 죽였다"라는 말 대신에 "민간인이 사살되었다"라고 씁니다. 또 "미국이 그들을 살해했다. 미국이 그들을 고문했다"는 말 대신 "그들이 죽었다"라고 하죠.

사실 칠레의 쿠데타에 대해서는 할 말이 더 많습니다. 칠레 쿠데타는 1973년 9월 11일에 발생했어요. 그래서 남미에서는 이 쿠데타를 '첫 번째 9.11'이라고 부르기도 합니다. 쿠데타가 어땠는지에 대해 정말 알고 싶다면, 우리가 겪은 9.11을 생각해보십시오. 우리의 9.11이 1973년 미국의 결정적 역할로 일어났던 칠레의 9.11과 똑같은 규모로 일어났다고 상상해보십시오. 미국은 칠레보다 큰 나라기 때문에 합리적 유추를 위해 인구수에 비례해 비교해보면 다음과 같습니다.

2001년 9월 11일 알 카에다가 백악관을 폭격하고, 대통령을 살해하고, 군사 쿠데타를 일으켜 5만 명에서 10만 명 정도를 죽이고, 7만 명 정도를 고문합니다. 그리고 워싱턴에 테러 센터를 세워 서반구 다른 곳에서도 이에 못지않은 군사 쿠데타를 교사할 뿐 아니라 그들의 맘에 들지 않는 사람들을 닥치는 대로 살해합니다. 또 그들이 데려온 일단의 경제학자들(이들을 시카고 보이즈Chicago Boys*에 빗대어 칸다하르 보이즈 Kandahar Boys라고 부르지요)이 경제를 망쳐놓고도 피지배인들로부터 존경을 받고 고국에 돌아가 노벨상을 받습니다.

만약 이런 일이 미국에서 일어났다고 생각해보십시오. 그로 인해 세상이 바뀌었을까요? 모두가 말합니다. 9.11은 전 세계를 바꾸어놓았다고 말입니다. 이것은 꾸며낸 이야기가 아닙니다. 바로 1973년 9월 11일 칠레에서 실제로 있었던 일입니다.

지금 칠레의 대통령이 미첼레 바첼레트Michelle Bachelet라는 사실은 어떤 의미가 있습니까? 그 자신이 국외 추방을 당했던 정치범이자 그의 아버지는 피노체트에 의해 죽임을 당한 사람이잖습니까?

Chomsky 그것은 아주 중요합니다. 우선 문화적으로나 사회적으로 칠레는 매우 보수적인 국가입니다. 그런 나라에서 여성 대통령, 특히 이혼한 여성을 대통령으로 선출한다는 것은 상상할 수 없지요. 그런 점에서 현재 칠레의 사례는 아주 중요합니다. 그녀가 어떤 역할을 할지는 알 수 없지만요. 독재의 손아귀는 아직도 많이 남아 있어요.

---

* 시카고 보이즈Chicago Boys: 신자유주의의 이론적 기수이자 시카고학파의 대부인 밀턴 프리드먼의 영향을 받은 칠레의 기술관료를 통칭하는 용어다. 1955년 시카고 대학 경제학과와 칠레 가톨릭 대학 간에 체결된 학술교류사업의 결과물인 셈인데, 1970년대 피노체트 정권 이후 칠레의 신자유주의 정책을 일관되게 추진한 집단이다.

또다른 사례인 코델코Codelco를 볼까요. 국가 소유의 구리 회사인 코델코는 법률에 의해 수입의 10퍼센트를 군부에 바쳐야 합니다.[5] 칠레 국민 절대 다수는 그것을 더이상 원하지 않습니다. 그러나 왠지 그들은 그러한 관행을 고칠 수 있다고는 생각하지 않는 것 같아요. 국민들이 입법권을 가지고 있는데도 말입니다.

칠레는 아주 불평등한 사회로 거의 브라질 수준입니다. 브라질의 불평등은 정말 상상을 초월하지요. 산티아고의 어떤 곳을 걷고 있으면, 마치 뉴욕의 고소득층 거주지를 걷고 있는 듯한 착각이 들 정도입니다. 그러나 그 곳을 조금만 벗어나면 도처에 극도의 빈곤이 넘쳐 흐릅니다.

저는 칠레 남부의 마푸체Mapuche, 북부의 아이마라Aymara 그리고 페루의 퀘추아Quechua에서 온 인디언들을 만났어요. 그들은 여러 가지 심각한 문제들을 안고 있었습니다. 정부는 어느 정도 그 문제들을 인식하고 있었지만, 그걸 해결하려고 시도하지는 않았습니다. 도시빈곤과 농촌빈곤 문제도 심각하기는 마찬가지였습니다. 칠레 경제는 국제기준으로 보면 괜찮은 편이지만 미약하기 그지없습니다. 이 나라 경제가 대부분 일차산업제품의 수출에 의존하기 때문입니다.

내가 방문한 곳 중 하나는 이퀴케Iquique였는데, 안데스 산맥의 탄광 지역이었어요. 이 탄광 지역은 상상할 수도 없는 사막이었습니다. 푸른 식물은 찾아볼 수 없고, 물도 없으며, 그저 평평한 갈색의 모래사막으로 바람만이 울부짖는 삭막한 풍경이었어요. 탄광은 모두 폐쇄됐지만, 광부들이 어떻게 생활했을지는 미루어 짐작이 되더군요. 거기서 우리는 작은 콘서트홀도 보았는데, 거기서 루치아노 파바로티Luciano Pavarotti나 그런 종류의 사람들이 탄광 소유주들을 위해 공연을 했다더군요.

20세기 초반에는 이곳에서 파업과 학살이 꼬리를 물고 일어났습니다. 1907년에는 광부와 그들의 가족들이 하루 몇 푼이라도 임금을 지불해달라고 파업을 했지만, 아무것도 얻어내지 못했어요. 그들은 약 30마일 정도 떨어져 있는 해변가 마을인 이퀴케까지 행진을 했고, 탄광 소유주들에 의해 '환영'을 받은 후 어떤 학교 안에 모이게 되었습니다. 그리고 나서 이 불쌍한 광부들은 학교 마당에서 공개 미팅을 가지도록 허락되었어요. 그 사이에 당국은 군대를 불러왔고 그들을 자동소총으로 무장시켰습니다. 언론 검열이 너무 심해서 사망자가 얼마나 되는지는 지금까지도 알려지지 않고 있어요. 어떤 추산에 따르면 적어도 1000명 이상의 남자, 여자, 아이들이 무방비 상태로 살해되었습니다. 이 사건이야말로 세계 노동 운동사에서 가장 참혹한 학살일 것입니다. 칠레 학자들은 이 학살을 정부와 소유주들의 권위를 확립하기 위한, 사회적 통제를 유지하기 위한, 강력한 노동운동의 싹을 자르기 위한 '예방 전쟁'의 잔혹한 극치라고 부릅니다. 이것이야말로 1973년 9월 11일, 미국의 지원을 등에 업은 피노체트 쿠데타군이 집권하면서 시작된 혐오스러운 시대의 전조였을 것입니다.[6]

이 사건은 칠레에서 자행된 수많은 학살 중 하나일 뿐입니다. 기술적으로 말하면 사건을 저지른 것은 칠레가 맞지만 그 뒤에는 영국이 있었어요. 이 지역 전체가 칠레에 속하기는 하지만 사실은 영국이 당시에 볼리비아 및 페루와 전쟁 상태에 있던 칠레 정부를 지원했거든요. 대신 영국은 비료와 화약의 원료로 쓰이는 질산 광을 원했어요. 나중에는 미국이 이 질산 광들을 차지하게 되었지요.

    1907년에는 광부와 그들의 가족들이 하루 몇 푼이라도 임금을 지불해달라고 파업을 했지만, 아무것도 얻어내지 못했어요. 그들은 약 30마일 정도 떨어져 있는 해변가 마을인 이퀴케까지 행진을 했고, 탄광 소유주들에 의해 '환영'을 받은 후 어떤 학교 안에 모이게 되었습니다.
    그러고 나서 이 불쌍한 광부들은 학교 마당에서 공개 미팅을 가지도록 허락되었어요. 그 사이에 당국은 군대를 불러왔고 그들을 자동소총으로 무장시켰습니다.

이제 이 지역 사람들은 이퀴케 학살을 추모하기 시작했습니다. 특히 칠레의 젊은이들이 이 슬픈 역사를 인식하기 시작했어요. 그러나 이 슬픈 역사는 우리도 기억해야 합니다. 이퀴케도 서구 문명의 일부니까요.

라틴아메리카, 갈림길에 서다

니카라과는 최근 선거를 통해 전 산디니스타Sandinista* 지도자인 다니엘 오르테가Daniel Ortega를 대통령으로 선출했습니다. 오르테가에 대해 당신은 어떻게 생각하십니까?

Chomsky 《엔비오Envío》는 마나과의 예수회 대학교에서 발행되는 잡지입니다. 이 잡지는 아마도 중앙아메리카에 관한 가장 괜찮은 잡지일 겁니다. 이 잡지의 지난 호가 바로 니카라과 대선에 관한 것이었는데, 이 잡지는 그 이전에 있었던 1996년과 2001년의 선거에서 오르테가의 당선 가능성이 높아지자 자본의 해외유출과 오르테가에 대한 각종 살해 위협이 잇따랐다는 점을 지적했어요. 그런데 이번에는 그의 당선이 매우 차분하게 받아들여지고 있다고 말했습니다.[7]

* 산디니스타: 산디니스타민족해방전선Frente Sandinista de Liberacion Nacional, FSLN의 구성원. 니카라과 정치단체 중 하나로 1979년 아나스타시오 소모사 데바일레 대통령을 몰아내고 46년간이나 계속된 소모사 가문의 독재를 종식시켰으며, 1979년부터 1990년까지 니카라과를 통치했다. 1927년에서 1933년까지 미군이 니카라과를 점령했을 당시 니카라과 저항운동의 영웅이었던 아우구스토 세사르 산디노의 이름을 딴 이 단체는 1962년 카를로스 폰세카 아마도르, 실비아 마요르가, 토마스 보르게 모르티네스가 소모사 체제를 전복하고 사회주의 제도를 도입하기 위해 결성했다(브리태니카 사전 요약).

사실대로 말하자면 나는 우선 오르테가에 대해 그리 높이 평가하지 않습니다. 그는 전 니카라과 대통령 아르놀도 알레만Arnoldo Alemán과 한 패가 됨으로써 완전히 신뢰를 상실했어요. 알레만은 1990년대 최악의 부패한 깡패였습니다. 오르테가는 산디니스타민족해방전선Sandinista National Liberation Front**, 산디니스타당Sandinista Party 그리고 알레만의 당인 진보헌법당Liberal Constitutional Party을 통제하면서 알레만이 호된 처벌을 받지 않도록 했고, 니카라과 입법부가 건설적인 조치들을 취하지 못하도록 방해했습니다. 오르테가와 알레만이 서로 비슷한 부류의 사람이라서 그랬던 것은 아닙니다. 오르테가는 또 하나의 극우기회주의자가 된 것으로 보입니다. 그는 늘 기회주의자의 길을 걸어왔어요. 그는 아직도 사람들 사이에서 옛 산디니스타의 희망을 실천하려는 선지자로 인식되고 있고 충성스런 추종자들을 데리고 있습니다. 그러나 그건 완전한 환상입니다.

니카라과는 아주 슬픈 곳입니다. 현재 남반구에서 두 번째로 가난한 나라예요.⁸ 많은 노동자들은 해외에서 일하고 있죠. 대부분은 코스타리카에 있습니다만, 미국이나 다른 곳에서도 일하고 있어요. 니카라

** 산디니스타민족해방전선: 1961년에 결성된 니카라과의 무장혁명조직. 1927년부터 1933년까지 미군과 싸웠던 아우구스토 세사르 산디노(1895~1934)의 전통을 계승해 족벌독재정권인 소모사 정권의 타도를 외쳤다.
1978년 유일한 반정부 일간지의 발행인이자 민주해방연합의 지도자였던 페드로 호아킨 차모로 암살사건을 계기로 전국으로 확대된 독재타도운동 속에서 몇 개 지방에 해방구를 만들어냈다. 그후 소모사의 군대와 싸워 1979년 7월 독재체제 붕괴에 결정적인 역할을 했다. 1984년 11월 대통령 선거에서 다니엘 오르테가 사베드라(1945~)가 대통령으로 선출됨으로써 산디니스타민족해방전선 정부가 공식 발족했으나 1990년 2월 25일 대통령 선거에서는 패배했다(인터넷 자료).

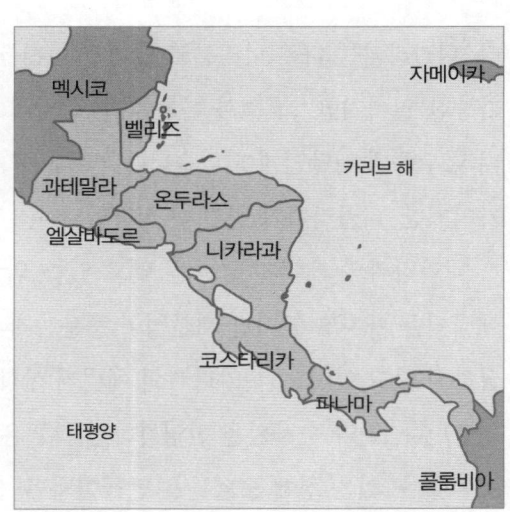

슬픈 역사를 가진 니카라과
그리고 중앙아메리카

과는 아무런 발전도 없는 빈부격차가 극심한 나라지요. 자동차로 마나과 시내를 다녀보면 휘황찬란한 도시의 모습을 볼 수 있습니다. 원하는 것은 무엇이든 살 수 있죠. 그러나 밤 동안 죽지 않으려고 창틀 사이로 손을 내밀어 동전을 구걸하는 아이들의 비참한 모습도 여기저기서 볼 수 있습니다.

니카라과는 미국이 1990년 이 나라를 차지한 이후로 경제적으로 엄청나게 악화되었습니다. 오르테가는 이런 흐름에 부화뇌동하고 있어요. 그와 그의 친구들은 스스로의 배를 불렸고, 알레만이나 그의 잔당들과 한 패거리가 되었지요. 그렇다고 해서 미국의 투자자들이 걱정할 필요는 없을 겁니다. 물론 걱정하는 것 같지도 않지만요. 니카라과의 기업 엘리트들도 제3세계에서는 언제나 그렇듯이 엄청난 부호들이기 때문에 아무런 걱정을 하지 않습니다.

니카라과는 IMF가 시키는 것들을 신앙처럼 철저히 지킨 국가입니다. 니카라과는 다른 나라들과 달리 에너지를 민영화시켰습니다. 예측 가능한 일이지만, 그 결과 다른 어떤 중남미 국가들보다 더 끔찍한 에너지 부족에 시달리게 되었습니다.[9] 과테말라도 사정이 나쁘기는 마찬가지지만, 니카라과가 훨씬 더 심각합니다.

니카라과의 에너지 공급을 맡고 있는 외국계 회사들은 많은 잉여 에너지를 가지고 있지만 채산성이 충분하지 않다는 이유로 그것을 공급하지 않고 있어요. 니카라과의 에너지 상황은 이런 식으로 운영되고 있습니다. 만약 수자원을 민영화하면 그들은 그것이 매우 효과적임을 보여줄 수 있는 경제 모델들을 만들어낼 수 있을 겁니다. 그러나 문제는 적절한 가격을 정한다 해도 많은 국민들이 그 가격을 지불할 능력이 없다는 것입니다. 따라서 물을 마실 수 없게 되겠지요. 그러니 아무것도 완벽하지 않은 것입니다.

볼리비아, 특히 코차밤바Cochabamba에서는 물을 민영화하려는 문제를 두고 엄청난 민중 저항이 있었습니다. 벡텔Bechtel을 중심으로 한 컨소시엄이 수자원을 민영화하려 했기 때문에 코차밤바에서 벡텔을 몰아내려는 엄청난 민중 저항이 일어난 거지요.[11] 이것이 바로 실제 세계화의 좋은 사례입니다. 코차밤바의 민중들이 성공할 수 있었던 부분적인 이유는 그들이 전 세계의 운동가들과 신속하게 연대체제를 구축하고, 벡텔 사무실에서 시위를 할 수 있었기 때문입니다. 특히 그중 한 시위는 세계은행과 IMF의 정책을 반대하는 워싱턴에서의 대규모 시위와 우연히도 날짜가 일치했어요. 이렇게 해서 볼리비아에 국제적인 여론의 조명이 주어지게 되었지요. 이것이 바로 민중에 의한 세계화의 한 예입니다. 이를 반세계화라 부르기도 하죠. 결국 반세계화가 성공을 거두었어요.

라파엘 코레아Rafael Corréa는 최근 에콰도르의 대통령으로 선출되었습니다. 그에 대해서는 어떻게 생각하십니까?

Chomsky 그는 매우 흥미로운 말을 했어요. 에콰도르에는 미군기지가 있는데 남미에 마지막으로 남아 있는 가장 큰 미군기지들 중 하나입니다. 코레아는 선거운동 중에 그것을 폐쇄할 것인가에 대해 질문을 받았어요. 그러자 그는 "우리가 마이애미에 군사기지를 세울 수 있도록 한다면, 우리도 에콰도르에 미군기지를 허용하겠습니다"라고 대답했어요.[12] 참으로 괜찮은 대답입니다. 합리적인 대답이기도 하구요.

멕시코는 지난 9월에 대통령 선거를 치렀습니다. 그 결과 펠리페 칼데론Felipe Calderón이 대통령으로 당선되었습니다. 패배한 후보자인 전 멕시코시장 안드레스 마누엘 로페스 오브라도르Andrés Manuel Lopez Obrador는 선거부정을 주장했는데요.[13] 그가 옳다고 보시는지요?

Chomsky 멕시코란 나라는 대략 50 대 50으로 분열되어 있는 것 같습니다. 선거부정에 관해서는 로페스 오브라도르의 말이 옳을지도 모르겠습니다. 사실 그런 증거도 있어요. 그러나 이 나라의 특성을 감안하면, 선거가 이렇게 됐든 저렇게 됐든 그렇게 중요하지 않습니다. 멕시코에는 그것 말고도 너무나 많은 문제들이 있기 때문입니다. 그런 이유 때문에 미국이 멕시코와의 국경에 담을 쌓고 있는 것이구요. 점점 더 악화일로에 있는 문제들을 멕시코 국경 안으로 봉쇄하기 위해서지요.

국경의 담장은 학살이나 마찬가지입니다. 멕시코 국경을 보면, 한

때는 양쪽 방향으로 구멍이 숭숭 난 매우 열린 상태였어요. 그런데 클린턴이 1994년 사상 처음으로 국경선을 군사화했어요. 이러한 군사 조치는 점점 더 강도가 높아지고 있습니다. 왜 1994년일까요? 그 해가 바로 미국과 멕시코 간의 나프타 즉 북미자유무역협정North American Free Trade Agreement이 통과된 해입니다. 틀림없이 미국은 나프타 효과로 멕시코 농민들이 정부의 높은 지원금을 받는 미국의 기업형 농업수출업자들과의 경쟁에서 이길 수 없게 될 것이고, 그 결과 도시로 몰려들 것이라 예상했을 겁니다. 멕시코의 내수업체들도 미국의 다국적 기업들과의 경쟁에서 이길 수 없을 것입니다. 미국에 본거지를 둔 다국적 기업들은 무역과는 하등의 관계도 없고 단지 투자자의 권리만 가지고 있을 뿐인데도 자유무역협정이란 잘못된 이름으로 불리는 법의 보호로 특별한 대우를 받고 있기 때문입니다. 이러한 상황들로 인해 멕시코 사람들이 미국으로 흘러들어갈 것이 뻔합니다. 이들은 레이건이 저지른 테러 전쟁을 피해 중앙아메리카의 폐허로부터 탈출한 난민들과 함께 미국으로 몰려들 겁니다. 이 때문에 미국이 국경을 봉쇄하는 담장을 쌓게 된 것이지요.

중동 평화의 훼방꾼 미국

방글라데시의 무하마드 유누스Muhammad Yunus는 2006년도 노벨 평화상을 수상했습니다.[14] 그는 방글라데시에서 그라민 은행Grameen Bank을 시작했어요. 이 은행은 농촌 지역의 가장 가난한 여성들에게 소액

융자를 제공해주고 있습니다. 이에 대해 사람들은 언제나 묻습니다. "자본주의가 맘에 들지 않으면, 어떤 대안이 있습니까? 그라민 은행이 혹시 가능한 대안이 되지 않을까요?" 이렇게 말입니다.

Chomsky 그것은 매우 합리적인 방안입니다. 물론 그것이 모든 문제의 해답일 수는 없겠지요. 여성들을 강하게 하는 것은 특히 제3세계에서는, 아니 대부분의 공동체에서는 매우 중요합니다. 파멸에 이를 정도로 파괴된 사회에서 매우 두드러진 현상은 남자들보다 여자들이 훨씬 더 유능하다는 것입니다. 왜 그런지 아시겠지요? 여성들의 임무는 상황이 아무리 어려워도 계속되기 때문입니다. 그들은 아이들을 돌보아야 하고, 모든 가사 일을 책임져야 하고, 음식준비도 해야 합니다. 그러나 남자들은 일상적인 기회가 사라지고 나면 방향을 잃고 우왕좌왕합니다. 아무것도 하지 않죠. 결국 술과 범죄에 빠지게 됩니다. 어디에서도 사정은 마찬가지입니다.

여성들에게 소액융자를 제공하는 것은 아주 현명한 방안입니다. 그것이 모든 문제의 해결책은 아니지만 많은 효과가 있습니다. 아주 훌륭한 자본주의적 접근이기도 하구요. 소액융자는 순수한 자본주의로 미국 경제보다도 훨씬 더 순수하다고 할 수 있어요. 이것이야말로 진정한 의미의 자본주의입니다. 미국 경제는 상당 정도 국가자본주의라 할 수 있습니다.

현 교황인 베네딕트 16세Benedict XVI는 이슬람에 대한 언급으로 인해 논란에 휩싸였다가 겨우 헤어났는데요. 그는 전 세계 사람들로부터 훨

해방신학의 잘못이라면 단지 복음서를 진지하게
받아들였다는 점일 것입니다.
그것은 받아들여서는 안 되는 것이었어요.

씬 더 폭넓은 존경과 숭앙을 받았던 전 교황 요한 바오로 2세John Paul II의 치세 기간 때부터 매우 엄격한 율법주의자로 알려졌습니다.[15] 또 해방신학을 지지하는 고위급 카톨릭 성직자들을 추방한 사람이기도 합니다.

Chomsky 우리는 바티칸 당국의 내부 작동원리에 대해서는 잘 모릅니다. 그러나 보도된 바로는 그렇습니다. 또 교황이 쓴 글을 통해 판단해 봐도 틀림없이 그렇게 보입니다. 해방신학의 잘못이라면 단지 복음서를 진지하게 받아들였다는 점일 것입니다. 그것은 받아들여서는 안 되는 것이었어요. 복음서는 급진적인 평화주의적 가르침입니다. 로마 황제 콘스탄티누스가 기독교를 받아들였을 때, 그는 그것을 근본주의적 평화주의 종교에서 로마제국의 종교로 전환시켰습니다. 그래서 가난한 자의 고통의 상징이었던 십자가는 로마군의 방패에 문장文狀으로 새겨졌습니다. 그 이후 기독교는 부자들의 종교이자 권력자의 종교로 변질되었어요. 복음서의 메시지와는 정반대의 길로 줄달음질 친 것이지요.

해방신학은 특히 브라질에서, 실제의 복음서를 농부들에게 설파했습니다. 그들은 "뭐라고 쓰여 있는지 복음서를 읽어봅시다. 그리고 복음서에 쓰인 대로 행합시다"라고 말합니다. 이것이 바로 레이건이 테러전쟁을 일으킨 그리고 바티칸이 억압을 시작하게 된 주된 이유였어요. 미국은 1980년대에 실질적으로 카톨릭교회와 전쟁 상태에 돌입했어요. 원한다면 이것을 문명의 충돌이라고 부를 수 있을 겁니다. 말하자면 미국과 복음서의 충돌인 것이지요.

자유주의자들 사이에서는 이라크 전쟁에 대한 반대의견이 많습니다.

Chomsky   나는 그렇게 생각하지 않습니다.

왜 그렇습니까?

Chomsky   어떤 반대가 있을까요?

이라크 점령이 제대로 성공하지 못했다는 반대 말입니다.

Chomsky   그들이 정말로 하고 싶은 말이 무엇입니까? 이라크 점령이 잘 수행되어야 한다는 것이지요. 러시아의 아프가니스탄 점령에 대해서도 그와 똑같은 의견들이 러시아에서 회자었어요. 실제로 최근에 《토론토 글로브 앤드 메일Toronto Globe and Mail》이란 저널에 전 러시아 병사이자 지금은 캐나다 시민이 된 사람이 쓴 매우 흥미로운 글이 실렸습니다.[16] 그는 아프가니스탄에 주둔한 러시아군이 느낀 감정에 대해 자세히 묘사했어요. 그에 따르면 그들은 아프가니스탄 국민들을 도우려 했어요. 아프가니스탄 국민들을 공격하는 테러분자들로부터 그들을 구원하고자 한 거죠. 또 스스로의 목숨을 위험에 빠뜨리면서까지 그들에게 의료지원을 했습니다. 그런데도 어쩐 일인지 그들은 고마움을 표시하지 않았습니다. 그들이 여성의 권리를 지켜주고 아프가니스탄 사회를 문명사회로 바꾸고자 노력하고 있었는데도 말입니다. 그는 이제 캐나다 군인들이 이라크에 대해 똑같은 말을 하는 것을 듣게 되었다고 말합니다. 예전에 러시아군이 들었던 말을 그대로 옮겨놓아도 될 정도로 아주 똑같은 말을 하더라는 거예요. 나는 그를 만나봤어요. 그를 만난 것은 두 곳에서의 사건을 비교해보려는 훨씬 더 큰 프로젝트의 일환이었지요. 아프가니스탄 전쟁, 체첸 전쟁에 대한 러시아 내부의 태도와 러시아 언론에 나타난 전반적인 논조를 이라크 전쟁에 대한 미국 내의 태도 및 미국의 언론에 나타난 논조와 비교해보려는 것이었습니다. 내가 예상했던 대로 둘은 아주 유사했습니다.

이라크 전쟁에 반대했던 많은 사람들이 아프가니스탄에 대한 침공과 점령은 찬성한다고 말합니다.

Chomsky 그렇습니다. 미국의 아프가니스탄 전쟁은 선의의 전쟁으로 간주되기 때문입니다. 그러나 내 견해를 되풀이하자면, 매우 인기 없는 것이긴 하지만, 아프가니스탄 전쟁 그 자체는 심각한 범죄입니다.

왜 그런지 설명해주십시오. 사람들은 말합니다. "우리는 9월 11일 공격을 받았습니다. 테러리스트들이 아프가니스탄에서 오지 않았습니까? 그리고 아프가니스탄은 탈레반이 알 카에다를 보호하고 있는 곳입니다"라고요.

Chomsky 우선 우리는 테러 공격이 아프가니스탄에서 온 것인지조차 확실히 알지 못합니다. 테러 공격이 있은 지 8개월 후에 미 연방수사국 FBI 국장인 로버트 뮬러Robert Mueller는 《워싱턴 포스트》와 특별 인터뷰를 가졌어요. 《워싱턴 포스트》는 9월 11일의 테러공격에 대해 그가 알고 있는 것에 대해 물었지요. 그는 테러 모의가 아프가니스탄에서 기획되었을 수는 있지만 테러 계획 자체는 아마도 아랍에미리트와 독일에서 구체화되었을 것이라고 대답했습니다.[17] 이 정도가 바로 아프가니스탄에 대한 공격이 시작된 지 8개월이 지난 시점에 우리가 믿고 있는 것의 전부입니다. 다시 말하면 아프가니스탄에 대한 폭격을 시작할 당시에는 우리가 아무것도 알지 못했다는 것이지요.

아프가니스탄 폭격은 탈레반*을 제거하려는 목적으로 수행된 것이 아닙니다. 그것은 전쟁이 시작되고 3주 후에 만들어진 사후 설명이지요. 아프가니스탄 폭격은 매우 명료한 위협, 즉 '너희들이 오사마 빈 라덴Osama bin Laden을 우리에게 넘기지 않으면 폭격으로 쑥대밭을 만들어주겠다'는 위협이었어요. 아무런 증거도 없었고, 범인을 넘겨달라는 명시적 요구도 없었지요. 사실 탈레반은 증거가 제시되면, 적절한 방식으로 빈 라덴을 가령 제3국으로 넘겨주겠다는 취지의 제스처를 취하기도 했어요.[18] 그러한 제스처가 과연 진지한 것이었는지 어떤지는 알 수 없습니다. 그것이 거부되었기 때문입니다. 아주 간단히 거부되었어요. 왜냐하면 폭격한다는 계획이 이미 서 있었기 때문입니다.

아프가니스탄 국민들도 여기에 찬성했을까요? 탈레반에 반대하는

---

* 탈레반: 아프가니스탄의 이슬람근본주의 무장정치단체. 1996년 9월 수도 카불을 점령, 14년 동안 이어진 아프가니스탄 내전과 4년 동안 계속된 무장 게릴라 조직인 무자헤딘과의 권력투쟁을 종식시킨 뒤 실질적으로 아프가니스탄을 다스려왔다. 그러나 2001년 9월 11일 미국테러대참사를 일으킨 알 카에다와 오사마 빈 라덴을 비호했다는 이유로 미국의 공격을 받았다. 2001년 11월 국내 반대 세력의 공격으로 수도 카불이 함락되자 최고지도자 무하마드 오마르 등 탈레반 지도부는 남부 칸다하르로 옮겨 항전했다. 그러나 12월 그곳에서도 떠나 지하로 숨었다.

전쟁광들의 손아귀에
넘겨진 아프가니스탄

많은 아프가니스탄 사람들은 미국의 폭격을 필사적으로 반대했습니다. 미국이 총애하는 압둘 하크Abdul Haq까지도 말입니다. 폭격이 시작된 지 이주일쯤 후에 그는 장시간의 인터뷰를 통해 미국의 폭격을 통렬하게 비난했어요.[19] 그는 미국이 아프가니스탄을 폭격해 민간인들을 죽임으로써 내부적으로 탈레반을 전복시키려는 아프가니스탄 사람들의 노력을 수포로 돌아가게 했다고 말했습니다. 또 아프가니스탄 자체적으로 충분히 해낼 수 있는데도 미국은 단지 자신의 완력을 과시하기 위해 아프가니스탄을 폭격한 것이라고 비난했습니다.

일주일 후에 수천 명의 아프가니스탄 사람들이 파키스탄의 페샤와르Peshawar에서 모임을 가졌어요. 어떤 사람들은 아프가니스탄 국경선을 걸어서 넘어왔고 어떤 사람들은 파키스탄에서 왔어요. 보도에 따르면 그들은 많은 문제에 관해 의견이 일치하지 않았지만, 미국의 폭격에 반대한다는 것에는 의견이 일치했습니다.[20]

지금 아프가니스탄에서는 아주 더러운 일들이 진행되고 있습니다. 아프가니스탄을 점령한 전쟁광들은 이 나라를 너무나 끔찍한 공포 치하로 몰아넣어서 오히려 탈레반이 환영받는 지경에 이르게 만들었습니다. 상상도 못할 공포 상태가 지속되고 있는 거죠. 아프가니스탄은 이제 아편을 재배하면서 연명하는 이전의 상태로 되돌아갔어요.[21] 탈레반이 아무리 부패했다 하더라도 그들은 적어도 아편 재배는 금지시켰습니다.[22] 아무도 탈레반이 되돌아오기를 원하지 않습니다. 그러나 지금 아프가니스탄에서 벌어지고 있는 일들은 너무나 끔찍합니다.

마이클 왈저Michael Walzer는 아프가니스탄전에 대해 "정당한 전쟁론의 승리"라고 썼습니다.[23] 당신은 그의 견해에 대해 비판적이었던 것으로 알고 있습니다.

Chomsky 나는 그의 견해에 비판적일 뿐 아니라 그의 견해가 합당하다는 주장에 대해서도 반대해왔습니다. 당신이 위 구절을 인용한 그의 저서 《전쟁에 관한 논의Arguing About War》를 보면, 우선 두 가지 문제가 있습니다. 하나는 이 책에 전혀 논리다운 논리가 없다는 것입니다. 단 한 줄의 논리도 없어요. 그가 제시한 모든 논거들은 "내 생각에는" 혹은 "내가 보기에는" "나로서는 이렇게 보입니다"와 같은 희미한 입장으로 귀결됩니다. 이런 태도는 전혀 논리가 아닙니다.

두 번째 흥미로운 사실은 그의 책에서는 도대체 누구의 견해에 반대하는지, 반대자가 없다는 것입니다. 그는 이른바 반박논리라는 것을 제시하는데, 그게 누구의 논리에 대한 반박입니까?

"근본적 평화주의자들"이라거나 "대학가에서는 이렇게 말합니다." 등등의 말을 하는데 이런 태도는 정말 지적으로 개탄스러울 뿐입니다. 그가 두 사람의 이름을 언급하긴 합니다. 그중 하나는 그의 주요적인 에드워드 사이드Edward Said입니다. 그는 테러를 지지하는 사람들에 대해 각주에서 격분에 찬 언급을 합니다. 테러를 지지하는 것이 에드워드 사이드의 입장이라고 주장하면서 말입니다.[24] 그러고 나서 그는 좀더 완화된 목소리로 이러한 입장을 리차드 포크Richard Falk도 지지한다고 지적합니다.[25] 포크는 널리 존경받는 사람이기 때문에 왈저는 좀더 공손하게 처신해야 했을 것입니다.

왈저의 유명한 저서 《정당한 전쟁과 부당한 전쟁Just and Unjust Wars》도 대동소이합니다.[26] 그의 책에서는 그럴듯한 논리를 찾아볼 수가 없습니다. 그저 "내 생각에는" 따위의 근거 없는 말밖에 없어요. 그는 일반적 상식을 되풀이해서 말할 뿐입니다. 그렇다고 해서 그를 비난할 수 없을지도 모르겠어요. 그렇지만 도대체 아프가니스탄전이 어떤 근거로 "정당한 전쟁론의 승리"라는 것입니까?

왈저의 동료 중 하나인 장 베트케 엘슈타인Jean Bethke Elshtain도 그에 못지않은 끔찍한 책을 썼어요. 내 생각에 이것은 학문적으로 터무니없는 만행일 뿐 아니라 도덕적으로도 타락한 행위입니다.[27] 그녀는 아프가니스탄전이 "정당한 전쟁론의 승리"라고 억지를 부리면서 몇 가지 근거를 제시합니다. 문제는 그녀가 제시한 근거라는 것이 하나같이 완전한 날조라는 것입니다. 나는 이 점에 대해 《헤게모니냐 생존이냐》에서 한 줄 한 줄 반박했기 때문에 여기서 그걸 되풀이하지는 않겠어요.[28] 하여튼 그녀는 사실을 왜곡했을 뿐 아니라 전혀 논리적이지 않아요. 어떤 주장은 실제 사실과 완전히 모순되기도 합니다. 정당한 전쟁론은, 우리가 좋아하는 국가가 저지르는 행위는 어떠한 학살이라 하더라도 옹호해야 한다는 논리로 변질되어 왔습니다. 바로 이것이 문제입니다.

NPT는 허수아비 조약

1960년대 후반과 1970년대 초반에 있었던 반전운동의 한 가지 양식은 퇴역군인들을 위한 커피하우스의 설립이었습니다. 다큐멘터리 〈써, 노 써Sir! No Sir!〉와 《반항하는 군인들Soldiers in Revolt》이란 책에 이에 대한 이야기가 나옵니다.[29] 커피하우스라는 아이디어가 지금 다시 살아나고 있습니다. 미국의 제10산악군단이 기지를 두고 있는 뉴욕 주의 북부지역인 포트 드럼Fort Drum에서 가까운 곳에 커피하우스가 개설되었어요.[30] 커피하우스란 개념이 익숙하지 않은 사람들을 위해 퇴역군인들의 커피하우스 운동을 설명해주십시오. 그것이 효과가 있었습니까?

Chomsky 커피하우스는 반전운동단체들이 운영하는 것으로 군인들을 위한 지원체제입니다. 이 운동은 아주 효과적이었습니다. 커피하우스는 주로 군부대 근처에 설립되었어요. 군인들이 모일 수 있는 단순한 모임장소지요. 거기서 군인들은 무엇이든 원하는 대로 할 수 있었습니다. 아무도 커피하우스를 정치선동의 장으로 삼지 않았어요. 토론 그룹도 있는데 누구나 그 토론에 참여할 수 있었습니다. 어떤 토론 그룹은 커피하우스를 설립한 반전운동가들에 의해 조직되기도 했습니다. 그러나 거기 참여하고 말고는 병사들의 자유였어요. 이러한 커피하우스 운동은 매우 중요한 시민운동을 추동하는 데 커다란 효과를 발휘했습니다. 커피하우스에서는 또 퇴역군인들이 운영하는 전범재판도 열렸는데 거기서 사병이나 장교들은 베트남에서 수행했던 자신들의 행위에 대해 혹은 그들이 목격한 사건에 대해 보고하고 재판을 받았습니다.

미국 전역에는 꽤 많은 커피하우스가 설립되었어요. 그리고 그것들은 아주 효과적이었구요.[31] 지금이야말로 그런 아이디어를 되살릴 적절한 시기라고 생각합니다.

데이비드 크리거David Krieger는 산타바바라에서 핵시대평화재단 Nuclear Age Peace Foundation을 운영하고 있습니다. 최근의 글에서 그는 다음과 같은 질문을 던졌어요. "왜 아직도 핵무기가 존재하는가?"라고요. 그는 이 문제에 대한 몇 가지 해결책을 제시했습니다.[32] 이에 대해 당신은 어떻게 생각하십니까?

Chomsky 한마디로 말해 핵무기로 무장한 국가는 범죄국가입니다. 그런 국가들은 국제사법재판소가 확인했다시피 핵확산금지조약Nuclear Non-Proliferation Treaty, NPT* 제6조를 준수할 법적 의무가 있습니다. 이

---

* 핵확산금지조약: 미국과 구소련이 핵무기 보유국 증가 방지를 주목적으로 추진한 조약. 1968년 6월 12일 유엔총회에서 이 조약에 대한 권고결의가 채택되었고, 1970년 3월 발효되어 2000년 현재 187개국이 가입되어 있다. 프랑스와 중국은 미·소 위주의 성격에 반발하여 가입하지 않았고, 한국은 1975년 4월 23일 정식 비준국이 되었다. 북한은 1985년 12월에 가입했으나 특별핵사찰 요구에 반발하여 1993년 탈퇴를 선언했다가 보류했다. 그러나 다시 불거진 북한핵개발 문제로 2003년 1월 또다시 탈퇴를 선언했다. 미가입국은 인도, 파키스탄, 이스라엘, 쿠바 등이다.

미국은 NPT 규약을 위반하는 선두에 서 있습니다.
특히 부시 정부가 더 그런데,
부시 정부는 미국이 NPT 제6조의 지배를 받지
않는다고 말합니다. 오히려 새로운 핵무기 체계를
개발했다고 공공연히 떠벌리고 있죠.

규정에 따르면 핵 보유국들은 핵무기를 완전히 제거하기 위한 성실협상good-faith negotiation을 준수해야 합니다. 그러나 핵무기 보유국 중 어떤 국가도 지금까지 이 의무를 준수하지 않았습니다. 미국은 어떤 나라보다도 훨씬 더 자주 이 조약을 위반해왔어요. 즉 미국은 NPT 규약을 위반하는 선두에 서 있습니다. 특히 부시 정부가 더 그런데, 부시 정부는 미국이 NPT 제6조의 지배를 받지 않는다고 말합니다. 오히려 새로운 핵무기 체계를 개발했다고 공공연히 떠벌리고 있죠.[33]

NPT는 여러 국제적 집단 조약들 중의 하나입니다. 그러나 다른 여러 국제조약들과 더불어 NPT는 부시 정부에 의해 무력화되고 봉쇄되어 왔어요. 실제로 미국은 인도와 독자적인 조약을 맺고 미 의회의 비준까지 받았습니다. 이 쌍무조약은 NPT의 핵심적 규약을 무력화시키고 있습니다.[34]

인도는 NPT를 비준한 국가도 아니지요.

Chomsky 인도는 조약 비준 국가가 아닙니다. 인도는 독자적으로 핵무기를 개발했어요. 심각한 국제 범죄입니다.

파키스탄과 이스라엘도 마찬가지지요.

Chomsky 파키스탄과 이스라엘도 NPT를 비준한 국가가 아니지요. 조약에 가입하지 않고 핵무기를 개발하는 것은 이란의 소행보다 훨씬 더 사악한 것입니다. 부시 정부는 결과적으로 인도의 핵무기 개발을 추인

했습니다. 핵무기 문제에 관한 전문가 중의 한 사람인 게리 밀홀린Gary Milhollin이 《커런트 히스토리Current History》에 기고한 글에서 옳게 지적한 것처럼, 미국은 NPT의 존립 근거를 뒤흔들어놓고 말았습니다.[35] 미국이 이렇게 한다면 다른 나라는 왜 할 수 없겠습니까? 당연히 중국이 유사한 협상안을 가지고 인도와 파키스탄에 접근했습니다.[36] 일단 세계에서 가장 강력한 국가가 선례를 세워놓게 되면 다른 국가들은 그것을 따르게 됩니다.

이건 농담이 아닙니다. 핵전쟁의 위협은 극도로 심각하고 점점 더 높아지고 있습니다. 그 이유는 미국을 필두로 한 핵무장 국가들이 그들의 의무를 수행하지 않기 때문이고, 또 국제 조약을 심각하게 위반하기 때문입니다.

■ ■ ■

그들은 헤즈볼라를 언급할 때마다 언제나 "이란의 지원을 받는 헤즈볼라"라고 말합니다. 또 "이란의 지원을 받는 하마스"라고 말합니다. 그러나 "미국의 지원을 받는 세력"에 대한 논의는 없습니다. 미국의 지원을 받는 세력은 "온건파"이기 때문에 굳이 "미국의 지원을 받는"이란 말을 할 필요가 없다는 것이지요. 이 모든 책략이 폭력과 테러의 사용을 정당화하는 기능을 합니다.

PART 05

가능한 생각의 틀

• 2007년 1월 29일, 매사추세츠 주 캐임브리지에서

대중과 권력집단의 분열

오늘날의 투쟁력은 1960년대와 1970년대 초반에 비해 어떻게 다릅니까?

Chomsky 지금은 1960년대 초에 비해 훨씬 더 쉽습니다. 그 당시에는 국가 권력에 대해 비판적인 운동을 하기가 극도로 어려웠어요. 그저 할 수 있는 일이 가령 앨라배마에서 인종차별적 경찰들에게 항의를 하는 정도였고, 북부에서는 그 정도도 할 수 없었어요. 베트남전에 관해서는 아무것도 할 수 없었지요. 반전데모는 오늘날 미국의 이라크 침공에 반대하는 항의 데모의 수준까지도 발전하지 못했어요. 그런 점에서 보면 세상이 참으로 많이 변했다고 할 수 있지요.

그 당시에는 입에 올릴 수 없는 많은 금기사항들이 있었어요. 물론 지금은 자유롭고도 공개적으로 거의 무제한적으로 이야기할 수 있지만요. 예를 들면, 1967년 이후 이스라엘 문제는 일종의 성서와 같은 것이 되어버렸어요. 이스라엘에 대해서는 가타부타 일언반구도 할 수 없었죠. 사실 그런 상태가 비교적 오랫동안 계속되었습니다. 그러나 과거 몇 년 동안 그런 분위기 역시 많이 누그러졌어요. 이제는 이스라엘에 대해서 꽤 자유롭게 이야기할 수 있게 되었고, 그렇게 해도 정부는 집회를 해산시키거나 경찰 보호와 같은 히스테리 반응을 보이지 않게 되었어요.

오늘날 우리가 자유롭게 거론할 수 있는 환경 문제, 여성 인권 문제, 기타 여러 가지 문제들은 당시에는 논의조차 할 수 없는 것들이었습니다. 운동단체들 사이의 연대운동은 존재하지도 않았구요. 이제는 국가자본주의체제의 본질과 같은 문제를 포함해서, 공개적으로 논의할 수 없는 문제는 거의 없습니다. 예를 들면, 1960년대에는 반 기업 운동을 생각조차 할 수 없었어요. 지금이야 사람들이 그것이 무엇인지 잘 이해하고 있지만 말입니다. 지금은 아시다시피 사기업 독재자들의 비합법성을 제거하려는 여러 가지 운동이 수없이 이루어지고 있어요.

제국주의에 대한 논의는 어떻습니까?

Chomsky 그것도 똑같습니다. 지금은 그 문제도 공개적이지요. 제기될 수 있는 유일한 문제는 '정확히 어떤 개념을 사용할 것인가.' 하는 것이에요. 1960년대에는 미국 대외정책의 근본적 호의성에 대해 결코 아무런 의문도 제기할 수 없었어요. 무엇보다도 당시에는 존 F. 케네디 광신도들이 있었기 때문입니다. 유진 매카시 Eugene McCarthy를 봅시다. 그는 1960년대만 하더라도 영웅으로 추앙받았어요. 오늘의 기준에서 보면 그는 사기꾼이나 마찬가지입니다. 아무것도 한 일이 없으니까요. 1968년 당시에 그는 기회가 포착되자 갑자기 무대에 나타나서는 말을 많이 하지도 않으면서 사회를 변혁시키고 싶어 하는 많은 젊은이들을 조종하는 데 성공했어요. 당시 그가 시카고에서 벌인 '유전자 정화' 운동에는 많은 군중이 모여들었습니다. 그리고 경찰에 의해 많은 사람들이 유혈이 낭자하게 몰매를 맞았죠. 그러나 매카시는 이에 대해 아무런 대응도 하지 않았어요. 그리고는 정치적 파워를 얻을 기회를 잃자 갑자기 사라집니다. 그는 무대에서 사라진 후 야구에 관한 글을 쓰거

미국이 얼마나 분열된
나라인가에 대해서는 논란이 많습니다.
우리는 미국을 통합하지 않으면 안 됩니다.
미국과 일반 대중과 권력집단이 분열되어 있고,
정부와 기업이 분열되어 있습니다.

나 시를 쓰며 지냈지요. 야구에 관해서 꽤 명석한 분석을 하기도 하더군요. 그러나 요즘 같은 시대에 누군가가 매카시처럼 행동한다면 살아남을 수 없을 것입니다.

투쟁력이라는 측면에서 볼 때 어떤 약점이나 간극이 좀더 개선되어야 할까요?

Chomsky 지금으로서 개선해야 할 주요 간극은 미국에서 볼 수 있는 일반 대중과 권력집단 사이의 근본적인 분열입니다. 수많은 주요 이슈들에 있어서 미국의 양대 정당과 기업계는 국민들의 권리를 무시하고 있습니다. 이 점이 중요합니다. 이러한 간극은 도처에서 볼 수 있어요.

미국이 얼마나 분열된 나라인가에 대해서는 논란이 많습니다. 우리는 미국을 통합하지 않으면 안 됩니다. 선거 때가 되면 민주당을 표시하는 '붉은 주'와 공화당을 표시하는 '푸른 주'가 확연하게 갈리지 않습니까? 그런데 미국은 사람들이 말하는 그런 식으로 분열된 것이 아닙니다. 일반 대중과 권력집단이 분열되어 있고, 정부와 기업이 분열되어 있습니다. 매일 매일 이러한 분열된 모습을 볼 수 있어요. 이란 문제를 봅시다. 미국 국민의 압도적 다수는 무력 충돌보다 외교적 해결책을 선호합니다.[1] 그러나 미국의 일반 여론은 정책 결정자들에게 중요하지 않아요. 이라크의 여론이 중요하지 않은 것처럼 말입니다.

이라크조사연구단Iraq Study Group의 보고서를 봅시다.[2] 이 보고서는 정말로 읽어볼만한 흥미로운 것입니다만, 사실 어떤 점을 누락시켰기 때문에 더 흥미롭습니다. 이 보고서가 말하지 않는 것들 중 하나는 '이라크 국민들이 무엇을 원하는가.' 하는 것입니다. 이 점은 한 번도 언급되지 않았어요. 실제로 그들이 인용한 미국 정부와 다른 서방 세계의 여론조사를 보면, 미군을 공격하는 것이 합당하다고 생각하는 이라크 국민의 비율이 61퍼센트라는 것은 밝히고 있으면서도, 미국이 이라크에서 철수하기를 바라는 이라크 국민의 비율에 대해서는 같은 여론조사에서 나온 결과가 있는데도 불구하고 밝히고 있지 않습니다.[3] 이 보고서의 결론은, 미국이 전술을 바꿔서 이라크 국민들이 미국을 점령자로 간주하지 않도록 대책을 강구해야 한다는 것입니다.

이 보고서에서 인용된 같은 여론조사에 따르면 바그다드에서는 이라크 국민의 3분의 2가 미군이 즉각적으로 철수하기를 원하고 있고, 이라크 전체로 보면 절대 다수의 국민이 1년이나 그 이내에 미군철수가 완료될 수 있도록 구체적인 철군 계획이 제시되기를 바라고 있어요.[4] 서방세계의 기관이 시행한 여론조사에 따르더라도, 이것이 바로 이라크 국민이 원하는 것이라는 걸 알 수 있습니다. 그런데도 보고서는 이러한 여론조사 결과에 대해 아무런 언급도 하지 않고 있어요.

당신은 이 나라에서 아직도 노동조합운동이 왕성하게 이루어지던 시대를 기억하는 세대에 속합니다. 오늘날 민간부문에서의 조직노동자 비율은 굉장히 낮습니다. 그나마 공공부문에서의 조직노동자 비율이 약간 높을 뿐입니다.[5] 노동조합운동이 소생할 가능성에 대해 어떻게 보십니까? 그것을 가능하게 하기 위해 우리는 어떤 일을 해야 할까요?

Chomsky 지금 말씀하신 것은 정말 사실입니다. 사실 공공부문의 노동조합 조직화는 매우 꾸준하게 유지되고 있어요. 이러한 사실은 여러 가지 자료를 볼 때, 노동자들은 할 수만 있다면 조합에 가입하고자 한다는 것을 보여주고 있습니다.[6] 공공부문에는 사용자가 노동조직을 방해하기 위해 불법적 수단을 사용하는 것을 막는 법규들이 있습니다. 그러나 민간부문에서는 로널드 레이건Ronald Reagan 이래, 사용자가 불법적 수단을 강구해서라도 노동조직화를 저지할 수 있도록 정부가 명시적으로 허용했습니다. 그런 일들이 끊임없이 벌어지고 있구요.[7]

이러한 일련의 흐름을 뒤집을 수 있을까요? 물론입니다. 그러나 그렇게 하기 위해서는 많은 압력을 극복해야 하겠지요. 이 점에 대해서는 새로운 비밀이 없습니다. 조직 방법들도 이미 알려져 있구요. 이제 남은 일은 실제로 노동조직화를 실천하는 것뿐입니다. 이 과제는 물론 노동자들에 의해서만 이루어질 수 있는 일이 아닙니다. 다시 말하면 문화적 환경이 바뀌어야 하고 다른 여러 종류의 조직화에서도 변화, 이를테면 서로 간의 연대와 지원이 수반되어야 합니다.

예측 불가능한 미국의 경제

미국경제는 상당한 정체 상태에 있고 적자와 부채로 가득합니다. 또 제조업의 기반은 무너지고 있습니다. 미국경제의 미래에 대해 어떻게 전망하십니까?

Chomsky 그 문제에 관해서는 어느 누구도 답을 갖고 있지 않다고 생각합니다. 미국경제는 전에 한 번도 존재하지 않았던 새로운 종류의 현상을 보이고 있습니다. 가령 자동차 산업을 예로 들어봅시다. '미국'이란 말을 영토적인 의미에서의 미국으로 본다면 생산기지는 분명 줄어들고 있어요. 그러나 '미국'이란 말을 미국을 '소유'한 사람들이라는 의미로 사용한다면 자동차 생산기지가 줄어들었다고는 볼 수 없습니다. 미국을 기반으로 한 다국적 기업들이 해외에서 자동차를 생산하거나 조립하는 일이 점점 늘어나고 있기 때문입니다.

그들을 지배계급이라고 부르는 것이 공평할까요?

Chomsky 그렇습니다. 우리는 그들을 미국사회의 소유자들이라고 부를 수 있을 것입니다. 그들은 실질적으로 정부를 움직이기도 합니다. 그들은 잘 해나가고 있어요. 가장 최근의 통계를 보지는 못했습니다만, 그들이 차지하고 있는 전 세계 제조업의 배당액은 매우 높았습니다. 해외에 있는 미국 기업이나 연계 기업으로부터 미국 본토로 역수입해온 제품들을 국내생산으로 계산하면, 미국의 무역적자는 급격히 감소합니다. 일리가 있지요. 그러나 이러한 역수입은 국경선을 넘는 이동을 무역이라 할 때는 수입에 해당하겠지만, 진정한 의미에서의 수입이라 할 수 없겠지요.

현재 미국은 재정부채가 상당히 많고, 무역적자는 어마어마하며, 개별 가정들은 빚에 허덕이고 있고, 기업들은 부채 속에 함몰되어 있어요.

반면에 저축은 마이너스입니다.

Chomsky   최근 몇 년 동안은 사상 처음으로 저축이 마이너스가 되었습니다.[8] 많은 개인 재산이 주택 소유로 이루어져 있는데, 이러한 경제 기반은 매우 취약합니다. 주식시장의 거품이 붕괴하는 것을 막아준 주택시장 역시 거품에 불과하다고 간주할 만한 강력한 증거가 있습니다. 주택시장의 거품이 붕괴되면 그 결과는 엄청나게 심각할 것입니다. 실제로 주택시장은 이미 무너지고 있어요. 또다른 진짜 위험은 미국 부채의 실질적 채권자, 특히 중국과 일본이 그들의 외환 보유고를 다각화할지도 모른다는 것입니다.

중국은 미국 부채의 약 1조 달러 정도를 소유하고 있습니다.[9] 중국이 이를 현금화하기로 결정하면 어떤 일이 벌어질까요?

Chomsky   그럴 가능성은 없다고 생각합니다. 예를 들면 중국은 미국 상무성 발행 채권 같은 데 투자해두고 있습니다. 이러한 투자가 현명한 투자라고는 할 수 없습니다. 좀더 이윤이 좋은 다른 곳에 투자할 수도 있었을 텐데 말입니다. 미국 달러화를 보유하는 것도 특별히 이윤이 남는 장사는 아닙니다. 미국 달러화가 유로에 비해 상대적으로 약화되고 있기 때문입니다. 중국은 의도적으로 미국 경제를 지탱하고 있어요. 미국이 그들의 주요 시장이기 때문입니다. 그들은 수출을 하기 위해 미국 경제를 유지하고 싶어 합니다. 그렇게 하기 위해서는 비록 돈을 잃더라도 미국의 달러화를 보유해야 하고, 미국에 투자를 해야 하는 것입니다. 어느 시점에 가면 중국이 마음을 바꿀지도 모르지요. 그러나 그런 결심은 세계 경제에 엄청난 변화를 불러올 것입니다. 그 결과가 어떤 것일지는 아무도 예측할 수 없어요.

베네수엘라와 이란이 원유수출대금을 유로화로 바꾼다는 소문이 있어 왔습니다. 원유수출대금을 달러화로 결제하게 되면 달러화 소유자들이 어떤 이익을 보게 됩니까? 달러화를 유로화로 바꾸는 것이 어떤 경제적 의미가 있을까요?

Chomsky 우리 자신이 사용하는 화폐가 실질적인 국제통화가 되면 여러 가지 이점이 있어요. 예를 들면, 우선 국제통화를 구입할 필요가 없습니다. 이미 국제통화를 가지고 있으니까요. 미국 상무성이 다른 국가의 통화에 대한 달러화의 수준을 조정하고자 한다면, 그것은 달러 보유자인 우리의 이익을 고려해서 그렇게 할 것입니다. 그럼 다른 국가들은 그에 따라 조정되겠지요.

국제경제 관련 서적들에는 외화를 유로화나 일본의 엔화 혹은 더 다양한 외화 바구니로 다각화시키는 것이 얼마나 효과가 있는지 분명하게 나와 있지 않습니다. 그러나 그러한 조치가 미국 경제에는 해로울 것이 틀림이 없습니다. 하지만 그 규모가 얼마나 될지는 판단하기 어렵습니다. 미국은 아주 강력한 사회라는 점을 기억해야 합니다. 미국은 아직도 세계에서 가장 부유한 나라입니다. 그들은 엄청난 이점들을 누리고 있어요. 가령 미국을 유럽연합European Union과 비교해보면 경제적으로는 엇비슷합니다. 그러나 미국은 정치적으로 하나의 국가입니다. 내부적으로도 유럽연합에 비해 훨씬 더 통합이 잘 되어 있어요.

분리주의를 교사하는 미국

이란에 대한 미국의 호전적인 언사가 점점 더 심해지고 있습니다. 유엔헌장에는 무력의 사용뿐 아니라 무력 협박도 헌장에 대한 위반이라고 나와 있습니다.

Chomsky 유엔헌장 제2조는 국제관계에서 무력을 사용하거나 무력 협박을 하는 것을 금지하고 있습니다. 그러나 미국은 불량국가입니다. 그리고 여기 미국에서는 지식인들이 미국이 불량국가라는 사실을 모두 받아들입니다. 따라서 미국은 국제법이나 국제규범을 따르지 않아도 된다고 생각하죠. 이 점에 대해서는 비판조차 없습니다. 유일한 비판은 우리가 범죄를 저지르고 있다는 사실 자체가 아니라 무력 협박이 우리를 곤경에 빠뜨릴 수도 있다는 것입니다.

　미국의 이라크 침공도 마찬가지입니다. 이라크 침공에 대해서는 (그 성공 여부를 두고) 엄청난 논쟁이 있어요. 그러나 미국의 이라크 침공 자체가 과연 정당화될 수 있는가에 대해서는 논란 자체가 없어요. 물론 미국은 침공을 자동적으로 정당화하고 있긴 해요. 미국이니까. 미국은 어떤 짓을 하던 스스로를 정당화합니다.

　이라크전에 대한 논쟁이라는 것을 보면, 그 수준이라는 것이 마치 동네 스포츠 팀에 관한 고등학교 신문의 논평 같습니다. 그 스포츠 팀

지금 벌어지고 있는 논란의 일부는
거의 비현실적입니다. 예를 들면, 며칠 전에 이란이
이라크에서 은행을 개설했다는 보도가 있었어요.
그러자 이러한 소행이 이라크에 대한
이란의 개입을 증명하는 것이라며 대소동이 일어났어요.
웃어야 할지 울어야 할지 알 수가 없습니다.
미국은 실제로 이란이 이라크에서
미국의 임무를 방해한다면 이란을 공격할 것이라고
협박하기까지 했어요.

이 이길 권리가 있는지에 대해서는 말하지 않고 어떻게 이겨야 하는지에 관해서만 묻습니다. '우리 팀이 이기기 위해서 새로운 코치가 필요한가? 부상을 너무 많이 당한 것은 아닌가? 새로운 전술을 사용해야 하는가?' 이런 질문들을 던질 뿐입니다. 그러나 우리가 이길 권리가 있는지에 대해서는 결코 묻지 않지요. 물론 미국은 이길 권리가 있겠지요. 누구나 승리를 원하니까요. 미국이 제기하는 유일한 문제는 '어떤 전략이 승리를 가져다 줄 것인가'에 대한 것뿐입니다.

지금 벌어지고 있는 논란의 일부는 거의 비현실적입니다. 예를 들면, 며칠 전에 이란이 이라크에서 은행을 개설했다는 보도가 있었어요.[10] 그러자 이러한 소행이 이라크에 대한 이란의 개입을 증명하는 것이라며 대소동이 일어났어요. 웃어야 할지 울어야 할지 알 수가 없습니다. 1980년대에 미국이 아프가니스탄에 은행을 열었다고 해서 러시아가 항의했다고 생각해봅시다. "미국은 지금 아프가니스탄을 해방시키려는 우리의 임무를 방해하고 있다"고 말하면서 말입니다. 이런 말을 들으면 미국 사람들은 아마도 포복절도할 것입니다. 그러나 이란에 대해 미국이 똑같은 말을 하면 그건 옳은 말이 되지요. 미국은 실제로 이란이 이라크에서 미국의 임무를 방해한다면 이란을 공격할 것이라고 협박하기까지 했어요.[11] 이렇게 비교하는 것은 러시아에게는 부당한 일일 것입니다. 이런 상황은 마치 미국이 아프가니스탄에서 러시아를 방해한다고 해서 러시아가 미국을 폭격할 권리가 있다고 주장하는 것과 마찬가지예요. 실제로 미국은 아프가니스탄에서 러시아의 방해가 되고 있었어요. 미국이 아프가니스탄의 주요 테러세력을 지원하고 있었으니까요.

많은 사람들은 미국이 이란을 공격하리라고는 생각하지 않습니다. 이란의 군사력은 약화되었고, 군부에 대한 국민들의 지지도 낮은 편입니다. 그러나 리차드 닉슨Richard Nixon이 베트남 전쟁을 물려받았을 때, 그는 전쟁을 끝낸 것이 아니라 오히려 캄보디아와 라오스로 확대시켰습니다. 비이성적 지도자들에게서 이성적 행동을 기대할 수 있을까요?

Chomsky   우선 베트남전을 캄보디아와 라오스로 확대한 것은 정말로 끔찍한 일입니다. 그렇지만 미국에게는 아무런 비용도 들지 않는 것이었어요. 전혀 방어력이 없는 나라들을 공격하는 것이었으니까요. 유일한 문제는 미국 내의 반대와 국제적인 항의 정도였지요. 미국이 이란을 공격하면 아마도 그 지역 전체가 날아가버릴 것입니다. 심각한 전쟁이지요. 그러므로 부시를 닉슨과 비교하는 것은 닉슨에게는 공정하지 않은 처사라고 생각합니다. 하여튼 닉슨과 비교하는 것은 불공정합니다.

캄보디아 침공에 대해서는 많은 항의 데모가 있었습니다.

Chomsky   미국이 1970년에 캄보디아를 침공했을 때 국민적 반대가 있었어요. 사람들이 전쟁의 확대를 원하지 않았기 때문입니다. 심지어는 미국 의회도 미군이 드러내놓고 캄보디아를 폭격하는 것을 금지할 정도였지요. 항의가 극심했습니다. 그런데도 폭격은 계속되었어요. 보도는 거의 되지 않았지만 말입니다.[12] 당시에는 그것이 주요 이슈가 되지 못했어요. 그러다가 워터게이트 사건으로 인해 닉슨에 대한 기소 가능성이 불거지자 캄보디아 폭격 문제도 다시 제기되었지요. 캄보디아 폭격이 불법적이고 의회의 법안을 위반하는 것이었기 때문입니다. 그러나 결과적으로 캄보디아 폭격 문제는 닉슨에 대한 기소장에서 삭제되었습니다.[13] 그 문제는 그렇게 중요하지 않았기 때문이지요.

수년 전에 클린턴 정부는 캄보디아 폭격에 대한 정부 문서를 공개했습니다. 문서에 따르면 미군이 캄보디아에 쏟아 부은 폭탄의 양은 이전에 공식적으로 알려졌던 것보다도 다섯 배나 많은 것이었어요.[14] 미국의 캄보디아 폭격은 결과적으로 크메르 루즈Khmer Rouge*가 형성되는 데 일정한 역할을 했을 것으로 그동안 사람들은 추측했습니다. 그런데 비밀이 해제된 미국 정부 문서가 공개됨으로써 거의 분명한 사실로 밝혀졌어요. 이러한 사실은 캄보디아가 역사상 가장 집중적인 폭격을 받은 국가라는 것을 보여줍니다. 이건 이미 공개된 것입니다. 이에 관해서는 캄보디아 전문가인 벤 키어난Ben Kiernan이 쓴 글이 있어요. 그는 예일대학교 캄보디아대학살조사프로젝트의 책임자인데, 주로 폴 포트Pol Pot**의 대학살과 그에 관련된 일들을 조사하고 있습니다. 조사 결과는 어떤 캐나다 저널에 실렸어요.[15] 미국에서도 한 번 정도 인터넷 사이트인 지네트ZNet에 실린 적이 있습니다만,[16] 내가 알고 있는 한 미국에서는 이것이 처음으로 출판된 것입니다.

폭격 기간 중에는 크메르 루즈가 약 1만 명 정도였는데, 이 숫자가

---

* 크메르 루즈: 1960년대 캄보디아 시아누크 전 국왕이 캄푸치아공산당을 '붉은 크메르'라 부른 데서 비롯되었다. 이 말이 프랑스어 크메르 루즈로 바뀌면서 더 유명해졌고 나라 안팎에서 통용되기 시작했다. 캄푸치아공산당이 혁명에 성공한 뒤 수립한 민주캄푸치아 정부에서 수많은 사람들이 사망하면서 '킬링필드'란 신조어가 생겨났고, 결국 크메르 루즈는 학살의 대명사처럼 굳어지고 말았다(인터넷 자료).

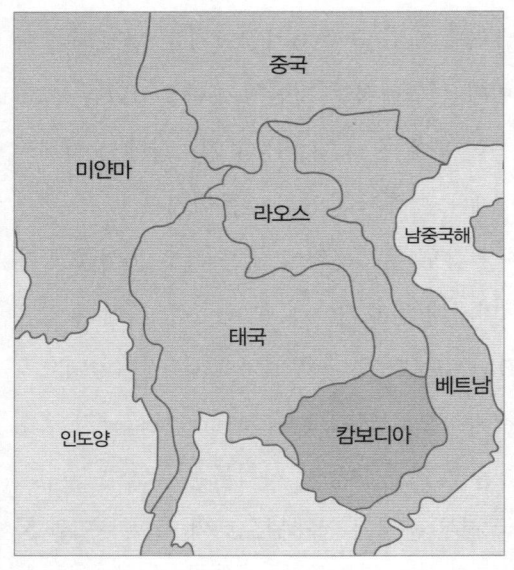

역사상 가장 집중적인
폭격을 받았던 캄보디아

점점 늘어나서 나중에는 수십만 명 정도가 되었어요.[17] 그들은 미국의 폭격을 선전 기술로 이용했습니다. 미국의 폭격으로 인해 캄보디아의 농민들은 아주 포악해져 있었거든요. 이처럼 캄보디아 폭격에 관해서 엄청난 의미를 가진 정보들이 밝혀졌지만 아무도 관심을 보이지 않았습니다.

** 폴 포트(1925~1998): 캄보디아 정치가. 프놈펜공과대학을 졸업하고 1949년 프랑스로 유학하였으며, 1953년 귀국한 뒤 반정부투쟁을 전개했다. 1960년 캄보디아공산당 창당과 함께 중앙상임위원이 되었으며, 1963년 서기장으로서 게릴라활동을 시작했다. 1967년 결성된 크메르 루즈의 지도자로 캄보디아 내전을 지휘했고 1975년 프놈펜을 점령, 론놀 정권을 타도한 뒤 1976년 총리가 되었다.
1975년에서 1979년까지 무모한 사회주의 실험으로 인한 강제노역, 고문, 기아, 대량학살 등으로 전인구의 4분의 1인 200만 명이 사망, 국내외에 엄청난 충격을 주었다. 1979년 친 베트남군에 의해 프놈펜이 함락되자 총리에서 사임한 뒤 게릴라전을 재개, 1982년 크메르 루즈 최고사령관이 되었다가 1985년 공식적으로 지도자 자리에서 물러났다. 정부군의 소탕작전과 내분으로 크메르 루즈가 약화되던 중 1997년 부하들에 의해 체포, 가택연금되었다가 1998년에 사망했다 (야후 백과사전).

때로는 매우 충격적이지만 아무런 주목을 끌지 못하는 사건들의 실체가 공개되기도 합니다. 1970년 12월에 있었던 닉슨과 키신저 Kissinger의 폭격 명령이 그러한 예가 될 것입니다. 이들은 "날아다니는 것은 무엇이든 이용해서 움직이는 모든 것에 폭격을 감행"하게 함으로써 "캄보디아에서 무차별 대규모 폭격 작전을 명령"했어요.[18] 독재자 밀로세비치Milošević에 관한 세르비아의 아카이브를 뒤지다가 이러한 구절을 발견했다면, 아마도 신문에 헤드라인으로 보도되었을 것입니다. 그런데《뉴욕타임스》에는 아무런 해설 없이 간단히 학살이 있었다고만 보도되었어요.

인도차이나에 대한 모든 역사는 완전히 재구성되어서 이제는 거의 실체를 알아볼 수 없게 되었습니다. 지금까지도 인도차이나에서 무슨 일이 있었는지 사람들은 아무도 정확하게 알지 못합니다. 사람들이 베트남과 이라크를 똑같이 비교하는 것을 보더라도 이 점을 알 수 있어요. 이 두 전쟁 사이에는 아무런 유의미한 비교도 할 수 없어요. 전쟁의 목적과 동기, 전쟁의 성격, 전쟁이 종결된 방식 등 어느 것 하나 비교가 될 수 없거든요. 유사성이 전혀 없기 때문입니다.

《뉴욕타임스》의 프랭크 리치Frank Rich는 "이라크전과 베트남전의 유사성은 매우 놀라울 정도다"라고 말했는데요.[19]

Chomsky 그렇습니다. 그러나 이러한 유사성은 아주 피상적인 것입니다. 베트남전은 완전히 다른 목적으로 수행되었어요. 1970년이 되자 미국은 주요 전쟁 목적을 실질적으로 모두 성취합니다. 베트남을 파괴하고, 미국 정부의 말을 빌리자면, 이 지역이 '감염'되는 것을 막았습니다. 그러나 미국은 이라크를 베트남처럼 파괴하고 이라크의 성공적인 발전이라는 위협으로부터 인근 지역을 '보호'할 수는 없습니다. 이런 목적은 이라크와는 전혀 관계가 없어요. 이 점을 잘 이해하기 위해서는 사실을 직시할 필요가 있습니다. 왜 미국이 남베트남을 침공했는지, 왜 미국이 이라크를 침공했는지 그리고 왜 미국이 이라크로부터 철수하는 것을 생각조차 할 수 없는지를 말입니다.

이란에 대한 논의에서 우리는 종종 (1938년 독일, 이탈리아, 영국, 프랑스 간에 체결된 나치 독일에 대한 타협적 조약인) 뮌헨협정에서나 나올 법한 말의 수사, 이를테면 유화책, 히틀러, 나치 독일 등과 같은 말의 수사를 듣게 됩니다. CNN의 글렌 벡Glenn Beck도 "이란은 나치 이후 우리가 본 가장 큰 세계적 위협세력"이라고 말했어요.[20] 이런 이야기가 왜 이렇게 자주 되풀이되는 걸까요? 왜 사람들이 이런 이야기를 쉽게 믿는 것 같습니까?

Chomsky 내 생각에는 이런 이야기를 믿는 사람들은 바로 이런 이야기를 만들어내는 사람들인 것 같습니다. 그들이 거짓말을 하고 있다고 생각할 특별한 이유는 없지만, 이야기 자체가 터무니없이 허황된 것입니다. 그런 의견에는 논평을 하는 것조차 불필요합니다. 우선 뮌헨협정은 미국의 루즈벨트 정부가 적극 환영했습니다. 루즈벨트의 주요 고문이던 섬너 웰즈Sumner Wells는 뮌헨협정에서 얻은 성과에 대한 찬사로 눈을 번뜩이며 돌아왔어요. 그에 따르면 유럽에서 영구평화가 확립되었다는 것입니다.

미국의 산업계는 히틀러를 상당히 지지했고, 이러한 분위기는 영국에서 더했습니다. 히틀러가 권좌에 오르자 독일에 대한 투자는 급증했어요. 그런데 이런 사실들은 역사에서 완전히 사라졌습니다. 한 가지는 진실입니다. 미국과 영국이 1938년에 히틀러를 제지하고자 했다면, 그들은 틀림없이 그렇게 할 수 있었다는 것이지요. 그렇게 되었더라면 전쟁은 없었을 것입니다. 그런데 그들은 특별히 그렇게 하기를 원하지 않았어요.

1937년이나 1936년에도 히틀러를 막을 수 있었지요?

Chomsky 확실하게 그를 막을 수 있었지요. 그러나 1938년이라는 늦은 시기에도 전쟁의 위협을 제거하는 것이 틀림없이 가능했을 것입니다. 1939년에 독일은 주요 군사강국이 되어 있었습니다. 거의 유럽을 정복할 정도였지요.

이란은 이와는 아주 대조적으로 1980년대에 이라크를 패퇴시킬 만한 능력이 없었어요. 지금도 이란의 군사력은 거의 없는 것이나 마찬가지입니다. 제 나라도 유지하기 어려울 정도예요. 이란이 다른 나라를 위협한 적이 있습니까? 이란이 다른 나라를 공격한 적이 있습니까? 이란은 그럴만한 군사력을 보유하지 못했어요.

이란에 대해서 사람들은 하고 싶은 대로 말합니다. 이란이 끔찍한 독재정부를 가지고 있다고 말입니다. 물론 우리는 이란이 핵무기로 무장하는 것을 원하지 않습니다. 그렇지만 이란을 히틀러에 비견할 만한 위협세력이라고 말하는 것은 어불성설입니다. 그것은 로널드 레이건

이 카우보이 부츠를 신고 니카라과 군대가 '텍사스의 할링겐Harlingen 으로부터 자동차로 단 이틀거리에 주둔'하고 있기 때문에 미국에 국가 비상사태를 선포해야 한다고 선언했던 일을 상기시킵니다.[21]

아무도 이란이 핵무기를 갖는 것을 원하지 않습니다. 이 점을 진지하게 생각한다면 이 문제를 좀더 이성적으로 다룰 수 있어요. 이란을 히틀러에 비견하는 것은 차치하고라도, 심각한 위협세력으로 간주하는 것조차 외계에서나 있을 법한 이야기입니다. 그렇게 해서는 이성적으로 문제를 해결할 수 없어요. 그것은 마치 종교적 광신자에게 이야기하는 것과 마찬가지입니다.

벤야민 네탄야후Benjamin Netanyahu는 "지금은 1938년이고 이란은 바로 독일이다"라고 말합니다.[22]

Chomsky 그에게는 그럴만한 이유가 있어요. 이스라엘은 위협세력이 있다는 것, 즉 이란이 자신들의 지역 맹주 자리를 위협한다는 점을 인식하고 있습니다. 이스라엘은 어떠한 경쟁세력도 없이 중동 지역을 완벽하게 지배하기를 원하지요. 그런데 이란은 약간이나마 견제세력이 될 가능성이 있어요. 물론 이란이 이스라엘에 심각한 위협이 되지는 않습니다. 군사적 관점에서 보자면, 이란은 거의 적수가 되지 못하죠. 이란이 핵무기를 보유했다고 가정해봅시다. 그들이 과연 그것을 사용할 수 있을까요? 이란이 핵미사일로 무장하려는 징후가 조금이라도 드러난다면, 이란은 아마도 지구상에서 수증기처럼 증발해버리고 말 겁니다. 이란이 핵무기를 사용하는 유일한 경우는 방어수단으로서 뿐입니다. 이란이 대규모 자살행위를 결심하지 않고는 핵무기로 누굴 공격한다는 것은 가능하지 않은 일이지요.

이란이 핵무기를 테러분자들에게 흘릴지도 모른다고 주장할 수 있겠군요. 충분히 있을 수 있는 일이지요. 그렇다면 훨씬 더 심각한 위협요인이 바로 우리 눈앞에 있습니다. 파키스탄입니다. 이 나라는 이미 상습적으로 핵무기를 누출시켜왔어요.[23] 그 점이 걱정된다구요? 그렇다면 파키스탄을 폭격하면 됩니다.

조금 전에 당신은 미국이 이란을 공격하면 그것은 중동에서의 심각한 대규모 전쟁을 불러올지도 모른다고 했습니다. 그러나 한편으로는 지금의 이란은 1938년 당시의 나치 독일과 비교해봤을 때 군사적으로 아주 약하다고 말씀하셨습니다.

Chomsky   미국은 강경일변도의 정책을 씀으로써 이라크의 시아파 회교도들을 자극하고, 이 지역을 피바다로 만들고, 또 사우디아라비아를 끌어들여 수니파를 지원하도록 할 필요가 없습니다. 강대한 군사력도 필요하지 않구요.

국제원자력개발기구International Atomic Energy Commission의 의장인 모하메드 엘바라데이Mohamed ElBaradei는 이란에 대한 유엔의 경제제재 조치가 "단지 사태를 악화시킬 것"이라고 염려하면서, 이스라엘과 미국이 이란의 핵시설에 대해 군사적 공격을 해야 한다는 아이디어를 "완전히 미친 짓"이라며 거부했습니다. 이란에 대한 공격은 이란의

"강경론자들의 입장을 강화"시켜줄 뿐이고 핵 프로그램을 지하로 숨어들게 만들 뿐이라고 했는데요.[24]

Chomsky 틀림없이 그럴 것입니다. 이스라엘이 1981년에 이라크의 오시라크Osirak에 있던 핵시설을 폭격했을 때 어떤 일이 벌어졌는지 상기해봅시다. 그러한 폭격은 이라크의 핵무기 개발계획을 중단시키지 못했어요. 또 그것을 가속화시키지도 않았습니다. 정확히 말하면 이스라엘의 공격은 이라크의 핵무기 개발계획을 '촉진'시키는 역할을 했습니다. 오시라크의 원자로는 폭격을 당한 후 하버드대학 물리학과 과장이자 핵물리학 전문가에 의해 검증을 받았습니다. 그는 세계적으로 권위 있는 과학 저널인 《네이처》에 기고를 했는데, 그 글에서 오시라크의 핵반응로가 핵무기를 생산할 능력이 없다고 밝혔습니다.[25] 이라크의 탈출병으로부터 우리가 현재 듣고 있는 증언에 따르면 이 검사관의 말은 정확합니다. 오시라크의 핵반응로는 무기 생산을 위한 것이 아니었어요. 그 핵시설이 폭격되자마자 사담 후세인은 즉각 비밀리에 핵무기 개발 계획을 수립하게 되었지요. 우리가 지금 알고 있는 사실로부터 판단하건대 이스라엘의 폭격이 이라크의 핵무기 개발계획을 부추긴 것입니다.

이와 유사한 일이 이란에서도 일어날 수 있습니다. 걸프 해안에 가까운 이란령 아랍지역인 쿠제스탄Khuzestan에는 이란 원유의 대부분이 매장되어 있습니다. 그런데 펜타곤의 일부 관리들이 비상계획을 통해 '어떻게 하면 이 지역을 차지하고 이란의 나머지 지역들을 먼지가 되도록 폭격할 것인가.' 하고 고심한다면 그것은 참으로 놀라운 일일 것

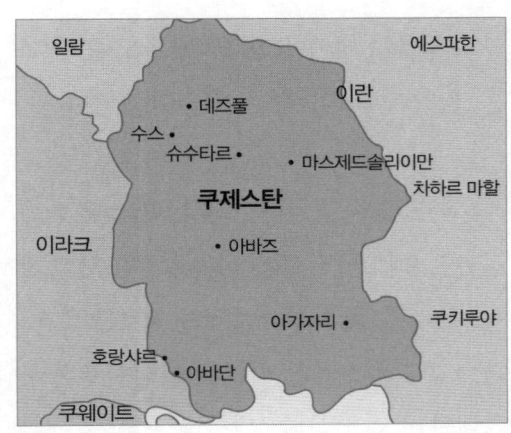

이란 원유 대부분이
매장되어 있는 쿠제스탄 지역

입니다.

그렇게 했을 경우 전 세계에 어떤 영향이 올지 누가 알겠어요? 미국과 이스라엘에 대한 증오와 공포심은 가늠할 수 없을 정도로 비등할 것입니다. 이미 최악의 상황이긴 합니다만. 그런 의미에서 군사력을 사용하는 것은 미친 짓입니다. 이 지역에서 실시된 여론조사를 봤을 때, 이란을 아주 싫어하는 주변국 사람들, 특히 터키, 사우디아라비아, 파키스탄 사람들조차도 미국으로부터 군사적 조치를 당하느니 차라리 핵으로 무장한 이란을 지지할 겁니다.[26] 다시 말하면 그들은 핵으로 무장한 이란을 결코 원하지 않지만, 그것보다도 미국의 군사적 행동을 더 원하지 않는다는 것입니다. 미국의 군사적 행동은 어떤 결과를 초래할까요? 물론 그것은 이 지역 사람들을 무력으로, 폭력으로, 또 협박으로 얼마나 통제할 수 있는지에 달려 있겠지요. 어쩌면 그렇게 할 수 있을지도 모르겠습니다. 과거에는 늘 그래왔으니까요. 그러나 동시에 아주 위험한 게임이기도 하지요.

부시 정부는 이란이 이라크에 "끼어든다"고 비난합니다. 이런 비난에는 일말의 아이러니조차도 없어 보입니다.

Chomsky 그렇습니다. 그러나 그것은 아주 전형적이지요. 예를 들어 볼까요. 베트남전 중에 미국은 우연히 북베트남을 폭격하다가 베트남을 지나가도록 가설된 중국의 철로를 폭파하게 되었어요. 프랑스가 처음에 철로를 개설할 때 중국의 남서부에서 남동부를 연결하는 중국의 국내선 철로가 북베트남을 통과하도록 설계했기 때문입니다. 중국이 폭격당한 철로를 보수하기 위해 인부들을 베트남에 보내자 미국은 중국이 베트남 문제에 끼어든다고 비난했어요. '우리가 폭격하는 것은 합당한 것이다. 그런데 우리가 폭격한 철로를 그들이 보수하는 것은 그들이 침략자임을 보여주는 것이고, 따라서 미국은 중국을 폭격하는 문제를 고려해야 한다'는 해괴한 논리였지요.

　이러한 공식은 아주 심각한 의미를 포함하고 있어요. 이란이 이라크에 끼어들어 방해하고 있다거나 중국이 베트남에 끼어들어 방해하고 있다는 논리를 미국이 진지하게 되풀이한다면 미국은 원하는 곳이면 어디든 폭력을 사용할 권한이 있고 아무도 그것을 막을 수 없다는 논리로 정립될 수 있을 것입니다. 그 밖의 어느 누구도 그런 권리를 가질 수는 없습니다. 이 논리는 아주 중요한 것이지요.

《권력과 이데올로기On Power and Ideology》에서 당신은 다음과 같이 말했습니다. 권력을 유지하기 위해서 "가장 효과적인 방안은 논쟁을 권장하는 것이다. 그러나 그런 논쟁은 교리체계의 기본 원리들을 포함하는 암묵적 전제 안에서 이루어져야 한다. 그런 원리들은 조사 대상에서 제외된다. 즉 그 원리들은 이성적 분석의 대상이 아니라, 가능한 생각의 틀 자체가 되는 것이다"[27]라고 말입니다.

Chomsky   맞습니다. 그리고 그 전제들은 너무나 뿌리 깊이 박혀 있어서 인식할 수도 없습니다. 그러므로 '미국이 이라크에서 승리를 거둘 권리가 있는가'와 같은 근본적인 질문을 하는 것은 마치 전혀 알아듣지 못하는 스와힐리어를 구사하는 것과 마찬가지입니다. 영어권 사람들에게 스와힐리어는 아무런 의미도 없는 헛소리에 불과하겠지요.

중국이 베트남에 끼어든다고 비난하는 것, 혹은 이란이 이라크에 간섭한다고 비난하는 것은 국민들이 헛소리를 되풀이하게 만드는 기능을 합니다. 그러나 이런 되풀이되는 행동은 또다른 기능도 갖습니다. 이란에 대한 끊임없는 불법적 협박은 이란의 지도자들을 점점 더 거칠고 억압적이 되게 합니다. 그렇게 되면 이란에 국민적 저항, 반정부 데모, 내부 균열 등이 생겨날 테니까 미국으로서는 좋은 일이라고 생각하겠지요. 확신하건대, 미국은 한 마디로 분리주의 운동을 교사하고 있는 것입니다.

이란은 매우 복잡한 나라입니다. 이란의 많은 지역은 페르시아계가 아닙니다. 이란은 다국어, 다인종 국가예요. 그중 아제리Azeri족은 그 수가 상당합니다. 그런데 이들은 지금도 이란 정부로부터 억압받고 있어요. 따라서 미국은 이들을 상대로 쉽게 반란을 교사할 수 있을 것입니다.[28] 미국은 아마도 쿠제스탄과 다른 곳에서도 똑같은 짓을 자행할 것입니다. 이란 정권이 거칠어지고 더 억압적이 될수록 여러 가지 형태의 내부 분열과 저항이 일어나기 쉽습니다. 이는 결국 이란을 내부로부터 무너지게 할 것입니다. 그것이 바로 미국과 이스라엘의 궁극적 목적입니다. 이들은 독립적이고 안정된 강력한 이란을 원하지 않습니다. 이란이 아니라 그 어느 나라이건, 미국의 통제를 벗어나는 것을 용납하지 않습니다. 이란이 커다란 위협이 된다고 말하는 것과 미국의 이러한 의도는 전혀 별개입니다.

이란뿐이 아닙니다. 이 지역의 다른 모든 나라들도 똑같습니다. 그들은 헤즈볼라를 언급할 때마다 언제나 "이란의 지원을 받는 헤즈볼라"라고 말합니다. 또 "이란의 지원을 받는 하마스"라고 말합니다. 그러나 "미국의 지원을 받는 세력"에 대한 논의는 없습니다. 미국의 지원을 받는 세력은 "온건파"이기 때문에 굳이 "미국의 지원을 받는"이란 말을 할 필요가 없다는 것이지요. 이 모든 책략이 폭력과 테러의 사용을 정당화하는 기능을 합니다.

모든 정치선전, 가장 악랄한 정치선전과 마찬가지로, 여기에도 일말의 진실은 있습니다. 즉 어느 날 갑자기 정치선전을 하늘에서 뚝 따올 수는 없는 것입니다. 정치선전은 적어도 어느 정도 믿을만한 구석이 있어야 합니다. 그래서 혹시라도 사람들이 선전을 의심하면, 그 사람들은 진실을 부정한다고 호된 비난을 받게 되는 것입니다.

그래서 이란을 사탄화하는 이러한 방법에 대해 당신이 의문을 제기하면 지식인 계층은 즉각적인 반응을 보일 겁니다. "당신은 이란 대통령 아흐마디네자드를 지지하는군요. 당신은 홀로코스트를 부인하는 위험한 사람입니다"라고 말이죠. 이것은 아주 효과적인 기술입니다. 거짓말을 할 수 있는 권리를 보호하는 것은 굉장히 중요합니다. 특히 지식인들에게 이것은 매우 높은 가치가 있어요. 권력을 뒷받침하기 위해서는 지식인들의 거짓말할 수 있는 권리를 보호해야 합니다. 그렇게 하는 한 가지 방법은 적을 사탄화하는 작업에 참여하는 것입니다. 아주 전형적인 방법이지요.

악랄한 선전선동과 음모

'내셔널 퍼블릭 라디오'에 대해 잠깐 말씀을 나누고 싶습니다. 1월 26일 아침방송 시간에 앵커 스티브 인스킵Steve Inskeep은 골란고원을 시리아와 이스라엘 "두 나라 사이에서 영토분쟁이 일고 있는 지역"이라고 불렀습니다.[29]

Chomsky 그것이야말로 왜곡이 얼마나 심각해질 수 있는지를 잘 보여줍니다. 1981년 이스라엘이 골란고원을 강제로 탈취한 것은 당시에 통렬하게 비난을 받았습니다. 유엔 안전보장이사회는 만장일치로 이스라엘을 비난하는 결의안을 통과시켰어요.[30] 그런데 지금 골란고원은 '분쟁지역'이란 것입니다. 이런 책략이야말로 권력에 봉사하는 의무를 다하면서 거짓말과 허위를 계속해서 되풀이할 때 벌어지는, 느리지만 꾸준한 부식 현상입니다. 미국은 기본적으로 이스라엘의 골란고원 병합을 지지합니다. 그러므로 이스라엘의 병합은 어느새 합법적이 된 거지요.

이스라엘이 점령한 다른 지역들도 마찬가지입니다. 그 지역들은 이

1981년 이스라엘이 골란고원을 강제로 탈취한 것은
당시에 통렬하게 비난을 받았습니다.
유엔 안전보장이사회는 만장일치로
이스라엘을 비난하는 결의안을 통과시켰어요.
그런데 지금 골란고원은 '분쟁지역'이란 것입니다.
이런 책략이야말로 권력에 봉사하는 의무를 다하면서
거짓말과 허위를 계속해서 되풀이할 때 벌어지는,
느리지만 꾸준한 부식 현상입니다.

제 '분쟁지역'이 되어 있어요. 어째서 그 지역들이 분쟁지역이 되었을까요? 이스라엘의 점령은 완전히 불법적인 것이고, 거기서 일어나는 모든 일은 국제법 위반입니다. 그런데도 불구하고 그 지역들은 이제 '분쟁지역'이 되어 있단 말입니다.

이스라엘이 점령지를 따라 세운 장벽은 "안전장벽"이라 불립니다. 그러나 잘 아시겠지만 그것은 전혀, 결코 안전장벽이 아닙니다. 그것은 이스라엘에서 넘어온 정착자들을 위한 안전장벽입니다. 이스라엘이 정말로 안전장벽을 쌓고 싶었다면 이스라엘 영토 안에 쌓았어야 합니다. 그러면 그들은 원하는 만큼 충분히 안전할 테니까요. 그들이 그 장벽을 1마일쯤 높이로 쌓고 양쪽 벽을 따라 순찰도 돌고 탱크도 세워놓으면 아무도 침투할 수 없을 겁니다. 이스라엘이 안전장벽이라 부르는 이 장벽은 정확하게 말하자면 '합병장벽'입니다. 그것은 불법적으로 점령지에 거주하는 이스라엘 거주자들을 제외하고는 누구를 위한 안전장벽도 아닙니다.

게다가 이 점에 대해서는 적어도 법조계에서는 만장일치입니다. 이스라엘의 장벽에 대한 국제사법재판소 재판관들은 그것이 불법이라고 판결했습니다. 그런데 미국 측 판사인 토마스 버겐탈Thomas Bergenthal은 별도 의견을 내면서 기술적인 이유로 대다수 의견에 동의하지 않았습니다. 그러나 그 역시 제네바조약Geneva Conventions*이 점령지역에 적용된다는 데 동의했어요. 그 말은 자국민을 점령지로 이주시키는 것은 국제법 위반이라는 것을 의미합니다. 그는 덧붙이기를 거주자들을

━━━ * 제네바조약: 전쟁으로 인한 희생자 보호에 관한 1949년의 국제 조약.

보호하기 위해 이스라엘이 요르단 강 서안지구 전체를 가로질러 설치한 장벽은 "사실상 국제 인도주의법을 위반하는 것"이라고 했습니다.[31]

현재 그 장벽은 누가 보아도 '합병장벽'입니다. 그러나 사람들은 점점 더 자주 되풀이되는 국가적 선전선동을 접하게 되면서 그것이 내재화됩니다. 그리고 그 선전선동은 마침내 다음 단계의 논의를 위한 근거가 되죠.

미국의 담론에서는 이스라엘의 주장이 팔레스타인의 주장을 완전히 압도하고 있습니다.

Chomsky 팔레스타인 사람들의 견해는 여기 미국에서는 대변될 수 없습니다. 미국을 등에 업은 침략국가로부터 점령당하고, 억압당하고, 파괴당한 희생자들의 견해가 어떻게 미국에서 대변될 수 있겠습니까.

요르단 강 서안지구에서 일어나는 일들을 기술하면서 사람들이, 심지어는 당신을 포함한 좌파인사들조차 '식민지' '식민지화' 혹은 '식민지인들'이란 용어를 사용하지 않는다는 사실이 의아합니다. 이런 용어를 사용하는 것이 사태의 본질을 좀더 명확하게 보여주지 않을까요? '정착자들'이란 말은 거의 아무런 강압조치도 없는 무해한 것으로 들립니다.

Chomsky 내가 '식민지화'란 용어를 사용하지 않는 이유는 그것이 오히려 사태를 왜곡시키기 때문입니다. 정확히 말하면 그것은 강제 합병입니다. 우리는 미국이 미국의 남서부 지역을 식민지화했다고 말하지 않습니다. 미국은 그 지역을 병합했어요. 미국은 멕시코와 전쟁을 치루고 멕시코의 절반을 빼앗은 후 그것을 병합했지요. 그리고 지금 미국은 그곳의 자원을 사용하고 있어요. 남서부의 풍부한 자원은 멕시코로부터 오고 있습니다. 그것은 식민지화가 아닙니다. '정복'입니다. 점령지에서는 정복, 탈취, 병합이 일어날 뿐입니다. 그런 이유로 나는 '식민지화'가 올바른 용어라고 생각하지 않습니다.

'내셔널 퍼블릭 라디오' 아침방송의 또다른 앵커인 르네 몽태뉴Reneé Montagne는, 예루살렘 시장을 오랫동안 지냈고 지난 1월에 작고한 테디 콜렉Teddy Kollek에 대한 추념사에서 이렇게 말했습니다. "그는 예루살렘의 재통합을 이룩했고, 예루살렘을 가로지르는 석벽을 무너뜨렸으며 …… 위대한 통합자였던 흔치 않은 지도자로 기억될 것이다."[32]

Chomsky 테디 콜렉은 팔레스타인 사람들에게도 대단한 지도자로 기억될 것입니다. 유태인들의 이익이 아니라면 결코 팔레스타인 사람들을 위해 아무것도 하지 않겠다는 점을 명백하고도 단호하게 밝혔던 지도자로 말입니다. 그는 예루살렘에 거주하는 팔레스타인 사람들을 위해 하수시설 외에는 "아무것도 짓지 않고 아무것도 제공하지 않았다"고 말했어요. 그가 하수시설을 지은 것은 팔레스타인 사람들이 콜레라라도 걸리면 그것이 유태인 지역으로도 퍼질 수 있다는 이유 때문이었어요.[33] 하지만 그는 불법적으로 병합되고 불법적으로 확장된 도시에 불법적으로 강제 이주당해 살고 있는 팔레스타인 사람들을 위해서는 아무것도 하지 않을 것이라는 점을 분명히 했어요.

    1968년으로 거슬러 올라가면, 당시 유엔 안전보장이사회는 이스라엘이 예루살렘의 지위를 변경하는 조치를 취한 데 대해 비난했습니다.[34] 차츰 이스라엘은 예루살렘의 지위를 변경시켰을 뿐 아니라, 특히 콜렉 시장의 재임 기간에는 팔레스타인 인구를 최소한으로 축소시키는 조치들을 취했습니다. 팔레스타인 사람들은 건축허가도 받지 못했고, 땅을 탈취당했으며, 점점 더 좁은 지역으로 쫓겨났어요. 그들의 경제적 생존은 붕괴되었습니다. 주변 지역은 분리되었죠. 콜렉은 이러한 압살정책을 자랑스럽게 수행했던 사람입니다. 그가 위대한 통합자로 불리는 이유는 그의 이러한 전력 때문입니다.

폭스Fox 뉴스의 해설위원을 겸하고 있는 환 윌리엄스Juan Williams는 '내셔널 퍼블릭 라디오'의 선임 특파원이기도 합니다. 그는 1월 29일 조지 부시를 인터뷰하면서 다음과 같은 질문을 하더군요. "아시다시피, 국민들은 각하를 위해 기도합니다. …… 대통령 각하, 미국 국민은 각하와 함께 하고 싶어 합니다."[35] 그가 사용한 톤이 참으로 묘하더군요.

Chomsky   그런 것은 스탈린 치하의 러시아에서 충성스런 인민위원에게서나 기대할 수 있는 말입니다. '영명하신 스탈린이시여, 우리는 당신의 뒤에서 함께 하고 싶습니다. 우리는 당신을 지지합니다. 우리가 당신을 지지하는 것을 허용해주소서'처럼 말입니다. 나는 두 사례를 너무 곧이곧대로 비교하고 싶지는 않습니다. 그렇게 하는 것이 스탈린을 추종하는 인민위원에게는 불공평한 처사가 될 수도 있기 때문이지요.

그들은 공포심을 경감시키려고 애원했을 수도 있습니다. 그러나 자유국가에서 공포심을 호소할 필요는 없습니다. 겁쟁이가 아니고 권력에 복종하는 것이 아니라면 말입니다.

대통령이 살인적이고 폭력적인 범죄행위를 저지르고 있다면 그리고 대통령이 하는 일이 그가 침공한 나라 국민의 압도적 다수가 반대하는 것이라면 무엇 때문에 우리가 그를 뒷받침해야 한단 말입니까?

언론에서는 이라크에 있는 미국의 군사기지에 대한 논의가 거의 없습니다.

Chomsky 그것은 매우 흥미로운 현상입니다. '이라크조사연구단'의 보고서에는 미국이 영구적인 군사기지를 이라크에 건설할 의사가 없다는 점을 대통령이 이라크 국민들에게 알려야 한다는 구절이 있습니다.[36] 그런데 보고서에 미국이 영구적 군사기지 건설을 그만두어야 한다는 문장이 있습니까? 없어요. 그냥 우리가 그렇게 하지 않을 것이라고 이라크 국민들에게 알려야 한다는 구절만 있지요. 실제로는 영구 군사기지를 계속해서 건설하면서 말입니다.

보고서에는 또 미국이 바그다드에 거대한 규모의 대사관을 짓고 있다고 언급하고 있어요. 실제로도 그렇구요. 그것은 마치 바그다드 안에 또 하나의 군사도시를 건설하는 것을 방불케 합니다. 에너지 공급과 수도 공급 등 모든 것을 자체 공급하는 완벽한 도시 속의 도시 말입니다.

그것은 전 세계의 미국 대사관들 중 가장 크지요.[37]

Chomsky 그렇습니다. 그러나 그 말은 다소 오해의 소지가 있는데, 이 대사관은 세계 어느 나라의 대사관과도 본질적으로 다릅니다. 미국이 대사관 건설을 중지해야 한다고 '이라크조사연구단'의 보고서에 나와 있던가요? 바그다드 안에 그러한 도시를 건설하는 것(결국 영구적인 군사기지를 건설하는 것)이 미국의 철수 의도에 관해 어떤 것을 암시한다고 보고서가 지적했던가요? 아닙니다. 그런 문제는 보고서에서 지적하지 않습니다. 그럼 반대파를 포함해서 미국이 왜 철수하기를 꺼려하는지 그 이유가 보고서에서 논의되었던가요? 아닙니다. 이것은 영어로 쓸 수 없는 문장들입니다. 고도로 교리화된 사회에서는 허용되지 않는 생각들을 마음 속에 품을 수 없는 것입니다.

어떤 프랑스 혁명가는 다음과 같이 말한 적이 있습니다. "위대한 사람들은 우리가 무릎을 꿇었다는 그 이유 때문에 비로소 위대한 것이다."[38]

Chomsky 맞는 말입니다. 대통령에 대해 아첨하는 태도를 가지지 않는다면 그들이 대단해보이지 않습니다. "각하를 위해 기도하고 있습니다"라든가 "우리는 각하를 지지합니다." 따위의 말을 하지 않는다면 대통령이 대단해보일 리가 없어요. 많은 미디어는 부시에 대해 아첨하지 않습니다. 그들은 상당히 통렬하지요. 대통령에 대한 것치고는 예외적이다 싶을 정도로 말입니다. 우연인지 모르지만, 부시 재임기간 내내 그래왔습니다. 그는 주류 언론의 중심으로부터 전례 없는 비판을 받아왔어요. 부시 정부의 입장이 지금까지 주류 사회의 이해관계에 해가 되는 편협한 이념스펙트럼의 극단에 치우쳐 있었기 때문입니다.

이라크를 침공하기 전인 2002년 9월에 부시가 국가안보전략National Security Strategy을 발표했을 때 주류 사회는 아주 강력하게 반대했습니다.[39] 그의 안보전략이 실질적으로 이라크를 침공하겠다는 의도를 담고 있었기 때문입니다. 얼마 후 《포린 어페어스Foreign Affairs》는 주류 사학자인 존 아이켄베리John Ikenberry의 긴 글을 실었습니다. 그는 자신이 "신종 제국주의적 대음모"라 부른 부시 정부의 전략을 비난하면서 그것이 결국 미국에 해가 될 것이라고 했습니다.[40] 그뿐 아니라 또 하나의 주요 외교관계 저널인 《포린 팔러시Foreign Policy》도 부시를 비판하는 기사들을 실었습니다.

네, 그랬습니다. 그러나 대부분의 언론은 이라크 전쟁의 나팔수였습니다.

Chomsky   맞는 말입니다. 그러나 핵심은 주류사회가 사상 유례 없이 부시에게 비판적이었다는 것입니다. 과거에는 그런 사례가 없었어요. 그런 것이 바로 변화입니다. 그것이 대단했다고 말하는 것은 아닙니다. 미디어가 적당히 부화뇌동하고자 했을 때 그들은 그렇게 해왔어요. 전쟁이 시작되었을 때 영국의 BBC나 미국의 CNN을 보면 마치 치어리더 같았습니다. 그리고 그들은 끝까지 그런 식으로 계속했습니다. 그래도 과거와 같지는 않았어요. 변화는 느리게 오지만 이미 와 있습니다.

누군가를 정복해서 억누를 때는 뭔가 이유가 필요합니다. "나는 원래 개자식으로 태어났기 때문에 그냥 훔치고 싶다." 이렇게 말할 수는 없습니다. "내가 이렇게 하는 것은 그들의 이익을 위해서고, 그들은 그럴 만한 자격이 있으며, 실제로 이익을 볼 수 있다"고 말해야 합니다. 우리가 그들을 돕고 있다는 것이지요. 이런 것이 바로 노예 주인들의 태도입니다. 노예 주인들은 이렇게 말하지 않습니다. "내가 이 사람들을 노예로 삼은 것은 내 자신의 이득을 위해 쉽게 착취할 수 있고 값싼 노동력이 필요하기 때문이야." 대신 그들은 이렇게 말합니다. "우리는 그들에게 시혜를 베풀고 있어. 그들은 그것이 필요하거든."

침략과 발뺌

• 2007년 2월 2일, 매사추세츠 주 캐임브리지에서

제국주의를 둘러싼 비겁한 변명

점진주의자와 근본주의자에 관해 질문하고자 합니다. 개혁주의자, 즉 체제의 표면적 개선과 조정이라는 입장과 실질적인 구조적 변화라는 입장의 차이에 관해서 당신의 의견을 듣고 싶습니다.

Chomsky   분명 둘 사이에는 차이가 있을 것입니다. 그렇지만 나는 무엇이 이슈인지 정확히 알 수가 없군요. 우리는 둘 다 추구해야 합니다. 때로는 체제를 점진적으로 고쳐나가는 것이 사람들에게 큰 도움이 되기도 합니다. 가령 미국의 의료보장체계에 대해서는 분명한 개선이 이루질 수 있을 것입니다. 그것을 점진주의라고 부를 수도 있겠지만 어쨌든 그것은 실제로 많은 사람들에게 유익할 것입니다.

언론에 대해서는 어떻게 생각하십니까? 언론개혁이란 어떤 것입니까?

Chomsky   언론개혁도 마찬가지입니다. 중요한 이슈에 관해 미디어가 다소 공정한 보도를 할 수 있도록 유도한다면 그건 좋은 일이 아닐까요? 압력을 통해서든, 대안 언론과의 경쟁을 통해서든 말입니다. 하지만 근본적인 변화를 가져오지는 못할 것입니다. 그러나 어쨌든 그러한 변화는 중요한 것입니다.

가령 내가 오랫동안 가까이에서 살펴본 보스턴의 상황을 봅시다. 여기서 발행되는 주요 신문은 《보스턴 글로브》입니다. 이 신문은 아마도 미국 전체에서 가장 진보적인 신문 중 하나일 것입니다. 1960년대

중반에 《보스턴 글로브》는 강경파 주류 신문이었어요. 그런데 변했습니다. 나도 잘 아는 편집국장 톰 윈쉽Tom Winship의 영향력을 통해서였지요. 1960년대 후반에는 저항운동가였던 그의 아들, 물론 그래서 내가 톰을 알게 되었습니다만, 하여튼 그의 아들의 영향력으로 신문은 또 한 번 변화를 겪습니다. 내 생각으로는 《보스턴 글로브》가 미국에서는 처음으로 미군의 베트남 철수를 요구했어요.[1] 1980년대에는 중앙 아메리카 사태를 진지하게 보도한 몇 안 되는 신문들 중 하나였습니다. 거기서 벌어지고 있는 잔학행위들을 있는 그대로 기술했죠.

톰 윈쉽이 은퇴하자 그의 영향력도 퇴색해갔습니다. 윈쉽의 편집방향을 따르던 마지막 편집장은 커크 샤펜버그Kirk Scharfenberg였는데, 그는 1992년에 작고했습니다. 그 이후로는 이 신문도 상당 부분 1960년대의 상태로 되돌아가고 말았어요. 그렇다 하더라도 《보스턴 글로브》는 아직도 아주 유능한 특파원들을 보유하고 있고 매우 흥미로운 기사들을 많이 싣고 있습니다.

이런 것은 편집자들의 개인적 결정뿐 아니라 대규모의, 적극적 대중운동의 도래로 인해 야기된 변화라고 할 수 있습니다. 나는 《보스턴 글로브》의 개방이 아주 중요한 변화였다고 생각합니다. 일종의 점진주의라고 할 수 있겠지요. 그러나 이러한 변화가 신문의 기업구조를 근본적으로 바꾸지는 못합니다. 결국 근본적인 구조적 변화도 이루어져야 합니다.

당신이 사용한 용어를 빌리자면 점진주의는 대규모 변화를 위한 전제입니다. 국민 상당수가 확고하게 지지하지 않으면 대규모의 구조적 변화는 이루어질 수 없습니다. 그러한 변화는 헌신적인 국민들의 조직화된 노력에서 나오는 것이지요. 구조적 변화 없이는 점진주의가 결코 성취될 수 없다는 사실을 자각하지 않는 한 변화는 쉽게 일어나지 않을 것입니다. 그렇게 되면 구조적 변화를 위한 압박이 생기겠지요. 또 이러한 자각이 없으면 국민들이 위험을 겪고, 노력하고, 진지한 변화에 수반되는 불확실성과 처벌의 공포를 겪어야 할 이유가 없어요. 그렇기 때문에 모든 진지한 혁명은 개혁주의로부터 시작하는 것입니다.

진지한 혁명가라면 쿠데타를 원하지 않습니다. 변화는 아래로부터 이루어져야 합니다. 조직화된 풀뿌리로부터 말입니다. 사회가 정당하고 합당한 목표를 성취하도록 허용하지 않는다고 생각한다면 진지한 구조적 변혁에 수반되는 모든 위험들을 사람들이 굳이 감수하려고 하겠습니까?

월터 리프만Walter Lippmann은 이렇게 말한 적이 있습니다. "미국 사람을 제외하고는 지금 전 세계 사람들이 미국을 하나의 제국으로 간주한다. 우리는 '제국'이라는 단어에 몸서리를 치면서 이러한 용어가 알래스카로부터 필리핀에 이르는 지역에서, 쿠바로부터 파나마와 그 이상에 이르는 지역에서 미국이 행사하고 있는 지배권을 기술하는 데 사용되게 해서는 안 된다. 우리는 우리가 지금 이들 후진 지역에서 수행하고 있는 문명화 과업을 기술하기 위한 다른 합당한 용어를 찾아야 한다." 그가 이렇게 말한 것이 1927년이었습니다. 그 이후 상황이 바뀌었을까요?[2]

Chomsky 우선 그의 논평은 틀렸습니다. 미국의 이 지역 정복은 실질적으로 제국주의의 실천입니다. 진지한 제국주의 연구자들, 가령 버나드 포터Bernard Porter와 같은 사람은 우리가 이른바 "해양의 오류", 즉 '제국주의적 정복이란 바다를 건너 정복에 나서는 것'이라는 오류에 빠지지 말아야 한다고 지적합니다.[3] 제국주의란 영토의 확장을 의미하기도 합니다. 그가 논의하다시피, 식민지를 정복하여 영토를 확장하고 그렇게 빼앗은 영토를 자국의 국경선 안에 포함시키는 것은 정착식민주의에 해당합니다.[4] 이것도 제국주의의 한 형태입니다. 이렇게 해서 실질적으로 토착민을 제거하고 땅을 차지하는 것이지요. 아주 극단적인 형태의 제국주의입니다.

리프만이 이야기하던 시대는 1898년에 시작된 시기로서, 그때 미국이 바로 해양제국주의를 향해 움직이기 시작했어요. 그러한 제국주의의 결과가 중요한 것인가에 관해 묻는 사람도 있습니다. 그렇습니다. 그것은 매우 중요합니다. 얼마나 중요한 것일까요? 미국 원주민들의 입장에서 보면, 우리가 바다를 건넜는지 아닌지는 중요하지 않아요. 멕시코 사람들에게도 마찬가지구요. 150년 전에 미국이 정복전쟁을 통해 멕시코의 절반을 빼앗았을 때 미국이 바다를 건너 제국주의를 실현한 것은 아니었어요. 한 가지 차이점은 있습니다. 정확하게 어떤 명칭을 사용하고 싶은지는 모르겠지만, 나는 그것이 본질적으로 중요하다고는 생각하지 않습니다. '제국'이란 용어는 대부분의 정치적 용어들처럼 매우 중의적인 뜻을 가지고 있습니다. 제국은 정복과 지배와 헤게모니입니다.

리프만의 견해는 질적으로 수정되어야 합니다. 그가 설명하고 있는 것은 아이러니컬하게도 미국의 문명화된 가치 전파를 의미하는데, 하여튼 그것이 학계와 일반 국민들 사이의 담론에서 이른바 "미국의 예외성"이라 불리는 것입니다. 그러나 사실 미국도 예외는 아닙니다. 보편적입니다.

한나 아렌트Hannah Arendt는 이렇게 말했습니다. "제국주의는 문명세계에서 인종적 사고가 존재하지 않았을 때조차도 자신들의 행위를 정당화하기 위한 유일한 설명과 변명의 수단으로 인종주의를 만들어낼 필요가 있었을 것이다."[5] 제국주의는 인종주의를 필요로 합니까?

Chomsky 그렇습니다. 거기에는 많은 진실이 담겨있습니다. 현대의 인종주의는 상당 정도 제국주의 정복의 결과입니다. 예를 들면, 18세기의 계몽주의시대에는 영국과 프랑스 사이에 원숭이가 흑인과 다른지, 원숭이도 인간인지, 혹은 원숭이가 언어를 구사하는지 아니면 언어능력이 있는지에 관한 논란이 있었어요. 심지어는 정말 웃지 못할 주장도 제기되었는데요. 가령 어떤 프랑스 사상가는 원숭이들이 인간보다 훨씬 더 똑똑한데, 그 이유는 이들이 말을 할 수 없는 것처럼 위장하기 때문이라는 겁니다.[6] 원숭이들이 말을 하면 (말을 한다는 점만을 제외하면 원숭이와 똑같은 인간들을 우리가 노예로 삼았듯이) 우리가 그들을 노예로 삼을 것이라는 점을 원숭이들이 알고 있다는 거예요. 이런 생각은 농담이었을지도 모르지만 적어도 다른 동물들도 우리 인간처럼 고귀하고 진화된 존재이며 인간과 똑같은 영혼을 가지고 있을지도 모른다는 불확실성을 드러내고 있습니다.

그렇습니다. 이런 것들이 대부분 정복의 결과입니다. 누군가를 정복해서 억누를 때는 뭔가 이유가 필요합니다. "나는 원래 개자식으로 태어났기 때문에 그냥 훔치고 싶다." 이렇게 말할 수는 없습니다. "내가 이렇게 하는 것은 그들의 이익을 위해서고, 그들도 그럴 만한 자격이 있으며, 실제로 이익을 볼 수 있다"고 말해야 합니다. 우리가 그들을 돕고 있다는 것이지요. 이런 것이 바로 노예 주인들의 태도입니다. 노예 주인들은 이렇게 말하지 않습니다. "내가 이 사람들을 노예로 삼은 것은 내 자신의 이득을 위해 쉽게 착취할 수 있고 값싼 노동력이 필요하기 때문이야." 대신 그들은 이렇게 말합니다. "우리는 그들에게 시혜를 베풀고 있어. 그들은 그것이 필요하거든."

심지어 19세기의 인류학자들은, 흑인들의 등이 굽은 것은 면화를 채취하는 데 알맞도록 유전적으로 적응되었기 때문이라고 설명하기도 했어요.[7] 그렇기 때문에 흑인들이 잘할 수 있는 일을 할 수 있도록 도와주고 있는 것이라고 말입니다. 17세기와 18세기를 시작으로, 유럽의 제국주의는 특히 악랄한 모습을 띠게 됩니다.

당신은 종종 여론조사를 인용합니다. 여론조사가 쓸모 있는 것인지를 어떻게 결정합니까? 지금은 아주 유명해진 해리스의 2006년 7월 여론조사 결과가 있습니다. 이 조사에 따르면, 이라크가 대량살상무기를 가지고 있다고 믿는 미국인들이 2005년 2월에는 36퍼센트이던 것이 2006년 7월 하순에는 응답자의 절반에 이르는 것으로 나타났습니다.[8] 이 점을 어떻게 설명하시겠습니까?

Chomsky 사실 그 문제는 여러 여론조사에서도 제기되었어요. 해리스

심지어 19세기의 인류학자들은,
흑인들의 등이 굽은 것은 면화를 채취하는 데
알맞도록 유전적으로 적응되었기 때문이라고
설명하기도 했어요. 그렇기 때문에
흑인들이 잘할 수 있는 일을 할 수 있도록
도와주고 있는 것이라고 말입니다.

의 여론조사는 비교적 정확한 정보를 제공합니다만, 그러한 결과가 나오게 된 배경까지 깊이 있게 알려주지는 않습니다. 훨씬 더 자세한 정보는 메릴랜드 대학의 국제정책태도조사연구소Program of International Policy Attitudes의 연구보고서에서 찾아볼 수 있어요. 이 연구소의 책임자인 스티븐 컬Steven Kull은 미국 정부가 이라크에 대량살상무기가 없다고 인정한 이후에도, 이라크가 대량살상무기를 보유하고 있다고 믿는 미국 국민의 비율이 일정하게 유지되고 있는 것에 주목했습니다.⁹

내 생각에 미국 국민들이 이렇게 믿는 이유는 제국주의와 관련해서 우리가 이야기하던 것과 밀접하게 관련이 있기 때문인 것 같습니다. 즉 우리가 이라크를 침공했어요. 그런데 우리는 우리 스스로를 괴물이라고 말하고 싶지는 않은 것이지요. 그러기 위해서는 뭔가 이유가 필요한데 그것이 바로 그들이 대량살상무기를 정말로 가지고 있다는 믿음이었을 겁니다. 그렇습니다. 정부의 누군가가 그런 식으로 말을 했어요. 나는 부통령 딕 체니가 한 말을 믿습니다.

이스라엘 그리고 로비

당신은 미국에서의 이스라엘의 로비에 관한 논의에 다소 불편함을 느끼는 것 같습니다. 당신은 오랫동안 이스라엘의 로비가 미국의 외교정책에 영향을 주지만 결코 결정적이지는 않다고 말해왔지요. 지금도 그렇게 생각하십니까?

Chomsky 이 문제에 관해 내가 이야기하기를 꺼리는 이유는 부분적으로 이러한 논의에서 이스라엘 로비의 규모와 영향력이 너무나 과소평가되기 때문입니다. 가령 레이첼 코리Rachel Corrie의 로비사건과 관련해서 뉴욕과 다른 곳에서 벌어졌던 소동을 봅시다.[10] 그 소동은 전미이스라엘공공위원회American Israel Public Affairs Committee, AIPAC의 개입으로 인한 것은 아니었어요. 말하자면 AIPAC과 같은 특정 단체가 아니라 미국의 학계와 문화단체의 분위기를 반영하는 것이었지요.

뉴욕을 말하는 것이지요?

Chomsky 뉴욕뿐 아니라 이 나라의 많은 지역도 마찬가지입니다. 문제는 AIPAC이나 반불명예연맹Anti-Defamation League과 같은 로비단체들이 아니라 근본적인 학계의 풍토 그 자체입니다. 이스라엘의 로비에 관해 최근 존 미어샤이머John Mearsheimer와 스티븐 월트Stephen Walt가 논문을 썼는데요. 그들은 이스라엘의 로비를 '침략, 잔학행위, 기타 등등을 포함하여 모든 이스라엘 정책에 대한 지지를 끌어내기 위해 당사자의 견해와 태도를 통제하고자 하는 행위'라고 정의했습니다.[11] 좋습니다. 로비에 대한 이러한 정의를 받아들입시다. 이스라엘 로비의 주요 대상은 미국의 학계와 미디어입니다. AIPAC이 《뉴욕타임스》의 사설을 직접 쓰지는 않습니다.

사태의 본질을 이해하기 위해서는 좀더 넓은 범위에서 학계의 풍토를 직시해야 합니다. 그러면 학계에서 언제부터 이스라엘에 대한 광신적인 지지가 시작되었는지를 잘 알 수 있어요. 1967년부터였지요.

1967년 이전에는 미국의 지식인 사회가 이스라엘에 대해 매우 회의적이거나 아예 무관심했어요. 그러한 분위기가 변한 것입니다.

1967년에 간행된 노먼 포도레츠Norman Podhoretz의 저서 《메이킹 잇Making It》은 일종의 자기선전에 불과한데, 그 책에는 이스라엘에 대한 언급이 거의 없어요.[12] 지금은 아주 광신적이고 극단적인 이스라엘의 선동지 역할을 하는 《코멘터리Commentary》도 1950년대 중반에는 이스라엘에 대해 너무나 비판적이었습니다. 그래서 전미유태인위원회 American Jewish Committee가 당시에 이스라엘의 견해를 대변하기 위해 《미드스트림Midstream》이란 독립적 저널을 새로 창간했어요. 《디센트 Dissent》를 볼까요? 이 잡지는 자세한 보도는 하지 않지만 이 잡지가 보여주는 이스라엘의 각종 범죄에 대한 마구잡이식 지지는 가히 충격적입니다. 이 잡지 최근호는 이스라엘의 레바논 침공을 이라크에 대한 미국의 "실패한 군사작전"과 비교하면서 "이스라엘이 목표달성에 실패함으로써 레바논과 자신에게 커다란 손실을 입혔다"고 한탄합니다.[13] 이것이 그들이 말하는 비판이라는 것입니다. 그러나 1967년 이전에는 이스라엘에 대해 거의 기사가 실리지 않았어요. 《디센트》에 글을 쓰는 사람들은 시오니즘을 흥미 없는 주제로 치부하거나 민족주의자들의 일탈 정도로 간주했거든요.

그러니까 1967년 6월 이후 미국의 엘리트들이 이스라엘을 미국이 중동에서 활용할 수 있는 강력한 군사력으로 간주하기 시작했다는 말씀이지요?

Chomsky 미국 정부의 입장에서 보면, 1967년 전쟁과 여기서 거둔 이스라엘의 엄청난 군사적 성공은 미국의 국가안보위원회를 비롯한 여러 전략기구들의 정보 기록에 나타난 미국의 초창기 판단들이 옳았다는 것을 입증했던 것입니다.[14] '극단적인 아랍민족주의', 즉 독립적인 아랍민족주의를 반대하는 '논리적 귀결'은 '중동지역에 남겨진 유일한 친 서방 강국으로서 이스라엘을 지지하는 것'이었습니다. 그리고 그렇게 함으로써 이 지역에서 미국의 파워를 유지하기 위한 가장 신뢰할 수 있는 기지를 확보하는 것이었죠. 나는 지금 미국과 중동 관계에서 매우 중요한 해였던 1958년에 작성된 국가기록에서 이 말을 인용하고 있는 겁니다.[15]

이스라엘은 1958년 영국군의 지원을 받은 이라크 정권이 전복된 이후 이라크의 민족주의 확산을 막기 위해 이 지역에서, 특히 레바논과 요르단에서 영국과 미국이 벌인 개입 전쟁에 참여한 유일한 국가였습니다. 이스라엘은 이들이 빠져나오도록 도움을 제공한 유일한 국가였어요. 이스라엘은 항공기의 영공 비행을 허용하는 등, 온갖 도움을 제공함으로써 동맹국으로서의 이스라엘의 역할에 대한 미국의 확신을 더욱 견고하게 해주었지요. 1948년으로 거슬러 올라가면, 미국의 합참의장은 "이스라엘이 이 지역에서 터키의 뒤를 이어 잠재적으로 가장 강력한 군사강국이 될 것"이라면서 이스라엘이 미국의 군사기지 역할을 할 수 있다고 지적한 바 있습니다.[16]

그러나 1967년은 이스라엘을 꼼짝 못하게 했어요. 가장 중요한 이유는 나세르가 파멸했기 때문입니다. 나세르는 세속적 아랍민족주의의 상징이자 그 중심이었어요. 미국 정부는 그가 대표하는 민족주의를 두려워했지요. 한편으로 나세르는 예멘에서 사우디아라비아와 대리전을 치르고 있었기 때문에 사우디의 토후들에게도 위험인물로 간주되고 있었어요. 사우디는 석유가 가장 많이 묻혀 있는 곳이기 때문에 중동에서 가장 소중하고 또 가장 오래된 미국의 동맹국이었습니다.

역사를 보면 미국은 가장 극단적인 근본주의 이슬람 세력을 지지하고 세속적 민족주의를 반대하는 경향을 보여왔습니다. 이를 간파한 이스라엘은 나세르를 파멸시키고 세속적 아랍민족주의의 위협을 파괴해버립니다. 미국은 아랍세계가 정권을 잡은 깡패 같은 자들에게 약간의 리베이트를 주면서 이 지역의 풍부한 석유자원을 서방의 부자들과 권력자들을 위해서가 아니라, 혹시라도 자국의 국민들을 위해 사용할까 봐 늘 염려하고 있었습니다. 그런데 이스라엘이 그런 염려를 제거해주었고, 그럼으로써 상황이 급변하여 미국과 이스라엘 간의 동맹이 굳건해졌던 것입니다.

이스라엘에 대한 미국의 지원이 급증했지요.

Chomsky 급증했습니다. 이스라엘에 대한 고학력 엘리트들의 태도도 근본적으로 바뀌었어요. 1970년의 이른바 검은 9월Black September* 중에 요르단 군이 팔레스타인 사람들을 학살하자 이스라엘은 시리아가

---

* 검은 9월: 제3차 중동전쟁 이후 1970년 미국이 주도하는 협상이 진행되면서 이집트와 요르단이 이에 가세하자 팔레스타인해방전선이 이에 항의하여 요르단을 기지로 항공기 납치 투쟁을 벌였다. 이에 후세인 요르단 국왕이 9월에 팔레스타인 사람들에 대한 대대적인 탄압을 전개함으로써 1971년 팔레스타인 사람들이 요르단을 대거 탈출하게 된 사건을 말한다(인터넷 자료).

이들을 보호한다는 명분으로 개입하는 것을 막기 위해 끼어들었습니다. 그러자 이스라엘에 대한 미국의 지원이 극적으로 증가했어요. 그와 더불어 다른 태도들도 바뀌었지요. 그때부터 홀로코스트에 대한 관심이 증폭했구요. 그 전에는, 그러니까 1940년대 말에는 아직 홀로코스트의 희생자들을 위해 실질적으로 무엇인가를 해줄 수 있었을 때인데도 아무것도 하지 않았습니다. 그런데 그런 상황이 1967년 이후 갑자기 바뀌게 된 것입니다. 지금은 전국에 홀로코스트 기념관이 세워졌고, 사회적으로는 가장 큰 이슈가 되었으며, 모든 곳에서 그에 대해 연구하고 추모하고 있습니다. 그러나 실제로 그것에 대해 무언가를 해줄 수 있었을 때는 아무것도 하지 않았지요.

다른 요인들도 있어요. 1967년에 무슨 일이 진행되고 있었는지를 기억할 필요가 있습니다. 무엇보다도 미국은 베트남에서 대규모 전쟁을 치르고 있었고, 베트남의 저항을 쉽게 저지할 수 없었어요. 나중에 지식인들은 자기들이 언제나 전쟁에 반대했다고 말합니다. 그러나 당시에는 그렇지 않았습니다. 나는 케네디 회고록을 비롯한 당시의 많은 기록들을 자세히 조사했어요.[17] 사람들이 말을 바꾸었더군요. 예를 들면, 아더 슐레진저Arthur Schlesinger는 1962년 케네디 정부의 상황을 거의 시간 단위로 기술하면서 베트남에 대해서는 아무 말도 하지 않았습니다.[18] 베트남 문제는 거의 논의되지 않았어요. 그런데 그는 나중 버전에서 역사를 재구성하면서 당시 베트남이 주요 이슈였다고 말을 바꾸었습니다.[19] 케네디는 베트남에서 철수하려고 애썼고, 그들은 그 문제를 논의했다는 것입니다. 모든 사람이 갑자기 오랫동안 전쟁에 반대해온 것처럼 되어버렸어요.

상황이 마치 지금의 이라크 전쟁과 비슷하게 돌아갔습니다. 이른바 전쟁 반대론자들은 전쟁 그 자체에 대해서가 아니라 미국의 실패에 대해 압도적으로 반대했습니다. 당시에 슐레진저는 베트남 전쟁에 대한 극우파 지지자였던 조셉 알소프Joseph Alsop를 비판하면서 "우리는 모두 알소프 씨가 옳기를 바랄 뿐 아니라 미국이 승리하기를 원한다. 미국이 승리한다면 우리는 베트남이 폐허와 잔해 속에 잿더미가 된다 하더라도 전쟁을 승리를 이끈 미국 정부의 지혜와 정치력에 경의를 표할 것이다.[20] 그러나 알소프의 기대는 아마도 너무 희망적이었던 것 같다. 그래서 우리는 전쟁에 반대해야 한다"고 말했습니다. 이런 것이 바로 당시에 회자되던 전쟁 반대 이유였습니다. 나중에 전쟁의 인기가 시들해지자 상황이 급변했던 것이지요.

좀 다른 이야기지만, 자유주의 지식인들의 이데올로기가 얼마나 바뀌지 않았는지는 금방 알 수 있습니다. 자유주의 지식인들은 "미국이 전력을 좀더 보강하면 이라크에서 승리할 것이라고 믿는 크리스톨 씨가 옳기만을 '기도하고 있으며', 그가 옳다면 기꺼이 '폐허와 잿더미 속에서' 허수아비 정권(그것을 미국은 자주독립국가라고 부릅니다)을 세우는 데서 보여준 부시 정권의 '지혜와 정치력'을 찬양할 것"입니다. 그러나 크리스톨은 너무 낙관적이었는지도 모르겠어요.

지금 우리는 마치 1967년과 같은 시대에 살고 있습니다. 지식인들은 슐레진저가 묘사했던 것처럼, 승리를 바라면서도 우리가 저들 작달막한 황인종 부랑아들을 깨부수지 못할까봐 염려합니다. 그럴 때 이스라엘이 등장해서 이들 제3세계 사람들을 어떻게 다루어야 하는지 보여주었던 것이지요. '무차별적으로 면상을 까 부셔라.' 이렇게 해서 이스라엘은 많은 점수를 땄어요. 사람들은 미국이 베트남전에서 이기려면 모세 다얀Moshe Dayan 장군을 베트남에 보내야한다는 농담까지 하게 되었지요.

게다가 미국 내부에서도 상황이 바뀌기 시작했어요. 이 시기를 오늘날 '수난의 시대'라고 부릅니다. 수난의 시대란 우리 사회가 문명화되기 시작한 시대를 의미합니다. 바로 이 시기에 여성운동과 학생운동이 시작되었어요. 학생들은 이제 단순히 시키는 대로만 움직이지 않았습니다. 마틴 루터 킹은 극빈자 운동을 조직했고, 수동적이고, 순종적이고, 복종적이었던 사람들도 자신들의 권리를 위해 봉기하기 시작했어요. 그것은 끔찍한 일이었지요. 상징적이긴 하지만, 이스라엘은 여기서도 그런 사람들을 어떻게 처리해야 하는지 보여주었어요. '면상을 까 부셔라.' 이것이 그들의 전략이었습니다.

얼마 안 있어 뉴욕에서 교사노동조합과 흑인사회 간의 충돌인 오션힐과 브라운즈빌 사건이 일어났어요. 교사노동조합은 거의 실질적으로 유태인들이었고, 아일랜드계 이민자나 그런 사람들과 마찬가지로 전 세대부터 스스로 노력해서 신분이 상승된 가난한 이민자 사회의 후예들이었어요. 그들은 관료사회에도 진출했고 좀더 나은 지위에도 올랐어요. 그런데 이제는 사회적 약자들도 이들이 30년 전에 했던 것처럼 신분상승을 위해 스스로의 학교를 운영하고, 스스로의 권리를 위해 싸우게 되었어요. 그렇게 해서 두 계층 사이에 충돌이 벌어졌구요. 교사노동조합에 가입한 나의 일부 친척들은 평생 공산주의자였는데, 이 충돌로 인해 어느 날 갑자기 극우보수반동주의자가 되었습니다. 여기서도 이스라엘은 본보기를 보여주었지요.

증오의 대상이 되던 신좌파를 쳐부수기 위한 무기로 이스라엘에 대한 지지 여부를 남용하는 일도 벌어졌습니다. 다니엘 베리건Daniel Barrigan과 일부 삐딱한 젊은 학생들은 이스라엘을 충분히 열정적으로 지지하지 않다는 이유로 비난을 받았습니다. 그들은 누가 보아도 가장 온건한 시온주의자였는데 말입니다. 그들의 이러한 온건한 입장은 적반하장으로 이들이 이스라엘을 파괴하려 하며, 이스라엘에 잔혹한 독재정권을 수립하려 한다는 비난을 초래하는 빌미를 제공했습니다. 이런 사람들이 부지기수로 많지만, 어빙 하우Irving Howe는 이런 비열한 공격을 하는 데 특히 민첩했어요. 나는 그 당시에 나온 이러한 공격들을 유심히 살펴보았어요. 이런 공격은 권력에 봉사하기 위한 그리고 때로는 과대망상으로 가득 찬, 흥미로운 위선의 기록들입니다만 지금까지는 드러나지 않고 잘 은폐되어 왔습니다.[21]

이런 사태 전개는 극적인 효과가 있어요. 그때 이후로 사람들은 이스라엘과 팔레스타인 간의 갈등에 대해 기가 막힐 정도로 왜곡된 이미지를 갖게 되었어요. 그것이 전미이스라엘공공위원회AIPAC 때문은 아니겠지만요. 이런 로비 단체들은 이 커다란 음모의 작은 부분에 불과하지요.

미어샤이머와 월트는 이스라엘의 로비에 관한 초점을 아주 좁혀놓았어요. 그들은 로비라는 것을 적절하게 정의했지만, 로비를 몇몇 유태인 단체들로 한정하는 편협한 정의를 사용했습니다. 그들은 수적으로 가장 많고, 정치적 영향력이 가장 강한 집단이 우익 기독교복음주의자들이라는 점을 지적했습니다. 이들 복음주의자들은 반유태주의자들임에 틀림없어요. 그런데도 이들은 이스라엘이 하는 일은 무엇이나 강력하게 지지합니다. 그것이 하나님의 뜻이기 때문이라면서 말입니다. 그러나 내 생각에는 미디어, 저널리스트, 학자들 그리고 사람들이 사물을 바라보는 인식의 틀과 같은 이른바 지식인 사회의 중요성이 지나치게 과소평가되고 있어요.

전미이스라엘공공위원회는 레이철 코리의 소행을 막지 않았습니다. 그들은 그렇게 하고 싶어도 미디어를 통제할 경제력을 가지고 있지 못했어요. 그들은 틀림없이 미국의 의회에 영향력을 행사하려 할 것입니다. 그러나 의회에 대한 그들의 영향력을 잘 살펴보면 대부분 상징적일 뿐이라는 사실을 알게 됩니다. 의회는 시행되지도 않을 것을 알면서 쉽게 지지를 받을 수 있는 결의안을 통과시킵니다. 예를 들면, 거의 연중행사처럼 의회는 미국대사관을 예루살렘으로 옮기자는 법안에 투표를 하곤 하지요.[22] 그들은 이런 일이 결코 실행에 옮겨지지 않으리라는 것을 잘 알고 있어요. 대사관 이전에 따른 여러 가지 결과들은 받아들일 수 없는 것이기 때문입니다. 그래도 의원들은 그 법안에 투표를 하면서 의사당 마룻바닥에서 결과를 공표하고, 이를 활용해서 정치자금을 모읍니다.

미어샤이머와 월트는 또 AIPAC을 포함한 친 이스라엘 로비가 미국의 국익에 해를 끼친다고 말합니다. '국익'이 의미하는 것이 무엇입니까? 국익이란 말은 '현실주의적 국제관계론'에 비추어보자면 의미를 알 수 없는 이상한 용어입니다. 미어샤이머와 월트의 사상적 기반을 형성하고 있는 현실주의 전통에 따르면 각 국가는 자신의 국익을 추구합니다. 국익이 무엇일까요? 내 생각에는 아담 스미스가 옳은 것 같습니다. 그는 '국익'이란 국가정책의 '핵심 입안자들'의 이익이라고 명쾌한 정의를 제시했어요.[23] 아담 스미스 시대의 국가정책 입안자들은 상인과 제조업자들이었어요. 오늘날에는 다국적기업과 그 무리들입니다. 그러나 현실주의적 국제관계론자들은 이 점을 거론하지 않아요. 그들은 대개 국내에서의 권력분산 문제를 도외시합니다.

아담 스미스의 시각으로 되돌아가면, 미국의 국가이익이 이스라엘에 대한 미국의 정책에 의해 손상되었다는 미어샤이머와 월트의 주장을 검증할 간단한 방법이 있습니다. 미어샤이머와 월트가 옳다면 나도 기쁠 것입니다. 그러면 내가 굳이 이런 글을 쓰고, 강연을 하고, 욕을 먹지 않아도 될 테니까요. 두 손을 내려놓고 지금 하고 있는 모든 일을 그만둘 것입니다. 나도 멋진 양복과 나비넥타이를 매고, 워런 버핏Warren Buffet과 저녁을 먹고, 록히드 마틴, 인텔, 엑손모빌과 같은 다국적 기업의 번쩍거리는 본사건물을 방문할 것입니다. 그리고 그들에게 차근차근 설명할 것입니다. 그들의 정치적 영향력과 경제력을 이용해서 단 30초면 문을 닫게 할 수 있는 로비단체들 때문에 그들이 실제로는 손해를 보고 있다고 말입니다.

이것이 미어샤이머와 월트의 논리로부터 끌어낼 수 있는 결론입니다. 그런데 아무도 그러한 전술을 추구하지 않습니다. 당연한 이유가 있지요. 아담 스미스가 옳기 때문입니다. 정책의 '핵심 입안자들'은 아주 잘 하고 있거든요. 예를 들면, 바로 어제도 엑손모빌은 지난해의 기록을 갈아치우며 역사상 어떠한 미국 회사보다 더 많은 순이익을 냈다고 발표했어요.[24] 물론 지난해의 기록도 자기들이 세운 기록입니다만. 록히드 마틴도 엄청난 수입을 올리고 있기는 마찬가지입니다. 워런 버핏은 이스라엘의 대규모 회사를 사들였습니다. 인텔 역시 이스라엘에 대규모 시설을 가지고 있지요.[25] 이러한 명단은 끝이 없을 정도로 길어요. 이 회사들은 모두 엄청난 이익을 내고 있어요. 로비단체들이 이들의 이익에 해를 끼쳤을 리가 없지요.

그러나 내 생각에는 이스라엘에 대한 미국의 정책이 결국 미국 국민과 미국의 미래 세대에게 해를 끼칠 것입니다. 그렇다고 해서 정책이 바뀔 리는 없겠지요.

한 가지를 분명히 하고 싶습니다. 미어샤이머와 월트가 이스라엘 로비의 영향력을 과소평가했다는 말씀인가요?

Chomsky 그들이 정의한 대로 하자면, 그들은 이스라엘 로비의 영향력을 심각하게 과소평가하고 있어요. 나는 그들의 정의를 받아들입니다. 우리가 로비라는 용어를 이스라엘이 하는 일, 즉 점령, 억압 등등을 뒷받침하기 위해 미국의 견해, 태도, 정책에 영향력을 가하려고 시도하는 것이라고 정의한다면, 이러한 정의는 역설적으로 이스라엘 로비의 영향력을 과소평가하는 셈입니다. 왜냐하면 이러한 정의는 아주 중요한 부분, 즉 우리가 매일 교수회관 같은 곳에서 만나는 사람들을 로비의 범주에서 빼놓고 있으니까요.

이 점에 관해서 한 가지 덧붙이겠습니다. 미국에서 '정책의 주요 입안자들'의 목표가 1967년 이후에는 이스라엘의 정책들과 매우 잘 맞아떨어졌기 때문에, 논리적으로 말하자면 이스라엘 로비집단인 AIPAC이나 다른 로비단체들의 영향력을 평가하기 위해서는 이스라엘과 미국의 이해관계가 서로 상충되는 경우를 살펴봐야 할 것입니다. 그렇다면 미국의 국가정책과 이스라엘의 국가정책은 어떤 곳에서 서로 상충될까요? 이스라엘 로비의 영향력을 알기 위해서는 바로 그런 경우들을 살펴봐야 할 것입니다. 양국의 정책들이 서로의 이익에 부응하는 경우들은 아무것도 말해주지 않습니다.

아주 흥미로운 사례가 있습니다. 바로 2년 전에 그런 일이 발생했어요. 이스라엘은 지금 여러 가지 면에서 일종의 미국 사회의 캐리커처 같습니다. 미국 사회의 많은 특성들이 이스라엘에서 받아들여지고 있고 과장되고 있어요. 이스라엘은 이제 고도로 군사화된 하이테크 사회입니다. 경제는 본질적으로 첨단무기의 수출을 기반으로 하고 있어요. 이스라엘은 시장이 필요한데, 그 주요 시장이 바로 중국입니다. 그러나 미국은 당연히 이스라엘이 최첨단 무기들을 중국에 판매하는 것을 원하지 않습니다. 그런 이유로 이 문제를 두고 양국 사이에 심각한 갈등관계가 되풀이되어 왔어요. 매번 이스라엘은 꼬리를 내렸고 로비단체들은 입을 다물었죠.

미국과 이스라엘의 이해관계가 부딪혔던 또다른 주요 사건은 2005년에 일어났어요. 이스라엘은 중국에 팔아먹은 최첨단 대공미사일을 수리하고자 했어요.[26] 이스라엘 정부는 이 문제에 관해서는 미국의 압력을 받아들이지 않겠다고 고집했습니다. 이 문제는 아주 중요했어요. 이스라엘은 독립된 주권국가니까요. 그러나 부시 정부는 이스라엘에게 무기 수리를 중지할 것을 명령했고, 이것이 지켜지지 않자 공개적으로 이스라엘에게 굴욕감을 주기로 했어요. 미국은 이스라엘의 고위급 군 장성들이 미국을 방문하는 것을 거절했어요. 이스라엘 군 장성들의 미국 측 상대자들은 그들과의 대화를 거부했죠. 미국은 이스라엘에게 책임자 한 명을 해임시킬 것과 미국에 공개적으로 사과할 것을 강요했습니다. 미국은 한 마디로 이스라엘을 진흙탕 속으로 끌고 다녔어요.

물론 이스라엘은 동의할 수밖에 없었지요. 그들이 달리 어떻게 할 수 있었겠어요? 이스라엘은 미국의 체면을 구길 수 없었어요.

특히 흥미로운 대목은 로비단체의 반응이었습니다. 한번 찾아볼까요? 미국에서는 이들의 반응이 거의 보도되지 않았습니다. 로비단체들이 모두 침묵을 지켰어요. 미어샤이머와 월트가 정의한 로비 집단들도 그랬고, 다른 지식인 사회도 마찬가지였어요. 그들이 모두 입을 다문 이유는 그들도 미국이라는 권력과 맞서는 바보짓을 하고 싶지 않았기 때문이지요. 권력자들과 함께 갈 수 있다면 그건 괜찮아요. 그땐 거칠게 나갈 수도 있고 과감하게 속내를 드러낼 수도 있어요. 그러나 진짜 권력과 맞서게 되면 그때는 꼬리를 내려야 합니다. 이런 일이 벌어진 것이 물론 이번이 처음은 아닙니다. 이른바 팰콘 테크놀로지Phalcon technology와 관련해서 클린턴 정부와도 이런 충돌이 있었어요.[27] 과거에는 이런 충돌이 자주 되풀이되었지요.

특히 우리의 주목을 끄는 충돌이 1993년에 일어났는데, 당시에 이스라엘은 북한과 거의 조약체결 직전까지 간 적이 있어요. 북한이 중동국가들에게 미사일 수출을 중지하는 대신 그 보상으로 이스라엘이 북한과 외교관계를 수립하고 원조를 제공한다는 내용이었지요.[28] 북한과의 조약 체결은 이스라엘의 안보에 매우 중요한 의미를 가지는 것이었습니다. 그러나 클린턴 정부가 이것을 막고 나섰어요. 이 때도 이스라엘 로비단체들은 모두 침묵을 지켰지요. 이것이 바로 이스라엘의 이익이 미국의 국익과 심각하게 충돌할 때 벌어지는 전형적인 패턴입니다. 충돌이 생기면, 누가 이기는지는 아주 분명하지요. 물론 놀랄 일은 아닙니다.

언급해서는 안 될 '로드맵'이라는 판도라 상자

지미 카터 전 대통령의 새 책《팔레스타인: 격리가 아니라 평화Palestine : Peace Not Apartheid》가 출간되었습니다.²⁹《네이션Nation》에 실린 이 책의 서평에서 헨리 지그만Henry Siegman은 다음과 같이 지적합니다. "역대 이스라엘 정부의 정책들에 대해 미국에서 볼 수 있는 것보다 훨씬 더 비판적인 기사들이 거의 매일 모든 이스라엘 신문 및 여타 매체에 게재된다는 사실에 비춰보면, 카터의 새 책이나 그의 책 제목에 의해 야기된 논란은 조금도 역설적이라고 할 수 없다. 이스라엘에 적대적인 사설이나 논평을 쓰는 것은 미국의 주요 신문들에서는 결코 허용되지 않을 것이다."³⁰ 그 점에 대해 지그만은 정확하게 말한 것인가요?

Chomsky 내 생각에는 그가 의도적으로 상황을 과장하고 있는 것 같군요. 매일은 아닙니다. 물론 기본적인 요점은 정확히 맞습니다. 카터가 쓴 책 제목의 '격리apartheid'라는 단어를 봅시다. 이 용어는 사람들을 흥분시킵니다.《보스턴 글로브》의 편집자들도 이 점을 격렬하게 비난했어요.³¹ 그런데 이 용어를《하아레츠Ha'aretz》같은 이스라엘 신문의 사설에서는 아주 정기적으로 볼 수 있어요. 이스라엘의 주요 인권단체인 브첼렘B'Tselem에 관한 보도에서나 주요 분석가들의 논평에서 말입니다. 미국에서만 볼 수 없을 뿐, 이스라엘에서는 이런 용어를 쉽게 볼 수 있어요. 메론 벤베니스티Meron Benvenisti와 같은 사람들은 이 용어를 수년 동안 사용해왔습니다. 정확히 카터가 설명하려던 것에 대해 설명할 때 사용되었고, 이스라엘의 점령지에서 벌어지고 있는 일들

이스라엘은 침공의 구실을 만들기 위해
PLO의 공격행위를 유도했습니다.
팔레스타인과 이스라엘 간에 휴전협정이 맺어지자
팔레스타인 사람들은 이를 준수했어요.
그런데 이스라엘은 그러지 않았어요.
이스라엘은 계속해서 폭격을 퍼붓고 공격을 감행했어요.

을 기술할 때 사용되어왔단 말입니다.

그런데 이스라엘 점령지에 대해서만 말하는 것은 사태를 오히려 축소시키는 것입니다. 이스라엘 안에서도 무시하지 못할 정도로 격리가 일어나고 있기 때문이지요. 이러한 주제는 물론 건드릴 수 없는 금기사항입니다. 그러나 그는 카터가 그랬던 것처럼 논의의 범위를 점령지로 한정함으로써 상황을 과소평가했습니다.

카터의 책은 일부 오류가 없는 것은 아니지만, 비교적 적습니다. 가장 심각한 오류는 1982년에 있었던 이스라엘의 레바논 침공이 국경을 침범한 팔레스타인해방기구PLO의 공격에 대한 방어라는 정설을 무비판적으로 받아들이고 있다는 점입니다.[32] 이스라엘이 저지른 가장 참혹한 학살인 이 침공으로 인해 1만 1000명 내지 2만 명이 목숨을 잃었고 레바논의 많은 지역이 폐허로 변했습니다. 카터의 인식은 미국에서 받아들여지는 표준적인 설이지만 그것은 완전한 날조입니다. 사실을 정확하게 말하면 이스라엘은 침공의 구실을 만들기 위해 PLO의 공격 행위를 유도했습니다. 팔레스타인과 이스라엘 간에 휴전협정이 맺어지자 팔레스타인 사람들은 이를 준수했어요. 그런데 이스라엘은 그러지 않았어요. 이스라엘은 계속해서 폭격을 퍼붓고 공격을 감행했어요. 그들은 더이상 폭격 구실을 끄집어낼 수 없게 되자 또다른 이유를 만들어내면서 폭격을 계속했습니다.

그 당시 이스라엘 언론은 이 점에 대해 솔직했어요. 침공이 이루어진 몇 주 후, 이스라엘의 주요 일간지인 《하아레츠》는 팔레스타인에 관한 저명한 전문가이자 매우 보수적인 학자인 예호수아 포라트Yehoshua Porath의 글을 실었습니다. 그는 침공 이유가 외교적 해결과

협상을 하자는 팔레스타인의 제안이 실로 당혹스러운 것이었기 때문이라고 지적했어요. 그가 말한 것처럼 그러한 제안은 이스라엘에게는 '확실한 재앙'이었어요.[33] 이스라엘은 팔레스타인의 주도권을 막기 위해서는 PLO를 파괴시키고 그들이 다시 테러에 몰두하도록 극단으로 몰아가야 할 필요가 있었던 것입니다. PLO의 테러에 대해서 이스라엘은 전혀 개의치 않습니다. 협상과 외교적 해결을 하자는 요청이 오히려 진짜 위협이 되는 것이지요. 이스라엘의 주요 신문에서 포라트는 이스라엘의 침공을 요르단 강 서안지구를 위한 전쟁이라고 공개적으로 지적했습니다. 이스라엘의 최고위층 정치인들과 군 고위인사들도 그것을 그런 식으로 기술했습니다. 그런데 여기 미국에서 이스라엘에 비판적인 것으로 간주되는 책이 출간돼 말도 안 되는 선전선동을 되풀이하고 있어요. 친 이스라엘 인사인 토마스 프리드먼이 이렇게 썼다면 놀랍지 않지만 카터가 그렇게 썼다는 것은 흥미롭습니다.

그런데 카터에 대한 히스테릭한 비난으로 인해 그의 책에서 가장 중요한 부분이 누락되고 있어요. 내 생각에 그는 주류 사회에서 과거에는 오로지 반정부 인사들 사이에서만 논의되던 것을 공개적으로 거론한 첫 번째 사람입니다. 즉 미국과 이스라엘이 미국, 유럽연합, 러시아, 유엔의 4개국이 제시한 '로드맵'을 실질적으로 거부했다는 사실을 공개적으로 거론한 것입니다. 이스라엘은 그 로드맵을 받아들였지만, 결과적으로 그 로드맵의 알맹이를 모두 빼버린 14가지 '유보조항'을 은밀히 조건으로 내걸었어요. 부시 정부가 이를 뒷받침했음은 물론이지요. 카터는 이 점을 지적하면서, 그 14가지 유보조항을 자신의 책 부록에 첨부했습니다.[34] 이것은 매우 중요합니다. 4개국이 제시했던 로드맵은 미국정책의 핵심으로 간주되었고, 미디어가 호칭했듯이 부시의 '비전'이었습니다.[35] 그러나 현실적으로 미국과 이스라엘의 정책은, 팔레스타인 사람들이 자유선거에서 (미국이 원하지 않는) 잘못된 선택을 한 데 대해 호되게 처벌을 받도록 함으로써 유권자들의 선택을 받은 하마스가 이스라엘이 제시한 세 가지 조건을 받아들이도록 해야 한다는 것이었습니다. 그 세 가지 조건이란 "하마스는 이스라엘을 인정해야 하고, (좀 터무니없는 말이긴 하지만) 이스라엘의 '존재할 권리'라는 추상적인 개념을 인정해야 하며 폭력을 포기해야 한다. 그리고 다른 조약들과 더불어 앞에서 말한 4개국의 로드맵을 받아들여야 한다"는 것입니다.

그러나 미국과 이스라엘은 이 모든 것을 거부했어요. 물론 그들은 팔레스타인을 인정하지도 않았고, 폭력을 포기하지도 않았습니다. 그들은 실질적으로 그 로드맵과 함께 다른 조약들도 모두 거부했어요. 이런 문제는 이른바 언급해서는 안 될 금기사항에 드는 것입니다. 내 생각에는 바로 이런 이유 때문에 카터 책에서 가장 중요한 부분이 언급되지 않는 것 같습니다.

● ● ●

조류독감은 지금 본질적으로 통제를 벗어났어요. 그것이 퍼져서 일단 인간을 전염시키게 되면, 과학자들은 그럴 가능성이 충분하다고 합니다만, 일단 그렇게 되면 조류독감은 급속도로 퍼지게 될 것이고 수백만 명을 심각한 위험에 빠뜨릴 것입니다. 그렇게 되지 않도록 하기 위해서는 상당한 준비가 필요합니다. 그런데 결코 충분한 대비가 이루어지지 않고 있습니다.

PART 07
지구가 직면한 위협

• 2007년 3월 1일, 매사추세츠 주 캠임브리지에서

지구의 생존을 위협하는 '최고' 경영자들

지구가 직면한 위협들에 관한 이야기로 시작해봅시다. 2월 2일 유엔은 "지구온난화가 진행되고 있고 그것은 '거의 틀림없이' 인간 활동이 초래한 결과라는 데 대해 '확고한 입장'이다"라는 내용의 보고서를 제출했습니다. 보고서는 1995년 이후 지금까지의 12년 중 11년이, 폭넓게 기온을 측정해온 1850년 이래 가장 더웠던 12년 중 11년에 해당한다고 밝혔습니다.[1]

Chomsky 그것이 한 가지 위협입니다. 지구온난화의 효과가 이미 나오기 시작했지만, 우리는 그것을 완화시키고, 거기에 적응하고, 그에 대비할 수 있습니다. 지구온난화의 재앙은 그렇게 시급하지 않습니다. 그러나 핵무기의 경우에는 재앙이 언제나 긴급하고 파멸의 가능성이 점증하고 있어요. 《불리틴 오브 어타믹 사이언티스트Bulletin of the Atomic Scientists》는 최근에 지구 종말을 알리는 시계를 수분 전에서 '자정 5분 전'으로 이동시켰습니다.[2] 조지 슐츠George Shultz나 헨리 키신저와 같은 보수주의자들까지도 핵 위협이 심각하고 점점 더 악화되고 있다고 경고하고 있어요.[3] 핵 위협은 부분적으로 핵의 확산에 기인합니다. 그리고 핵 확산의 원인은 대부분이 미국에 있어요. 미국의 호전적이고, 공격적인 군국주의가 핵 확산을 조장하는 것입니다.

실제로 이 점에 대해서는 오늘자 《뉴욕타임스》 첫 면에서도 나왔어요.[4] 정부 당국자들은 약간 회피적이긴 하지만 자신들이 이라크에 관한 정보를 '잘못 읽은' 그 순간에 북한에 대한 정보도 '잘못 읽었다'는 점을 인정했습니다. 사실 이들은 위기를 더 악화시켰고, 북한으로 하여금 플루토늄 폭탄과 미사일을 개발하도록 했어요. 핵 확산은 문제입니다만, 그것이 부시 정부의 공격적인 군국주의로 인해서 더 조장되고 있다는 데 더 큰 문제가 있습니다. 이보다 훨씬 심각한 문제는 아직도 많은 핵무기들이 강대국들의 손아귀에 쥐어져 있다는 점입니다. 이 지역에서 일어나고 있는 일들은 대개 미국이 초래한 결과이기도 합니다.

세 번째로 심각한 문제가 또 있는데, 그것도 역시 매우 긴박한 것입니다. 조류독감은 지금 본질적으로 통제를 벗어났어요. 그것이 퍼져서 일단 인간을 전염시키게 되면, 과학자들은 그럴 가능성이 충분하다고 합니다만, 일단 그렇게 되면 조류독감은 급속도로 퍼지게 될 것이고 수백만 명을 심각한 위험에 빠뜨릴 것입니다.[5] 그렇게 되지 않도록 하기 위해서는 상당한 준비가 필요합니다. 우선은 백신을 개발하는 등의 조치가 필요하고 병원, 의사, 의약품 개발 등 조류독감을 막기 위한 인프라도 갖추어야 합니다. 새들은 어디로든 날아다닙니다. 그렇기 때문에 통제가 쉽지 않아요. 극도로 심각할 수도 있단 말입니다. 약 20년 전에 지구온난화 문제처럼 결코 충분한 대비가 이루어지지 않고 있거든요. 전문가들을 제외하고는 논의조차 안 되고 있죠. 그래도 지구온난화 문제는 지금 공개된 논의의 장에 올라와 있지 않습니까. 부시 정부조차도(그것에 대해 아무런 조치도 취하지 않는 것이 문제이긴 하지만) 적어도 그것을 부정하지는 않습니다.

또다른 이슈는 '전 지구적으로 마실 물을 얻을 수 있는가.' 하는 것입니다.

지구온난화의 효과가 이미 나오기 시작했지만,
우리는 그것을 완화시키고, 거기에 적응하고,
그에 대비할 수 있습니다. 지구온난화의 재앙은
그렇게 시급하지 않습니다.
그러나 핵무기의 경우에는 재앙이 언제나 긴급하고
파멸의 가능성이 점증하고 있어요.

Chomsky   그것은 정말로 심각한 문제입니다. 대개 가난한 사람들과 억압받는 사람들이 물 부족의 고통을 극심하게 겪게 됩니다. 이미 그런 일이 벌어지고 있습니다. 지구온난화로 인해 예상되는 효과들 중 하나는 산악지역, 빙하지역 등에서 빙하가 녹는다는 것입니다. 그 결과로 많은 지역이 가령 파키스탄과 같은 경작 가능한 지역들이 사막화되어가고 있어요.[6] 사막화는 이제 사하라까지 확대되고 있습니다.[7] 여기 미국에서도 사막화의 영향을 볼 수 있을 정도입니다. 심지어는 부유한 선진산업국가에서도 물 관리가 너무나 안 되고 있어요. 엄청난 양의 물이 새고 있고 비효율적으로 관리되고 있습니다.

현재 전 세계의 수백만 명이 마실 물을 얻지 못하고 있습니다. 어쩌면 그 수가 수억 명에 이를지도 모릅니다.[8] 물 부족 문제는 점점 더 심각해지고 있습니다. 물 부족 문제와 관련해 세계은행은 몇 가지 연구를 수행하기도 했어요.[9]

우리가 논의하고 있는 이슈들은 각 개별국가들이 사안 하나 하나를 다루는 것보다 전 세계적인 관리체계를 필요로 하는 것 같습니다.

Chomsky   그렇습니다. 이런 문제는 국가 간 협력을 필요로 합니다. 그러나 세계정부를 기대할 수는 없을 것입니다. 미국을 포함한 강대국들이 그들의 주권을 포기할 리가 없기 때문이지요.

그들이 공멸의 위협에 처해도 말입니까?

Chomsky 미국만 고려해봅시다. 전 지구적 관리체계의 성공여부는 '미국이 제대로 기능하는 민주주의 사회가 될 수 있느냐'에 달려 있습니다. 국민들은 지배층의 소멸을 받아들일지 모르지만 그들이 나라를 운영하는 것은 아닙니다. 이 문제에 관해서는 여론과 공공정책 사이에 엄청난 차이가 있습니다. 내가 아는 한, 어떠한 여론조사기관도 이 문제를 당신처럼 제기한 적이 없어요. 오랫동안 국민 대다수는 전 지구적 문제와 안보 문제들을 다루는 유엔의 정책들을 전폭적으로 지지해왔습니다. 또 미국이 유엔 안전보장이사회의 거부권을 포기하고 전체의 뜻을 따를 것을 지지해왔습니다.[10] 그러나 엘리트 집단과 정치권 사이에서는 이에 대한 속삭임조차 찾아볼 수 없습니다.

그럼에도 불구하고 장기적인 생존의 관점에서 지배 엘리트들도 그들 자신의 생존문제를 염려해야 하지 않을까요?

Chomsky 그들은 근시안적 관점밖에 가지고 있지 않습니다. 지구온난화는 일어나지 않는다면서 그에 대한 대책을 세우지 않고 있는 부시 정부나 엑손모빌의 관리들에게도 아이들이 있을 겁니다. 그 아이들은 생존해야 합니다. 그러나 이런 사실이 정책 결정에 있어서는 아무런 요인도 되지 못하지요.

엑손모빌은 실제로 지구온난화를 막기 위해 수백만 달러를 써왔습니다다만.

Chomsky   아닙니다. 사실은 정 반대로 지구온난화에 대한 과학이론들의 결점을 보여주기 위한 연구를 뒷받침하기 위해 돈을 써왔어요.[11] 그들도 손자손녀들이 있던가요? 최고경영자들 말입니다. 물론이지요. 문제는 그들이 나쁜 사람들이어서가 아니라 집단에서의 그들의 역할, 그들의 법적 의무가 단기적인 이익을 내고 단기적인 시장지배력을 강화하도록 강제한다는 것입니다.

그럼에도 불구하고 그들도 자신의 회사를 보존하는 데 대한 걱정은 있으리라고 생각됩니다.

Chomsky   자동차 회사들을 보십시오. 미국에서의 자동차 산업은 지금 쇠퇴하고 있습니다. 어쩌면 완전히 폐쇄의 길로 가고 있는지도 모르겠어요. 그들도 수십 년 전부터 사태를 정확하게 파악하고 있었지만 그에 대한 대비를 할 수 없었습니다. 단기적 이익과 시장지배에만 관심이 있었기 때문입니다. 덩치가 크고 동력이 많이 필요한 무거운 자동차들은 에너지 위기, 오염, 교통체증 등으로 인해 경쟁력이 없어지리라는 점을 그들도 잘 알고 있었지만, 그들은 단기적인 이익에만 집중했어요. 장기적으로 결국 그들은 시장으로부터 밀려나게 될 겁니다. 그들은 1980년대에 이미 업계에서 밀려날 수도 있었어요. 제2차 세계대전 이후 역사상 가장 강력한 보호무역주의자였던 레이건이 실질적으로 보호무역 조치들을 두 배로 강화해 자동차, 철강, 기타 산업으로 하여금 엄청난 경영실패를 상쇄하도록 하고, 훨씬 더 뛰어난 일본의 경쟁력에 맞설 수 있도록 기회를 주지 않았더라면 말입니다.

영국의 경우를 볼까요. 영국은 비록 규모면에서 비교가 될 수 없지만 미국에 앞선 가장 강력한 무역국가였습니다. 영국은 19세기 말엽에 자유무역을 옹호했습니다. 그때는 산업화 면에서 다른 어떤 국가보다도 훨씬 앞섰기 때문에 영국의 제조업자들은 앞으로도 자기들이 경쟁에서 이길 수 있다고 생각했어요. 그들은 잠깐 동안이긴 하지만 선택적으로 경쟁 분야를 제어하는 기쁨을 맛보았습니다. 그러나 그것도 상당한 제약을 통해서 가능했습니다. 예를 들면, 영국은 강력한 보호무역조치로 인도라는 시장을 유지했어요. 그런데 1920년대에 일본이 경쟁력을 갖추게 되자 영국 산업계는 경쟁에서 이길 수 없었습니다. 결국 1932년에 일본의 수출 공세로부터 대영제국의 시장을 폐쇄하게 됩니다. 부분적으로는 이것이 태평양에서 벌어진 제2차 세계대전의 배경이 되기도 합니다. 사실은 전쟁 발발의 강력한 배경이 된 것이지요. 이런 일이 벌어질 수도 있다는 점을 미리 알 수 있었을 겁니다. 그러나 미리 생각한다는 것은 권력의 핵심들, 정치가들, 기업의 총수들의 특성이 아닙니다. 그들은 단기적인 이익만 추구하는 사람들이기 때문입니다.

우리는 이런 일을 지금도 눈앞에서 볼 수 있어요. 이라크 전쟁을 봅시다. 이라크 전쟁은 테러와 핵 확산을 증대시키리라는 '기대' 속에 시작되었고 실제로 그런 일이 벌어졌어요. 예상했던 것보다는 훨씬 더 큰 규모로 그렇게 되긴 했지만요. 피터 버겐Peter Bergen을 비롯한 세계적인 테러문제 전문가들에 의해 수행된 새로운 연구에 따르면, 이른바 그들이 '이라크 효과'라고 부른 것, 즉 테러에 끼친 이라크 전쟁의 여파는 '지하드에 의한 테러공격의 연간 발생비율을 일곱 배나 증가'시컸고, 이런 테러공격은 특히 이라크 침공의 목표가 된 지역과 사람들에게로 집중되었으며, 침공으로 인해 '문자 그대로 수백 건의 테러 공격이 뒤따랐으며 수천 명의 민간인들이 목숨을 잃는' 결과를 초래했습니다.[12] 이건 엄청난 증가입니다. 버겐의 이 중요한 보고서는 랜드연구소Rand Corporation*의 데이터베이스를 이용한 것으로 장기간에 걸친 면밀한 조사보고서입니다.[13] 물론 주류 언론에서는 이 보고서에 관한 보도를 전혀 찾아볼 수 없었어요.

이런 단기적인 사고방식은 이란의 경우에서도 볼 수 있습니다. 부시 정부가 이란을 침공할 계획인지 어떤지는 알 수 없습니다만, 국내 정치에서 단기적인 이득을 보기 위해 그리고 국민들의 관심을 이라크의 실패로부터 잠시나마 돌리기 위해 전쟁 기획가들은 이란을 침공하려는 계획에 빠져들지도 모릅니다. 그렇게 된다면 그 결과는 아마도 상상을 초월할 것입니다.

북한의 경우를 볼까요. 몇 주 전에 북한은 핵 프로그램을 완전히 폐기하고 그 반대급부로 에너지를 공급받는 잠정적인 조약에 거의 합의했습니다.[14] 그런데 이에 대한 미국 내에서의 설명은 북한이 드디어 꼬리를 내렸고 마침내 국제적 고립을 벗어나기 위해 협상에 나서기로 합의했다는 식이었어요. 실제로 벌어진 일은 아주 다릅니다. 이름이 거론된 사람들을 포함해서 이 문제를 추적해온 사람이라면 누구나 금방

---

* 랜드연구소: 1948년에 설립된 랜드연구소는 미국의 대표적인 정치, 외교, 군사정책 연구소이자 세계적인 싱크탱크다. 비영리 민간연구소로서 연구소 주도의 리서치뿐 아니라 공공, 기업을 대상으로 리서치서비스를 제공하고 있다. 외교, 정치, 국방, 교육, 에너지, 교통 등 사회 여러 분야의 공공정책을 다루고 있다. 연구소 산하 대학원에서는 싱크탱크 전문가들을 양성하고 있다(인터넷 자료).

알 수 있어요. 2005년 9월에 북한이 핵무기 프로그램을 완전히 폐기하자 그 보상으로 미국은 적대적 제스처와 위협을 끝내고 경수로 발전소를 공급하며, 북한과의 관계를 정상화한다는 내용을 포함하는 매우 광범위한 합의서를 만들었어요. 이런 내용은 이미 수년 전에 약속된 사항이었어요.[15] 이런 합의안이 실현되었다면 북한의 미사일 발사 실험도 없었을 것이고, 지금처럼 핵전쟁의 위험을 안고 있는 북한과 미국 사이의 충돌 위기도 없었을 것입니다.

그러면 2005년 9월에 무슨 일이 벌어졌던 것일까요? 합의안이 만들어지고 나서 며칠 후에 미국은 은행들로 하여금 북한의 자금을 동결시켜서 북한을 고립시키도록 했어요. 미국은 이러한 고립화 전략을 통해 경수로 발전소 건설을 위한 컨소시엄도 결과적으로 폐기시켰지요. 이유는 북한이 은행을 이용해서 불법 자금을 이체하고 위조화폐를 유통한다는 것이었습니다.[16] 글쎄 그랬을지도 모르지요. 그러나 신문에 난 작은 기사를 보면, 가령 오늘자 《뉴욕타임스》를 자세히 보면 여기에 관련된 주 은행인 방코델타아시아Banco Delta Asia가 "북한이 그런 행위를 했다는 증거가 없다"고 말한 기사를 볼 수 있어요.[17] 또 폭넓게 신뢰를 받는 독일의 보수신문 《프랑크푸르트 알게마이너 차이퉁Frankfurter Allgemeine Zeitung》도 몇 달 전에 북한의 소행이라고 거론된 위조달러가 실은 미국의 중앙정보국에 의해 자행되었다는 소문이 있다고 보도했어요.[18] 누가 알 수 있겠어요? 그것이 무엇이든 간에 북한에 대한 이러한 적대적 행위들은 결국 합의안을 약화시키고 북한으로 하여금 적대적인 반응을 보이게 만들어 위기를 증폭시켰습니다. 이제 북한은 미국이 2005년 9월에 망친 합의안 수준으로 다시 후퇴했습니다.

이런 문제들은 결코 예측 불가능한 사안들이 아닙니다. 누군가를 협박하면 그들이 방어수단을 강구하게 되는 것은 자명한 일이지요.

또다른 예로 중국을 볼까요. 중국은 최근에 자신들의 군사적 능력을 과시하면서 그들 자신의 위성공격시스템 하나를 격추시켰어요.[19] 그러자 엄청난 난리가 났지요. "중국이 냉전적 대결을 시작했다, 중국이 가장 큰 위협이다." 등등 말입니다. 이 모든 것들은 전적으로 예상할 수 있는 것입니다. 이런 일이 일어날 것이라고 나는 수년 전에 경고했습니다. 그것은 내가 남다른 혜안이 있어서가 아닙니다. 주요 전략 분석가들의 글을 인용했을 뿐입니다. 이 점에 관해서는 《헤게모니냐 생존이냐》를 읽어보시면 됩니다.[20]

내가 인용한 것은 랜드연구소의 보고서들과 고위급 군 인사들의 말이었는데, 이들은 모두 이 명백한 사실, 즉 다른 국가들은 미국이 '미사일 방어체계'라고 부르는 것을 선제공격용 무기로 간주한다는 사실을 말해주었습니다. 미사일 방패는 결코 선제공격을 막을 수 없습니다. 아마도 보복 공격을 방어할 수는 있을 것입니다. 성능이 뛰어난 미사일 방어체계를 가진다면 그리고 적국이 그것을 능가하는 무기를 가지고 있지 못하다면 적국은 우리의 방어용 미사일 체계를 선제공격용 무기로 이해할 것입니다. 우리는 그들을 공격할 수 있는데 그들은 보복을 할 수 없게 되는 셈이니까요.

물론 적국들은 어떻게든 미사일 방어체계를 뚫을 방안을 찾으려고 하겠지요. 이런 목적을 달성하는 한 가지 방법은, 몇 년 전에 이미 예측된 것입니다만, 미국의 위성체계를 파괴하는 것입니다. 이렇게 하는 것이 미사일을 격추시키는 것보다 훨씬 더 쉽습니다. 중국의 위성

테스트는 그들이 이러한 방안을 추구하고 있다는 것을 보여준 것이지요. 러시아 대통령 블라디미르 푸틴Vladimir Putin은 동유럽에 미사일 공격체계가 배치되는 것에 반대했습니다. 이를 두고 서방세계가 "푸틴이 다시금 냉전시대를 초래하고 있다"고 비난하는 것도 이런 이유 때문입니다.[21]

그가 뮌헨에서 한 연설이 문제가 되는 것이지요.

Chomsky 그가 한 말을 잘 살펴보면 그렇게 문제가 되지도 않습니다. 그의 연설 톤이 마음에 들지 않을 수는 있겠지만 그가 인용한 사실들은 정확합니다. 그럴 만한 배경이 있어요. 러시아는 정말로 안보문제가 있습니다. 그들은 지난 세기에 독일이라는 한 국가에 의해서만 두 번이나 전면적으로 파괴되었어요. 그런데 1990년에 미하일 고르바초프Mikhail Gorbachev는 나토NATO*의 군사동맹 이내에서 독일의 통일을 허용하는 엄청난 양보를 했어요.[22] 그렇게 해서 지난 세기 러시아를 두 번씩이나 완전히 파괴했던 나라가 거대한 적대적 군사동맹체의 일부로 편입되는 일이 벌어진 것입니다. 그리고 그 적대적 군사 동맹체는

---

* 북대서양조약기구: 북대서양조약에 의한 지역적 군사기구. 약칭 NATO. 1949년 4월 조인되었으며, 같은 해 8월 발효된 북대서양조약에 따라 결성되었다. 제2차 세계대전 이후 미국과 소련의 냉전이 격화되는 가운데 1948년 영국, 프랑스, 벨기에, 네덜란드, 룩셈부르크 등 서유럽 5개 나라는 미국의 뜻에 따라 경제적·사회적·문화적 협력과 집단적 자위를 위한 조약을 맺었다. 1952년에는 그리스와 터키가 1955년에는 독일(서독)이 1982년에는 스페인이 가입하였으며, 냉전 종식 후 1999년 3월에는 폴란드, 체코, 헝가리 등 동유럽 3개국이, 2004년는 3월에 라트비아, 리투아니아, 루마니아, 불가리아, 슬로바키아, 슬로베니아, 에스토니아 등 동유럽 7개국이 가입하여 2005년 현재 26개 나라가 가입되어 있다.

당연히 러시아를 겨냥하고 있구요.

고르바초프로서는 믿을 수 없는 제스처를 취한 것이지만 거기에는 아무런 응분의 보상도 없었어요. 아버지 부시 정부는 나토가 동유럽 쪽으로 확대되지 않을 것이라고 맹세하는 것밖에 하지 않았어요. 그것은 정말 남는 장사였지요. 그런데 클린턴은 집권하자마자 그 약속을 깨버렸습니다. 그는 나토를 동유럽으로 확대했어요.[23] 이제 미국은 미사일 공격체계를 동유럽에 배치할 계획을 세우고 있습니다. 동유럽에 배치될 미사일 공격체계가 이란의 미사일들을 막아줄 것이라고 주장하면서 말입니다.[24] 곰곰이 생각해보십시오. 이란이 유럽을 파괴할 핵무기와 핵미사일을 가지고 있다고 가정해봅시다. 이란이 도대체 어떤 조건에서 그것들을 사용할 수 있겠습니까? 유럽을 선제공격하기 위해서요? 이란은 자살행위를 시도하지 않고서야 결코 그런 짓을 할 수 없을 것입니다. 혹시라도 이란이 자국의 미사일로 유럽을 겨냥한다면, 그럴 가능성은 거의 없지만, 그것은 미국의 공격을 방어하기 위한 억제력으로서 뿐입니다.

러시아는 미사일 공격체계를 자신들에 대한 선제공격용 무기로 간주할 이유가 충분합니다. 러시아가 캐나다에 미사일 공격체계를 배치했다고 가정해봅시다. 그러면 미국이 그것을 환영할까요? 아마 전쟁이 날 것입니다. 당연히 미국은 그것을 미국에 대한 선제공격으로 간주할 테니까요. 러시아도 마찬가지고 양쪽의 분석가들도 마찬가지입니다. 그럼에도 불구하고 미국은 동유럽에 미사일 공격체계를 배치하려고 함으로써 그들을 파멸시키겠다는 위협을 증대시키고 있어요.

중국은 수년 동안 유엔에서 우주를 평화적 목적으로 사용하자는 조약을 수립하기 위해 선두에 서서 노력해왔습니다.[25] 그런데 미국은 일방적으로 그러한 노력을 저지시켜왔어요. 이런 방해공작은 우연히도 클린턴 정부까지 거슬러 올라가는데, 부시 정부에 와서 더 강화되었어요. 부시 정부는 우주에서의 군비경쟁 가능성을 훨씬 높였고, 그 결과 우발적 파괴의 위험성을 극도로 증폭시켰어요. 미국 정부는 이에 아랑곳 않고 계속해서 제 갈 길을 가고 있습니다. 위험성을 알긴 하지만 그것에 대해 아무런 신경도 쓰지 않고 있어요.

전통적인 미디어의 후퇴와 새로운 미디어의 등장

미디어 세계에서 벌어지고 있는 문제들에 대해 말씀해주십시오. 전통적인 인쇄 매체인 신문과 잡지들은 독자들을 잃고 있는데 비해 웹 사이트는 지네트ZNet에서부터 커먼 드림스Common Dreams와 카운터펀치CounterPunch, 올터넷AlterNet에 이르기까지 엄청나게 성장하고 있습니다. 미디어에서는 어떤 변화들이 일어나고 있습니까?

Chomsky 내 생각에 미디어는 온라인 출판, 온라인 광고 등과 더불어 이러한 환경에 적응할 것으로 보입니다. 당신이 말한 대로 인터넷은 정보뿐 아니라 폭넓은 다양한 견해들을 얻을 수 있는 기회를 제공합니다. 그것은 참으로 좋은 일이지요. 그러나 부정적인 측면도 있습니다. 정보가 너무나 많이 흘러넘친다는 점입니다. 그러다 보니 정보를 선택할 수 있을 만큼 세상에 대한 충분한 이해력을 가지고 있지 못한 사람들이 그러한 정보를 아무렇게나 해석해버려서 완전히 누에고치처럼 편협한 망상 속으로 빠져들게 됩니다. 모든 곳에서 이런 일들이 일어나고 있어요.

인터넷은 본질적으로 광신자들을 양산할 수 있는 시스템이 장착되어 있습니다. 예를 들면, 내가 블로그가 있어서, 실제로는 없습니다만, 어떤 사건에 대해 다소 새롭고 의심의 여지가 많은 나름대로의 해석을 올려놓는다고 칩시다. 아무런 예나 들어볼까요? 가령 부시 정부가 보스턴의 상수도에 독극물을 풀어넣으려 한다는 이야기를 블로그에 올리기라도 하면 다음날 누군가가 이렇게 말합니다. "맞아요. 그러나 실제로는 당신이 생각하는 것보다 사태가 훨씬 심각합니다"라고요. 얼마 안 있어 블로그에는 일단의 광신적인 사람들이 몰려들어 부시 정부가 전 세계의 상수도에 독약을 풀어넣으려 한다는 식으로 이야기를 발전시킵니다. 인터넷에서는 이런 식의 광신적 군중 행위가 일어나기 쉽습니다. 인터넷에서의 이런 군중 행동은 다른 종교적 광신자들과 마찬가지로 아무런 증거나 논리가 없어도 누에고치처럼 오로지 자가발전에 의해 증폭됩니다.

인터넷을 검색하는 사람들에게 어떤 충고를 하시겠습니까?

Chomsky 인터넷 검색은 말하자면 생물학자가 모든 생물학 저널을 읽는 것과 같습니다. 그런 식으로는 아무것도 배울 수 없어요. 진정한 과학자라면 그렇게 하지 않습니다. 읽어야 할 문헌은 방대합니다. 문헌들 속에 함몰될 수가 있어요. 유능한 과학자란 자신이 어떤 정보를 구

인터넷에서는 광신적 군중 행위가
일어나기 쉽습니다.
인터넷에서의 이런 군중 행동은
다른 종교적 광신자들과 마찬가지로 아무런
증거나 논리가 없어도
누에고치처럼 오로지 자가발전에 의해 증폭됩니다.

해야 하는지를 아는 사람입니다. 그가 접하게 되는 수많은 정보들 속에서 필요한 것만을 최소한으로 보는 사람 말입니다. 의식 있는 신문 독자도 마찬가지입니다. 그것이 인쇄물로 되어있든 인터넷에 올라와 있든 구해야 할 정보가 무엇인지를 아는 것이지요. 그렇게 하기 위해서는 역사에 대한 지식, 배경에 대한 이해, 세상을 해석하고 걸러주는 장치로서의 미디어가 어떻게 작동하는지를 파악하는 인식능력 등이 필요합니다. 그러면 무엇을 찾아야 할지 알게 되지요. 인터넷도 마찬가지입니다.

미래의 아카이브 즉 문서저장은 어떻게 되리라고 생각하십니까? 모든 것이 전자 자료화를 향해 움직이고 있는 것 같습니다. 전자 자료는 안전한 것일까요?

Chomsky   자료가 안전하기를 원합니까?

역사가들은 그렇지 않을까요?

Chomsky   그렇지 않습니다. 당신이 역사가라면 자료가 공개되기를 바라겠지요. 비밀이 해제된 정부문서 기록들을 면밀히 조사해보면, 내 생각에 당신이 발견하게 되는 것은 문서를 다루는 사람들이 주로 보안에 신경을 쓴다는 것입니다. 그런데 그 보안이라는 것이 대개 정부가 자기 국민들로부터 정보를 안전하게 지키는 것이지요. 정부는 자기들이 어떤 일을 꾸미는지 국민들이 아는 것을 싫어합니다.

가령 지금의 상황을 봅시다. 우리는 정부가 이란 문제와 관련해서 어떤 계획을 가지고 있는지 알기 위해 백악관의 서류들을 보고 싶어 합니다. 그러나 정부는 그런 것들을 언제나 비밀에 부칩니다. 그들이 그런 정보를 이란에게 비밀로 하고 있습니까, 아니면 미국 국민들에게 비밀로 하고 있습니까? 미국 국민의 75퍼센트는 미국이 이란에 대한 위협을 포기하고 외교적 해결책을 추구하기를 원하고 있습니다.[26] 정부문서가 공개되면 우리는 정부가 지금까지 그것을 자국 국민들에게만 비밀로 하고 있었다는 사실을 알게 될 것입니다.

사태가 어떻게 돌아가는지 이란은 이미 알고 있어요. 미국의 기획가들이 미국 국민들에게는 공개하지 않은 정보를 이란 정보요원들의 귀에 흘려주기 때문입니다. 부시 정부가 100대의 첨단 제트폭격기를 이스라엘에 넘겨주면서 했던 것과 똑같이 말입니다. 미국 정부는 그 폭격기들이 이란을 폭격할 능력을 갖추었다는 점을 군 전문지에 광고했는데, 그것은 미국의 일반 국민이 아니라 이란 정보기관에 정보를 흘리기 위한 것이었어요.[27] 미국에서는 그런 정보가 출판도 되지 않습니다. 지금이라도 그런 아카이브를 볼 수 있다면 좋겠지만 그렇지 못하지요.

그러니까 당신은 미래의 아카이브가 전자형태로 저장되는 데 대해서는 그렇게 염려하지 않는군요.

Chomsky 무엇이든 문제가 될 수 있겠지요. 그러나 전반적으로 나는 자료의 전자화는 좋은 일이라고 생각합니다. 사실 연구자들에게는 아카이브를 전자형태로 가질 수 있다는 것이 축복이기도 합니다. 내 자신의 경험을 말해볼까요. 나는 《미국의 대외관계Foreign Relations of the United States》라는 잡지를 수십 권씩 구매하곤 했어요. 너무 많아서 지하 창고에 넣어두었습니다만. 그것들을 장시간 살펴봐야 얼마 안 되는 원하는 정보를 찾을 수 있게 됩니다. 자료의 5퍼센트도 안 되는 것을 찾기 위해서 말입니다. 지금은 이 잡지가 전자로 되어 있어서 언제라도 찾고자 하는 것을 아주 빨리 찾아낼 수 있지요.

최근에 독립 미디어, 때로는 대안 미디어라 불리는 형식의 미디어가 두드러지게 성장했습니다. 예를 들면 에이미 굿맨Amy Goodman의 '데모크라시 나우Democracy Now'는 500개 이상의 라디오 및 텔레비전 방송국에서 나오고 있습니다.

Chomsky 콜로라도 주의 보울더Boulder에서도 어떤 사람이 많은 청취자를 상대로 대안 방송을 하고 있다는 이야기를 들었습니다.

그건 미처 몰랐는데요, 하여튼 미국 전역에 지역 라디오방송이 있습니다.

Chomsky 전국은 아니겠지만 많은 곳에 있는 것은 사실입니다. 내가 살고 있는 보스턴에는 특이할 정도로 오랫동안 지역 라디오방송이 없었어요. 지금도 많다고는 할 수 없지만요. 나는 전국을 자주 여행합니다. 체계적으로 조사해본 것은 아니지만 지역 라디오방송을 가진 곳에서는 사람들이 좀더 잘 조직되고, 활동적이며, 참여적일 뿐 아니라 함께 일한다는 것이 내가 받은 인상입니다. 라디오방송이 일종의 센터 역할을 함으로써 활동가들이 상호 연대를 취하고 협동적으로 활동하는 것입니다.

보스턴에도 시민운동이 상당한 수준입니다. 그러나 그 운동은 극도로 개별화되고 분열되어 있습니다. 이 단체는 몇 마일 떨어진 곳의 다른 단체가 무슨 일을 하는지 알지 못합니다. 중앙 관제소와 같은 것이 있다면 이러한 문제들이 극복될 수 있을 텐데 말입니다.

지역 라디오방송은 그러한 기능을 충분히 수행할 수 있습니다. '데모크라시 나우'나 당신이 운영하는 '대안 라디오Alternative Radio'의 프로그램에서 얻는 많은 중요한 정보들을 제공하는 것은 말할 것도 없이 말입니다.

"강제 징집이나 경제적 몰락이 없다면 사람들은 만족스럽고 안락해서 굳이 권력에 맞서 싸우지 않을 것"이라는 주장은 거의 상투적이 되어버렸습니다. 이러한 주장을 받아들이시는지요?

Chomsky 내 생각으로는 그런 주장을 뒷받침하는 증거라는 것이 미약하기 짝이 없습니다. 강제징집 논란은 베트남전 당시 엘리트들이 강력하게 전쟁을 반대하지 않았던 것에 비해 일반 국민들이 왜 그렇게 강력하게 전쟁을 반대했는지를 설명하기 위해 전쟁 지지자들이 만들어낸 핑계였어요. 그들은 이렇게 말합니다. "사람들은 자기들이 징집될까봐 두려워서 베트남전을 반대한다." 이런 주장을 뒷받침하는 증거는 아주 제한적입니다.

사실상 1969년에 약 70퍼센트의 일반 국민은 베트남전을 '실수'가 아니라 '근본적으로 잘못되고 비도덕적인' 전쟁으로 간주했습니다.[28] 그들은 "아이들의 징집이 두려워서 전쟁에 반대한다"라고 하지 않았습니다. 나는 그런 주장들이 국가폭력을 옹호하는 사람들이 날조한 거짓말이라고 생각합니다.

경제적 몰락에 대해서는 어떻게 생각하십니까?

Chomsky 그것도 마찬가지입니다. 1960년대에 경제가 몰락했습니까? 당시에는 시민권 운동, 의료보장 등 국민적 압력의 결과로 여러 가지 사회보장 프로그램들이 입법화되지 않았습니까? 반전운동은 경제적 몰락의 결과가 아니었어요. 오히려 당시는 경제발전의 최정상이었습니다.

1980년대를 볼까요. 국민 다수에게 1970년대 이후부터 1980년대까지는 아주 암울한 시기였습니다. 실질소득은 정체하거나 감소했어요. 그럼에도 불구하고 1980년대에 경제적 붕괴는 없었습니다. 1980년대는 엄청난 시민운동의 시기였습니다. 예를 들면, 라틴아메리카의 연대운동은 수백 년에 걸친 서구 제국주의시대 이후에 나타난 새로운 운동으로 1980년대부터 발전했습니다. 페미니즘 운동도 경제적 붕괴의 여파로 생겨난 것이 아닙니다. 1990년대에 전 세계적으로 벌어진 사법정의 운동, 이 운동은 아주 중요한 것입니다만, 이 운동 역시 짧았던 경제 호황기에 일어났어요. 경제적 몰락과 시민운동이 상호 관련이 있다고 생각해서는 안 됩니다.

지하드 그룹을 단결시킨 부시

1980년대에 당신은 에드워드 허먼Edward Herman과 함께 《여론조작 Manufacturing Consent》을 출간했습니다.[29] 물론 그 당시에 소련은 미국의 제1의 적이었지요. 지금 그 책을 개정하신다면 미국의 헤게모니를 위한 조직원리로서 알 카에다를 포함시키시겠습니까?

Chomsky 사실 우리는 이미 그 책을 개정했습니다. 2002년에 두 번째 개정판을 출간했어요. 본문을 바꾸지는 않았지만 서문을 다시 썼어요. 몇 가지 문제에 대해서는 자아비판적 주석도 포함시켰지요.[30] 예를 들면, 새 책에서는 우리의 시각을 결정하는 요인들 중 하나로 '반공주의'를 제시했습니다.[31] 반공주의는 그 자체로는 너무 편협한 개념입니다. 지금은 그 역할을 알 카에다가 하고 있다고 할까요? 그것은 막연한 '이슬람 테러리즘'의 위협으로, 사실은 역설적이지만 우리 스스로가 그것을 조장하고 있습니다. 우리는 지하드 테러리즘을 교사하면서 그것을 구실로 막무가내식 전쟁을 벌이고 있습니다.

지하드의 테러리즘에 관해서는 아주 흥미로운 연구가 나와 있어요. 내가 알고 있는 가장 중요한 저서는 파와즈 죠르주Fawaz Gerges의 것입니다. 그는 원래 레바논 사람이지만 지금은 사라 로렌스 칼리지에서 가르치고 있어요. 그는 인터뷰를 하고 관련 문헌을 찾아보는 등 지하드 운동에 관해 굉장히 광범위한 조사를 했습니다.[32] 지하드 운동은 내가 아는 한 가장 신뢰할 만하고 폭넓은 활용 가능한 운동입니다. 그는 몇 가지 흥미로운 발견을 했습니다. 예를 들면, 9.11 이후에 성직자를 비롯한 지하드의 지도자들이 오사마 빈 라덴을 통렬하게 비난하면서 그로부터 자신들을 분리시키고자 했습니다. 9.11은 완전히 잘못된 것이었고 비이슬람적인 것이었습니다. 원칙적으로 그들은 모든 것이 잘못되었고 전술상으로도 잘못을 저질렀어요. 그러나 부시 정부는 자신의 공격성, 군국주의, 폭력 등으로 다양한 지하드 그룹들이 다시금 단결하는 데 도움을 주었어요. 여러 지하드 단체들이 다시 모였습니다.

죠르주는 미국이 그러한 기회를 잘 활용해서 극단적인 이슬람 강경파, 가령 오사마 빈 라덴과 같은 강경파들을 온건파 지하드로부터 고립시켰어야 했다고 말합니다. 그렇게 했더라면 세상은 좀더 평화롭게 되었을지도 모릅니다.

그러니까 당신은 빈 라덴, 알 카에다, 지하드 일반을 구분하고 있군요.

Chomsky 지금까지 밝혀진 바로는 이슬람 알 카에다라고 간주되는 집단이 일부에서 '네트워크들의 네트워크'라고 부르는 집단입니다. 이 집단은 다소 느슨하게 연계된 운동단체들의 네트워크로서 어느 정도 독자적으로 행동합니다. 다만 일종의 신비주의 지도자인 빈 라덴에 의해 영감을 받았던 것으로 보이며 서로 유사한 목적을 가지고 있는 집단입니다.[33]

한편, 이들 네트워크들의 네트워크는 부시 정부의 조치들로 더욱 더 연대를 강화하고 있어요. 그렇기 때문에 수년 동안 오사마 빈 라덴을 추적해온 미 중앙정보국 관리인 마이클 소여Michael Scheuer가 부시를 빈 라덴의 '유일하게 뗄 수 없는 동맹자'라고 묘사하는 것입니다.[34]

부시 정부는 자신의 공격성, 군국주의, 폭력 등으로
다양한 지하드 그룹들이 다시금 단결하는 데
도움을 주었어요.
여러 지하드 단체들이 다시 모였습니다.

이런 표현이 궤를 벗어난 낯선 것은 아닙니다. 사실들이 그것을 뒷받침해주기 때문입니다.

새뮤얼 헌팅턴Samuel Huntington의《문명의 충돌》이란 아이디어에 대해서는 어떻게 생각하십니까? 그는 이렇게 말했더군요. "이슬람의 국경선은 피로 물들어 있고 그 내부도 마찬가지다."[35]

Chomsky   역사를 보면 알 수 있듯이 그런 말은 헛소리에 지나지 않습니다. 기독교는 수세기 동안 훨씬 더 폭력적이었어요. 사실 인류 역사상 가장 야만적인 문명 중 하나였지요. 헌팅턴이 그 책을 쓸 당시에 일어난 사건들에 대해 기술한 내용을 실제 사실들은 압도적으로 반박하고 있어요. 아주 압도적으로요.

그가 책을 쓸 당시에는 중동에서 가장 오래되고 가장 중요한 미국의 동맹국이 사우디아라비아였어요. 그건 지금도 변함이 없습니다. 사우디아라비아가 많은 석유를 가지고 있기 때문이지요. 사우디는 세계에서도 가장 극단적인 근본주의 회교국가입니다. 미국은 수년 동안 세속적 회교민족주의에 대한 지렛대로 극단적 이슬람근본주의를 지원해오고 있었던 것입니다. 다시 말하면 세계에서 가장 극단적인 근본주의 독재국가가 바로 미국의 주요 동맹국이라는 것이지요.

인구가 가장 많은 이슬람 국가는 인도네시아입니다. 1965년까지 미국은 인도네시아에 대해 매우 적대적이었습니다. 인도네시아가 자주적인 길을 가고 있었기 때문입니다. 그러나 수하르토Suharto가 미국의 지원으로 쿠데타를 일으켜 수십만 명의 농민들을 학살하고, 유일한 대중정치조직을 파괴하며, 자기 나라를 서방의 착취 아래 갖다 바치자, 인도네시아가 갑자기 미국의 친구가 되었던 것입니다. 수하르토는 그 후 피비린내 나는 공포정치가 끝장날 때까지(클린턴 정부가 그를 부를 때 사용했던 말처럼) '우리 쪽 사람'이었고, 세계적으로도 가장 사악한 독재자였습니다.[36]

레이건 정부 시절 미국의 대사였던 폴 울포위츠는 민주주의의 위대한 수호자로 자처했지만 인권단체와 민주주의 행동가들에 의해 격하게 비난받았습니다. 그가 매 순간마다 인도네시아 민주주의의 진전을 훼손시켰기 때문이지요. 이렇게 해서 세계에서 가장 큰 이슬람 국가도 미국의 세계체제 안에서 자신의 역할을 충실히 이행하는 환영받는 동맹국이 되었습니다.

카톨릭교회를 볼까요. 앞에서도 논의한 것처럼 1980년대 있었던 중앙아메리카에서의 미국의 전쟁은 대부분 카톨릭교회를 상대로 한 것이었습니다. 헌팅턴이 말하는 문명의 충돌은 도대체 어디에 있는 것입니까?

헌팅턴이 예견했던 것에는 일말의 진실도 있기는 합니다. 문명의 충돌을 필사적으로 유발시키려는 사람들이 있어요. 그들 중 두드러진 두 사람이 바로 오사마 빈 라덴과 조지 부시입니다. 그러니까 문명의 충돌이 일어날 수도 있지요.

조지 오웰의 《1984》를 보면 다음과 같은 구절이 나옵니다. "프롤레타리아가 강력한 정치적 견해를 가지는 것은 바람직하지 않았다. 그들에게 요구되는 것은 그저 더 긴 노동시간과 적은 배급을 받아들이도록 필요할 때마다 호소할 수 있는 원초적 애국심뿐이었다. 그들에게 불만이 생기더라도, 사실 때로는 그러기도 했는데, 그럴 경우에도 그들의 불만은 아무런 소용이 없었다. 사태를 파악하는 전체적인 인식개념이 없기 때문에 그들은 특정한 불만에만 주목할 수 있을 뿐이었다. 거대 악은 언제나처럼 그들의 인식을 벗어났다."[37]

Chomsky 오웰은 잔혹하고 사악한 전체주의 국가에 대해 말하고 있습니다. 우리가 그런 종류의 사회에 살고 있는 것은 아닙니다. 그런 지옥 같은 국가를 만들어내려고 갖은 노력이 이루어지고 있긴 하지만, 그런 음모에 저항하고 그런 기도를 극복하는 것은 오웰이 기술하고 있는 그런 종류의 사회에서보다 훨씬 더 용이해졌어요. 어쨌든 우리가 살고 있는 지금의 사회는 비교적 자유로운 사회이기 때문입니다. 국가는 국민을 강제할 힘을 거의 가지고 있지 못합니다.

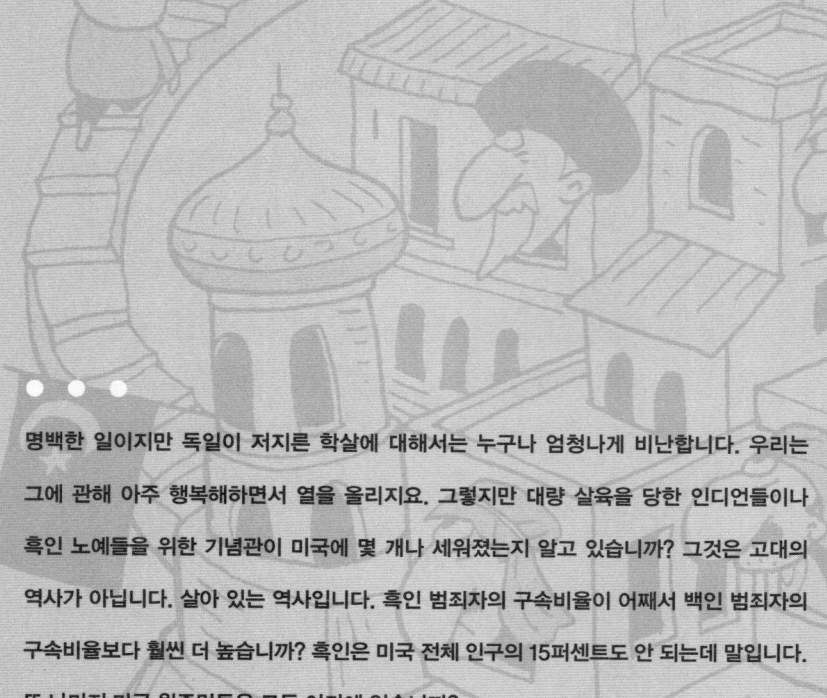

● ● ●
명백한 일이지만 독일이 저지른 학살에 대해서는 누구나 엄청나게 비난합니다. 우리는 그에 관해 아주 행복해하면서 열을 올리지요. 그렇지만 대량 살육을 당한 인디언들이나 흑인 노예들을 위한 기념관이 미국에 몇 개나 세워졌는지 알고 있습니까? 그것은 고대의 역사가 아닙니다. 살아 있는 역사입니다. 흑인 범죄자의 구속비율이 어째서 백인 범죄자의 구속비율보다 훨씬 더 높습니까? 흑인은 미국 전체 인구의 15퍼센트도 안 되는데 말입니다. 또 나머지 미국 원주민들은 모두 어디에 있습니까?

무엇을 할 것인가

• 2007년 3월 12일, 매사추세츠 주 렉싱턴에서

우리는 한다면 한다

이 책의 제목이 《What We Say Goes》(원제목의 의미: 우리는 한다면 한다-편집자주)입니다. 이 말은 언제 누가 한 말입니까? 그리고 그런 사례도 있을까요?

Chomsky 이 말은 원래 조지 부시 1세가 1991년 2월에 한 말입니다.[1] 첫 번째 걸프전이 끝나갈 무렵, 그는 미국이 "새로운 세계질서"를 확립하고자 하며 이 새로운 세계질서의 주요 원칙은 "우리는 한다면 한다"는 것이라고 자랑스럽게 말했어요.[2]

예를 들어볼까요? 미국이 기대했던 대로 잘 풀려나간 것은 아니지만 두 번째 이라크 침공, 즉 이번의 이라크 침공을 봅시다. 아들 부시, 콜린 파월 그리고 다른 고위 관리들은 유엔에게 이라크를 침공하려는 미국의 계획을 받아들이지 않을 거라면 (그들이 한 말을 곧이곧대로 옮기자면) 그냥 "아무 관계없는" 제3자로서 물러서 있으라고 분명하게 말했어요.[3] 미국의 유엔 대사인 존 볼턴John Bolton은 더욱 뻔뻔스럽게도 "유엔은 없다"고까지 말했죠.[4] 유엔이 모른 척하고 가만히 있으면 미국과 같이 가는 것이고, 그렇지 않다고 해도 미국은 유엔을 깨끗이 무시하겠다는 것이지요.

미국의 이라크 침공은 물론 압도적인 국제적 반대를 무릅쓰고 실천에 옮겨졌어요. 국제적 여론조사도 실시되었습니다. 이스라엘과 인도를 제외하고는 전쟁에 대한 지지는 어디에서도 찾아볼 수 없었습니다. 유럽에서도 전쟁에 찬성하는 사람이 10퍼센트를 넘지 않았어요.[5] 그렇지만 미국은 한다면 하는 나라입니다. 미국이 전쟁을 하고 싶다면 미국은 합니다.

아들 부시 대에 이르러 미국의 입장은 더욱 더 극단적이 되었어요. 특별히 이상할 것도 없습니다. 압도적인 군사력, 비교가 안 될 정도의 안보, 거대한 경제적 기반 등 이 세상 어디에도 경쟁자가 없는 초강대국이니까요. 미국은 냉전 시대에도 똑같은 태도를 견지했어요. 물론 지금처럼 극단적인 형태는 아니었지요. 그 당시에는 소련과 중국의 억지력이라는 위협요인이 있었기 때문입니다.

'한다면 한다'는 새로운 세계질서를 극명하게 보여준 예는 베트남전입니다. 오늘날 사람들이 계속해서 제기하는 사례이기도 하지만 잘못 해석하는 사례이기도 합니다. 베트남전의 주요 역점은 남베트남을 대상으로 이루어졌어요. 북베트남 공격은 개봉관 상영이 아니라 짜투리 시간을 이용한 일종의 동시상영과 같은 것이었습니다. 그런데도 대부분의 평화운동을 포함해서 베트남전에 대한 항의와 염려는 거의 전적으로 북베트남에 대한 것이었습니다.

미 국방성의 계획을 보면, 지금은 비밀이 해제되어 공개된 국방성 서류를 통해 자세히 알 수 있게 되었습니다만, 북베트남에 대한 폭격은 아주 자세하게 수립되었어요. 어디를 폭격하고, 어디를 폭격해서는 안 되며, 또 언제 폭격할 것인가를 자세히 지시하고 있죠. 그런데 남베트남 폭격에 대해서는 거의 아무런 지시도 없어요. 그렇지만 남베트남 폭격은 1965년에 이르자 규모면에서 북베트남 폭격의 거의 세 배에 이르게 됩니다. 로버트 맥나마라의 회고록을 보면, 그는 북베트남 폭격을 위한 계획들을 아주 자세히 거론합니다. 그러나 그는 베트남 전쟁

아들 부시, 콜린 파월 그리고 다른 고위 관리들은
유엔에게 이라크를 침공하려는
미국의 계획을 받아들이지 않을 거라면
(그들이 한 말을 곧이곧대로 옮기자면) 그냥
"아무 관계없는" 제3자로서 물러서 있으라고
분명하게 말했어요.

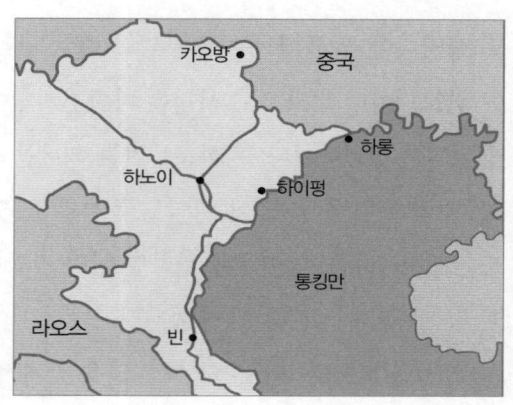

북베트남의 하노이와 하이펑

의 주요 결정사항들 중 어떤 것은 언급조차 하지 않습니다. 예를 들면 1965년 1월 하순에 남베트남 폭격을 강화하기 위해 제트 폭격기를 사용하기로 한 것과 같은 중대한 결정은 거론하지 않고 있어요.[6]

왜 그럴까요? 남베트남에서 미국은 뭐든지 할 수 있었기 때문이지요. 미국으로서는 비용도 들지 않고 국제적 반대도 없으니까 원하는 대로 할 수 있었어요. 이와는 대조적으로 북베트남에서는 문제가 아주 위험하기 짝이 없었습니다. 하노이에는 외국 대사관들이 그리고 하이펑 항구에는 러시아 선박들이 있었거든요. 미군은 우연히도 베트남 북부를 통과하도록 가설된 중국 철로를 폭격했어요. 이러한 폭격 행위는 당연히 세계인의 눈에 금방 드러났지요.

북베트남군도 무시할 수 없는 방어력을 가지고 있었습니다. 그들은 소련제 대공포도 가지고 있었는데, 미국은 북베트남에 있는 소련제 무기야말로 베트남 내정에 대한 소련의 '간섭'이라고 주장했습니다. 하여튼 미국은 마음 놓고 북베트남을 폭격할 수 없었어요. 그러니까 북베트남에서는 '미국이 한다면 한다'는 말이 그렇게 딱 들어맞지 않았던 셈입니다. 남쪽에서는 물론 말 그대로 되었지만요.

　캄보디아나 라오스도 사정은 마찬가지였어요. 이 나라들은 완전히 방어력이 없었습니다. 평화운동가들 외에는 아무도 신경 쓰지 않았어요. 미국은 마음 놓고 이 지역을 폭격할 수 있었지요. 다시 말해 위협도, 위험도 없는 한 미국은 한다면 했던 것입니다. 미국에 비용이 들지만 않는다면 미국은 한다면 합니다.

　1990년대 초반에 부시가 이런 말을 공개적으로 했을 때만 하더라도 미국은 어떤 짓을 해도 아무런 비용도 들지 않을 것처럼 보였어요. 여세를 몰아 미국은 파나마를 침공해서 슬럼가에 사는 가난한 사람들 수천 명을 살육하고, 유엔 안전보장이사회 결의안들에 대해 거부권을 행사했습니다.[7] 그러나 미국의 소행에 대해 아무도 이의제기를 할 수 없었어요. 미국은 한다면 하니까요.

수년 동안 당신은 '인권탄압'과 이른바 '미국의 지원'이라는 것 사이에는 밀접한 관련이 있다고 지적해왔습니다. 그러한 패턴이 지금도 계속되고 있습니까?

Chomsky　공적이 돌아가야 할 곳에 공적을 돌려주자면 이러한 지적은 원래 에드워드 허먼의 것입니다. 그는 이러한 관찰을 우리의 공저인 《인권의 정치경제학The Political Economy of Human Rights》에 포함시켰고 그의 다른 글에서 자세하게 밝혔습니다.[8] 당신도 알다시피 그는 경제학자입니다. 그는 미국의 원조와 독재자들의 고문 사이의 관계를 매우 세심하게 조사해서 상당히 극적인 상관관계를 발견했습니다.

이러한 상관관계는 다른 사람들도 주목했습니다. 라틴아메리카 인권 문제에 관한 선도적인 전문가들 중 하나인, 어쩌면 가장 권위 있는 학자인 노스캐롤라이나 대학의 라스 슐츠Lars Shoultz 교수는 1981년에 쓴 글에서 미국의 지원이 "국민들을 고문하는 라틴아메리카 정부들"과 "남미의 끔찍한 인권 탄압범들"에게 압도적으로 많이 흘러들어가고 있다고 밝혔습니다.[9] 여기에는 군사원조도 포함되는데, 이러한 원조가 인권을 내세웠던 카터 정부 시절까지 계속되어 왔어요. 레이건 시절에도 그랬는지는 굳이 조사해볼 필요도 없다고 생각합니다. 그 문제는 말 안 해도 너무나 분명하니까요. 이런 상태가 오늘까지도 계속되고 있습니다. 콜롬비아는 클린턴 시대 내내 미국의 원조를 가장 많이 받은 국가였는데, 놀랍게도 콜롬비아는 라틴아메리카에서 최악의 인권탄압 기록을 가지고 있습니다.[10] 이것 하나만 보더라도 미국의 원조와 인권유린 사이의 상관관계를 쉽게 알 수 있을 것입니다.

그런데 미국의 원조를 가장 많이 받는 이스라엘과 이집트는, 대부분이 군사원조입니다만, 별도의 범주에 포함시켜야 합니다. 이집트에 대한 미국의 원조는 이스라엘의 약 절반에 해당합니다. 이렇게 두 나라가 미국으로부터 많은 원조를 받게 된 것은 1979년에 있었던 캠프데이비드협정Camp David Agreements*의 결과입니다. 이집트에 대한 원조는 기본적으로 이스라엘에 대한 원조입니다. 이집트로 하여금 이스라

---

* 캠프데이비드협정: 1978년 9월 미국, 이집트, 이스라엘이 중동평화를 위해 체결한 협정. 이집트·이스라엘의 단독 평화교섭이 벽에 부딪히자 이를 타개하기 위하여, 카터 미국 대통령이 메릴랜드 주에 있는 대통령 전용별장인 캠프데이비드에 사다트 이집트 대통령과 베긴 이스라엘 수상을 초청해 회담을 가진 뒤 타결을 이끌어냈다.

엘과 잘 지내도록 하려는 속셈이니까요. 이스라엘과 이집트에 대한 미국의 원조는 다른 국가들과는 비교할 수 없을 정도로 대규모여서 별도의 범주에 넣어야 합니다. 그 외의 국가들 중에서 미국의 원조를 가장 많이 받은 국가는 전형적으로 최악의 인권침해 국가들 중 하나입니다.

예를 들면 파키스탄이거나 터키겠군요.

Chomsky 1980년대 후반에는 엘살바도르였습니다. 그러다가 터키로 바뀌었지요. 1990년대에 터키가 클린턴의 지원을 받아 쿠르드족에 대한 대량 학살을 저질렀던 기간에 미국 원조의 최대 수혜국이 터키로 바뀐 것이지요. 그리고 1999년이 되자 내 생각에는 터키가 콜롬비아로 대치되었어요. 그 이유는 아주 명백하지만, 터키가 학살만행에 저항하는 모든 세력을 압살하는 데 성공함으로써 미국의 군사적 원조를 그렇게 많이 필요로 하지 않았기 때문입니다. 반면 콜롬비아는 악랄하고 폭력적인 반정부 군사작전을 수행 중이었거든요.

콜롬비아의 인권유린은 미국 언론에서 '마약전쟁'이란 이상한 이름으로 불립니다. 이 전쟁은 미국에서의 마약 사용을 줄이는 것과는 아무런 관련이 없을 뿐 아니라 마약을 줄이는 데도 아무런 효과가 없었습니다. 이 사실은 이미 널리 알려져 있어요. 이 전쟁은 기본적으로 캄페시노campesino들, 즉 아프리카계 콜롬비아인들, 원주민들을 대상으로 한 것입니다. 다시 말해 그들의 작물을 파괴하고 이 사람들을 농토로부터 쫓아내 도시 슬럼가로 밀어넣으면서 많은 살상을 초래한 화학무기 전쟁입니다.

콜롬비아는 세계에서 가장 큰 규모의 이주민 인구를 가진 국가일 것입니다.[11] 콜롬비아 정부는 매우 효과적으로 농민들을 몰아내고 그 지역을 광산, 수력발전소, 수출용 기업농, 목장, 광물 추출용 부지로 전환하고 있습니다. 이렇게 함으로써 정부는 한때 세계에서 가장 풍부한 생물다양성을 자랑하던 지역을 파괴해버렸습니다.

그곳을 직접 방문하셨지요?

Chomsky 그곳의 가난한 농부들로부터 몇 시간에 걸쳐 증언을 들었습니다. 그들의 삶은 파괴되었고, 농토는 초토화되었으며, 아이들은 죽어가고 있었습니다. 그들은 삶의 터전으로부터 쫓겨났어요. 그곳에서는 끔찍한 화학전이 벌어지고 있었어요. 화학전의 결과로 마약물질인 코카인은 파괴되었지요.

정부의 연구보고서는 마약 사용을 줄이기 위한 비용 대비 효과 면에서 가장 뛰어난 방법은 예방과 치유라고 밝히고 있습니다.[12] 경찰의 조치는 이보다 훨씬 더 비싸고 효과는 적습니다. 그보다 더 비효율적이고 비용이 많이 드는 방법은 국경선에서 마약거래를 금지시키는 것입니다. 그리고 가장 효과가 떨어지고 비용이 가장 많이 드는 방법은 마약작물을 뽑아버리는 것입니다. 즉 화학전과 같은 것이지요.

그런데 미국은 바로 이 중에서 가장 비효율적인 방법을 사용했어요. 마약 사용을 줄이는 것이 진정한 목적이 아니었기 때문입니다. 어떤 자료는 충격적이기까지 합니다. 영국의 저널리스트인 수 브랜포드 Sue Branford와 휴 오쇼니시Hugh O' Shaughnessy는 콜롬비아에 관한 그들의 최근 저서에서 마약물질인 코카인이나 양귀비를 경작해온 농부들에게 대체작물을 제공하기 위해 유럽연합이 콜롬비아에 제공한 지원금이 그들이 담배산업에 제공한 보조금보다 훨씬 적다는 점을 지적했습니다.[13] 담배는 코카인이나 양귀비보다 훨씬 더 나쁜 마약입니다. 그러나 유럽연합은 생존을 위해 아편이나 코카인 재배에 목숨을 걸고 있는 가난한 농부들이 대체작물을 찾을 수 있도록 하는 것보다 자국의 담배산업에 훨씬 더 많은 보조금을 투입하고 있는 것입니다.

미국이 말하는 '그랜드 에어리어'

당신은 미국의 월스트리트가 언제 베트남 전쟁에 등을 돌렸는지가 매우 중요하다고 말해왔습니다. 그것이 1968년이었습니다만.

Chomsky 그렇습니다. 1968년이었어요. 그들이 등을 돌린 것은 구정대공세Tet Offensive* 직후였습니다. 미국의 구정대공세는 이 전쟁이 계속할 가치가 없는 전쟁이라는 점을 미국 비즈니스계에 명확하게 확신시켰습니다. 그들은 미국이 기본적으로 전쟁에서 승리했다는 것, 그럼에도 불구하고 전쟁을 계속하는 것은 너무 비용이 많이 든다는 것을 잘 이해했어요.

----

* 구정대공세: 1968년 구정Tet을 기하여 베트남의 해방전선 측이 총반격으로 나와 한때 사이공의 미국대사관과 케산 기지를 점거한 군사작전이다(야후백과사전).

미국의 비즈니스계가 이라크 전쟁에 대해서는 왜 등을 돌리지 않을까요?

Chomsky 이 두 경우를 비교할 수는 없습니다. 그렇게 비교하는 것은 일종의 교리에 빠진 광신주의와 같습니다. 베트남전과 이라크전을 비교할 수 있는 유일한 지점은 이들 전쟁이 미국에서 기술되는 방식뿐입니다. 두 전쟁 모두 많은 비용이 든다는 것, 두 전쟁 모두 '수렁'과 같다는 것이 공통점이죠.

미국의 기업계는 이라크전이 미국과 그들의 이익에 극도로 많은 비용을 유발시킬 경우에만 전쟁에 반대할 것입니다. 문제는 전쟁 반대 역시 적지 않은 손실을 끼칠 것이라는 것입니다. 이라크전은 베트남전과 비교할 수 없어요. 베트남전은 기업계의 입장에서 보자면 전략적으로 훨씬 덜 중요했기 때문입니다.

미국이 언젠가는 이란에 대해 군사적 조치를 취할지도 모른다는 보도가 자주 나오고 있습니다.

Chomsky 이란 공격에 관한 논란의 본질은 그것이 우리 미국에 '얼마나 많은 비용을 안겨줄 것인가.' 하는 점입니다. 사람들이 스스로 무슨 말을 하고 있는지 거의 알지 못한다는 것은 참으로 묘한 일입니다. 부시가 미국 여론의 강력한 반대 그리고 이라크에서의 반대, 물론 이라크의 반대에 대해서는 아무도 신경 쓰지 않겠지만, 그 모든 반대에도 불구하고 이라크에서의 '군사 작전'을 선포했던 것과 마찬가지로, 이 사람들은 이란이 테러분자들에게 무기를 공급했고, 미군을 죽였다는 소문을 근거도 제시하지 않은 채 흘리기 시작했어요.[14]

그러면 그에 관한 논쟁이 발생합니다. 아주 전문적인 논쟁이지요. '현장에서 만들어진 폭발물이 정말 이란에서 흘러나온 것이 맞는가? 이란의 지도부는 이 사건을 알고 있는가, 아니면 단지 혁명수호대 Revolutionary Guards만이 알고 있는가?' 등등 우리는 이 테러사건에 대해 아주 복잡한 토론을 벌이게 됩니다.

이것은 매우 복잡다단한 정치선전이 어떻게 작동되는지를 보여주는 교과서적인 사례입니다. 복잡한 정치선전은 정당의 강령을 사람들에게 주입시키지 않습니다. 그런 짓은 전체주의 국가에서나 하는 일이지요. 오히려 전체주의 국가에서는 선전의 출처가 너무 명백하기 때문에 아무도 그런 선전을 믿지 않습니다. 정치선전이 제대로 작동하기 위해서는 정당의 목적을 하나의 전제로 암시만 해야 합니다. 그렇게 되면 사람들은 그것을 논의조차 하지 않고 있는 그대로 받아들이게 되지요. 또 그러한 전제를 바탕으로 격렬한 논쟁을 허용하고 권장하게 됩니다. 바로 그런 일이 지금 벌어지고 있는 것입니다.

여기서의 전제는 물론 미국이 전 세계를 소유하고 있다는 것입니다. 그렇지 않다면, 즉 우리가 그런 전제를 거부한다면 이란이 이라크에 개입하고 있는지 어떤지에 관해서 논쟁을 할 수 없습니다. 이것은 마치 1943년에 연합군이 독일 치하의 비시 정부를 방해했는지를 두고 논쟁을 벌이는 것과 같습니다. 미국이 세계를 지배한다는 전제를 받아들일 때만 우리는 미국이 침공해서 점령한 어떤 국가를 누가 방해하고 있는지를 물을 수 있습니다. 논쟁은 이런 식으로 진행되지요. 그것이 미국의 정당이 내세우는 강령의 핵심입니다. 유일한 문제는 미국에 비용이 드는가의 여부입니다.

그런 생각의 뿌리는 이른바 그랜드 에어리어Grand Area 전략으로까지 거슬러 올라가지 않습니까? 1940년대 초에 미국 상원외교관계위원회에 의해 입안된 국가기획문건 말입니다.[15]

Chomsky 상원외교관계위원회와 국무성에 의해 작성되었지요.

그런 전략이 지금도 작동하고 있습니까?

Chomsky 이 문서는 엘리트 집단의 일반적인 사고방식을 비교적 선명하게 드러내고 있다는 점에서 아주 흥미롭습니다. 제2차 세계대전 중에 국무성과 외교관계위원회의 고위급 회담이 있었어요. 외교관계위원회는 외교관계에 관한 토론과 자문을 하는 주요 비정부 기관으로 이들이 전후세계에 관한 그림을 그렸다고 할 수 있어요. 놀랄 것도 없이 이들이 제시한 전후세계의 질서에 관한 그림은 종전 후 몇 년 동안 아주 성실하게 추진되었습니다.

똑같은 원리가 지금도 작동 중입니다. 즉 제2차 세계대전 중에, 정확히 말하면 1939년부터 1943년 사이에는 전쟁이 끝나면 독일과 미국이 두 개의 강대국으로 남게 될 것이라고 예상되었습니다. 그러면 독일은 유라시아 일부에서 지배권을 가지게 되고, 미국은 중동, 서반구, 이전의 대영제국 등을 차지하게 되리라는 것이었어요. 그것이 바로 미국이 말하는 '그랜드 에어리어'였어요.

 전쟁이 계속되면서 1943년부터 1944년 사이에 독일이 패배할 것임이 분명해지자 그랜드 에어리어는 세계 곳곳으로 미국이 지배할 수 있는 가능한 넓은 범위로 확대되었습니다. 목표는 자유주의적 세계질서를 만들어내고 그것을 통해 미국에 본거지를 둔 기업들이 자유롭게 활동할 수 있도록 하는 것이었어요. 전쟁이 불러온 파괴 이후에 미국은 그 어느 나라보다도 기술적으로 앞섰다는 것을 기억하십시오. 사실, 미국은 전쟁으로 이득을 봤어요. 미국의 산업생산은 세 배나 네 배로 증가했지만, 라이벌들은 유린되거나 적어도 약화되었습니다. 미국은 전 세계 부의 절반을 차지한 강대국이 되었기 때문에 자유주의적 국제질서는 용납될 만한 것이었어요. 어느 정도 자유로운 경쟁을 해도 경쟁의 장이, 흔히 사용되던 은유를 빌리자면, 미국 쪽이 원하는 올바른 방향으로 기울어져 있었거든요. 전후의 세계질서는 미국의 대기업들이 자유롭게 자원과 시장에 접근할 수 있고 아무런 제약 없이 투자를 할 수 있는 국제체제였습니다. 이것이 국제질서에 대한 미국의 기본적 인식이었어요.

당신은 그랜드 에어리어 전략이란 것이 본질적으로 아메리카대륙으로 한정되었던 먼로독트린Monroe Doctrine*을 세계의 나머지 부분으로까지 확장하는 것이라고 말씀하셨지요.

Chomsky 기억하십시오. 먼로독트린은 미래에 대한 희망이었습니다. 1820년대에 미국은 먼로독트린을 실현할 힘이 없었어요. 미국은 심지어 쿠바를 정복할 힘조차 없었지요. 1820년대에 존 퀸시 애덤스John Quincy Adams와 다른 지도자들의 주요 목표 중의 하나가 바로 쿠바 정복이었어요. 당시 미국의 지도자들은 캐나다를 정복하는 것도 불가능했습니다. 미국은 끊임없이 캐나다를 침공했지만 패퇴할 수밖에 없었어요. 그 당시에 존 퀸시 애덤스는 미국이 영국의 해군 때문에 쿠바를 정복할 수 없지만 머지않아 쿠바는 마치 사과가 나무에서 떨어지듯이 '정치적 중력'의 법칙에 의해 우리의 손아귀에 떨어질 것이라고 지적했습니다.[16] 이 말의 의미는 시간이 지나면 우리는 더욱 더 강해지고 영국은 상대적으로 약해질 것이기 때문에 궁극적으로는 우리가 쿠바를 정복할 수 있다는 것이죠. 그리고 실제로 그런 일이 벌어졌구요.

1898년에 미국은 스페인으로부터 해방시킨다는 구실로 쿠바를 침공했습니다. 그러나 사실 미국은 스페인으로부터의 해방을 오히려 지체시키면서 1959년까지 쿠바를 실질적인 식민지로 예속시켰어요.

마피아 두목에게 대들지 마라

쿠바의 관타나모 만Guantánamo Bay에 있는 미국의 군 교도소에 대한 논의에는 관타나모가 어떻게 미국의 통제 아래 들게 되었는지에 대한 논의가 없습니다.

---

* 먼로독트린: 미국의 기본적 외교방침의 하나. 신세계를 유럽과 구별하여 양자의 거리를 유지하고자 하는 자세는 이미 미국 독립혁명 무렵부터 볼 수 있었는데, 1823년에 제5대 대통령 먼로가 처음으로 이 입장을 명확히 표시했다. 이를 먼로독트린이라 부른다.

미국은 관타나모 기지를 자국의 국내법이나
국제법을 위반하지 않으면서 가둬두고 싶은 죄수들을
수용하기 위한 교도소로 사용하고 있습니다.
미국의 대법원은 관타나모에 수용된 사람들에 대해
법을 적용할 권리가 없다고 주장해왔습니다.
그 이유는 관타나모가 미국의 관할권 아래 있지
않기 때문이라는 것입니다.

Chomsky 관타나모는 이른바 조약이란 것을 통해서이긴 하지만 본질적으로는 미국이 총부리를 겨누고 빼앗았습니다. 그 당시에 쿠바는 미국의 점령 아래 있었구요. 그런 상황에서 조약에 도장을 찍지 않으면 빼앗아버리겠다는 협박으로 관타나모를 차지했습니다. 쿠바는 원래 미국에게 관타나모에 있는 석탄보급창을 할양했습니다. 그 당시에 석탄보급창은 매우 중요했어요. 그러나 본질적으로는 그렇게 해서 미국이 관타나모를 탈취했습니다. 몇 년 후 쿠바는 어떻게 해서든 조약을 파기하고자 했지만 미국은 그걸 허용하지 않았어요. 피델 카스트로 Fidel Castro는 미국이 매년 지불하는 쥐꼬리만한 관타나모 기지 사용료 수령을 거부해왔어요.[17]

미국은 자기들이 강요해서 맺은 불법적인 조약을 완전히 위반하고 있습니다. 미국은 관타나모 기지를 석탄보급창으로 사용하는 것이 아니거든요. 미국은 그 이전에도 관타나모 기지를 아이티 난민들을 수용하는 데 사용함으로써 쿠바와의 조약을 위반했어요. 또 "모든 사람은 정치적 처벌을 피해 다른 나라에서 피난처를 구하고 누릴 수 있는 권리를 가진다"는 세계인권선언의 조항들을 전혀 준수하지 않았습니다.[18]

미국은 아이티 난민들을 배에 실어 관타나모 기지에 있는 감옥이나 다름없는 수용소에 방치했습니다.[19] 현재 미국은 관타나모 기지를 자국의 국내법이나 국제법을 위반하지 않으면서 가둬두고 싶은 죄수들을 수용하기 위한 교도소로 사용하고 있습니다. 미국의 대법원은 관타나모에 수용된 사람들에 대해 법을 적용할 권리가 없다고 주장해왔습니다. 그 이유는 관타나모가 미국의 관할권 아래 있지 않기 때문이라는 것입니다. 부시 정부와 미국 의회도 관타나모가 국제법의 지배를

쿠바 관타나모에 있는 미군기지

받지 않는다고 이구동성으로 주장합니다.[20] 결과적으로 관타나모는 아주 편리한 고문실이 되었어요.

관타나모에서 무슨 일이 벌어지고 있는지에 대해서는 정말로 논쟁을 벌일 필요도 없습니다. 무엇보다도 사람들을 그곳으로 보내는 것조차 불법이기 때문입니다. 미국 정부가 관타나모를 고문실로 이용할 의사가 없다면 왜 그곳에 수용된 죄수들을 뉴욕에 있는 교도소로 데려오지 않는 것입니까? 미국 정부가 그들을 관타나모의 교도소로 보내는 것을 보자마자 우리는 그것이 국제인권법을 위반하는 행위라는 것을 알게 됩니다. 더이상 조사할 필요도 없지요.

미국이 관타나모 기지를 유지하는 데는 또다른 이유가 있습니다. 아시다시피 관타나모는 쿠바의 주요 항구 역할을 할 수 있는 곳이거든요. 미국은 관타나모를 유지함으로써 쿠바가 그곳을 항구로 사용하지 못하게 하고, 그렇게 해서 쿠바의 동부지역이 발전되는 것을 방지하고 있습니다. 미국이 관타나모를 강점하는 것은 쿠바를 교살하려는 작전의 일부인 셈이지요. 이것은 또 1960년대 초기의 민주당 정부가 멀리 먼로독트린까지 거슬러 올라가는 미국의 대외 정책들에 '성공적으로 대들었던' 쿠바의 소행에 대한 보복적 처벌이기도 합니다.[21]

마치 마피아 두목에게 대드는 것과 같군요. 그런 일은 결코 용납될 수 없지요.

Chomsky 용납될 수 없는 행위입니다. 사실 국제관계라는 것이 마피아와 너무나 닮았습니다.

당신은 강연에서 종종 마피아 비유를 사용합니다.

Chomsky 나는 비유로서가 아니라 실제로도 그렇다고 생각합니다. 전반적으로 보자면, 미국은 국내 사회를 소유한 사람들 즉 기업의 집행부처럼 행동합니다. 그것은 아주 전형적인 국가정책의 특성입니다. 그러나 국가정책이 기업의 목표와 충돌하는 놀랄만한 경우들도 있습니다. 이런 사례는 국제문제 연구를 위해서도 아주 흥미로운 주제가 될 것입니다. 쿠바가 그런 사례 중의 하나지요. 미국의 기업 농업은, 미국의 에너지 회사들과 마찬가지로, 쿠바를 교살시키기 위한 미국 정부의 금수조치를 우회하고자 갖은 노력을 합니다. 당연하지만 기업들은 쿠바를 하나의 시장으로 인식하고 투자 기회로 보고 있으니까요. 미국의 제약업계도 쿠바의 고도로 발달한 바이오테크놀로지 산업에 관심을 가지고 있습니다.

그러나 무엇보다 놀라운 것은 미국의 에너지 회사들이 멕시코 만의 쿠바 대륙붕 석유를 활용하는 데 흥미를 가지고 있다는 점입니다. 이 지역의 원유 매장량은 상당한 것으로 추산되고 있습니다. 그러나 미국 정부는 그것을 허용하지 않을 것입니다.[22] 미국 국민의 다수는 쿠바와 외교관계를 수립하는 것을 찬성하지만 국민의 의견은 전혀 고려되지 않아요.[23] 아무 관계도 없지요. 흥미로운 것은 기업의 이익이 아주 놀라운 방식으로 봉쇄된다는 것입니다.

약 1년 전에 멕시코시에서 쿠바의 에너지 전문가들과 텍사스 석유회사 및 엑손모빌과 같은 대형 석유회사의 대표자들 사이에 회담이 있었습니다. 부시 정부는 그 문제에 관심이 없어 보였어요. 그러나 부시 정부는 그 회담이 미국 회사가 소유하고 있는 쉐라톤 호텔에서 열린다는 것을 알고는 그 호텔에 명을 내려 텍사스 석유회사 대표자들과 쿠바인들을 쫓아내도록 했어요.[24] 그것은 마치 사람들 앞에서 조지 부시의 친구들과 후원자들의 면상을 후려친 것과 마찬가지였지요. 국가이익이, 마피아 스타일의 이익이 부시 정부의 핵심적 구성원들의 이익을 압도한 것입니다.

똑같은 일이 이란에서도 벌어지고 있습니다. 미국의 석유회사들은 어마어마한 이란의 천연가스와 유전 개발 사업에 참여할 수 있게 된다면 매우 행복해 할 것입니다. 그러나 그들의 이런 바람은 국가 이익에 의해 저지되었어요.[25] 미국 정부는 미국이 지명한 독재자를 전복시킨 성공적인 저항에 대해 이란을 처벌해야 하니까요.

바로 오늘 아침에 《보스턴 글로브》는 미국에서 아주 오랫동안 알려져 있던 사건에 대해 보도했어요. 1974년에 아마도 미국 정부의 제안에 따라 MIT는 이란의 국왕과 거래를 했어요. 핵공학 부서의 많은 부분을 실질적으로 이란에 빌려주고, 이란의 많은 핵 기술자들을 미국으로 데려와서 그들이 핵개발을 위한 우라늄 농축기술을 개발할 수 있도록 훈련시킨다는 내용이었습니다. 그 대가로 이란의 국왕은, 당시 끔찍한 인권유린 전과로 인해 전 세계에서 가장 잔혹한 독재자로 불렸던 국왕은, MIT에 적어도 50만 달러를 공여하기로 했지요. 《보스턴 글로브》의 기사는 그때 MIT에서 훈련을 받은 기술자들 중 일부가 지금 이란의 핵 프로그램을 운영하고 있다고 지적했어요.[26] 그 핵 프로그램들은 1970년대 중반에 (미국과 이란의 관계가 좋았으므로) 미국에 의해 강력하게 뒷받침되었던 것입니다.

헨리 키신저와 제럴드 포드Gerald Ford에 의해서지요?

Chomsky 그렇습니다. 럼스펠드, 체니, 울포위츠와 그 밖의 다른 사람들도 여기에 참여했어요. 그들은 그 당시에 이란에 핵발전소가 필요하다고 주장했습니다. 이란은 에너지가 충분하지 않은 데다 탄화수소 자원은 다른 목적을 위해 보존할 필요가 있다는 것이었습니다. 그런데 지금은 바로 그 사람들이 정반대의 이야기를 합니다. 그렇게 많은 석유자원을 가지고 있는 이란이 어떻게 핵발전소를 개발하겠느냐고 그들은 의문을 제기합니다. 따라서 이란은 핵무기를 개발하고 있는 것이 틀림없다는 것이지요.[27] 그런데 이렇게 말하는 사람들은 이란에 핵 발전소가 필요하다고 주장했던 바로 그 사람들입니다.

1970년대에 이란의 핵 프로그램을 둘러싸고 MIT에서는 상당한 갈

등이 있었습니다. 나도 거기에 있었어요. 이런 뉴스가 흘러나오자 학생들은 매우 흥분했고 엄청난 데모가 일어났어요. 학생 총회가 개최되었고 투표결과 80퍼센트 이상의 학생들이 이란과의 거래에 반대했습니다. 그 즈음에는 이 거래가 엄청난 소동을 불러일으켰기 때문에 교수회의가 소집되었습니다. 모든 교수들이 참석했고 논쟁이 벌어졌어요. 아주 적은 수의 교수들만이, 나도 그중 하나였습니다만, 이란과의 거래에 반대했습니다. 다른 교수들은 압도적으로 찬성했어요. MIT와 이란 간의 핵 거래는 이란 국왕이 쫓겨날 때까지 계속되었습니다.

이란 내부에서는 실제로 석유가 부족하고 소비재 등급의 석유화학제품도 부족합니다.

Chomsky 그건 맞습니다. 부분적으로는 이란의 국내 정책들 때문이고, 또 부분적으로는 이란이 엄청난 전쟁 타격을 입었기 때문일 것입니다. 1980년대 이라크와의 전쟁에서 미국, 영국, 기타 서유럽 강대국들 및 러시아까지도 이라크 편에 섰습니다. 그들은 수십만 명의 이란인들을 죽였고 이란의 많은 부분을 초토화시켰습니다. 그러한 전쟁의 폐허를 복구하는 것은 결코 쉽지 않을 것입니다.

전투가 벌어진 많은 지역이 쿠제스탄의 유전지대였습니다.

Chomsky 바로 그렇습니다.

지금 이란에서는 심지어 배급제를 실시해야 한다는 이야기도 나오고 있습니다.

Chomsky 맞습니다. 이란은 지금 석유까지 수입하고 있어요.[28]

이스라엘의 착한 동생 터키

터키계 아르메니아인 저널리스트이자 편집자인 흐란트 딩크Hrant Dink 가 1월 19일 이스탄불에서 암살되었습니다. 그는 90년 전 터키가 아르메니아인들을 몰살시킨 사건을 거론했다는 이유로 "터키의 자존심을 모욕" 했다는 비판을 받았습니다.[29] 노벨상 수상자인 오르한 파묵Orhan Pamuk도 살해위협을 피해 터키에서 도망쳤고, 또다른 소설가인 엘리프 샤파크Elif Shafak도 테러위협 때문에 거의 집 밖으로 나오지 못하고 있습니다.[30] 터키인들은 1915년 당시 있었던 일에 대해 인정하는 것을 왜 이렇게 힘들어 할까요? 단순히 사실을 기록하는 것조차도 허용되지 않고 있습니다.

Chomsky 그것뿐이 아닙니다. 내 책을 몇 권 번역한 어떤 출판사는 올해 재판을 받았다고 합니다. 그보다 몇 년 전에도 재판을 받았구요. 1990년대에 쿠르드족에 대한 터키 정부의 엄청난 학살을 아주 짧게 언급한 것이 문제가 되었다는 것입니다.[31] 터키에서는 그것도 처벌의 대상이 됩니다. 이 사건은 법원에서 기각되었지만 다른 건들은 아직도 재판이 진행 중이라고 합니다.

어떤 나라도 자신들이 저지른 학살을 쉽게 인정하지 않습니다. 명백한 일이지만 독일이 저지른 학살에 대해서는 누구나 엄청나게 비난합니다. 우리는 그에 관해 아주 행복해하면서 열을 올리지요. 그렇지만 대량 살육을 당한 인디언들이나 흑인 노예들을 위한 기념관이 미국에 몇 개나 세워졌는지 알고 있습니까? 그것은 고대의 역사가 아닙니다. 살아 있는 역사입니다. 흑인 범죄자의 구속비율이 어째서 백인 범죄자의 구속비율보다 훨씬 더 높습니까? 흑인은 미국 전체 인구의 15퍼센트도 안 되는데 말입니다. 또 나머지 미국 원주민들은 모두 어디에 있습니까?

1960년대까지만 해도 있는 그대로의 역사가 거의 인정되지 않았어요. 사실은 역사에 엄청난 거짓이 자행되었지요. 학계에서까지 말입니다. 이제는 1960년대의 시민운동 덕분에 있는 그대로의 역사가 인정되고 있습니다. 그렇게 쉽게 인정되지는 않지만요.

이스라엘은 터키의 동맹국이기 때문인지는 모르겠지만, 터키의 아르메니아인 학살에 대해 '인종학살'이란 용어를 사용하기를 꺼립니다. 몇 년 전에 시몬 페레스Shimon Peres는 인종학살은 없었다고 말하기도 했어요.[32]

Chomsky 그것은 사실입니다. 1980년대 초반으로 생각됩니다만 이스라엘에서 인종학살에 대한 학술회의가 개최되었습니다. 이 학술회의는 인종학살 문제를 전공하는 학자인 이스라엘 챠니Israel Charny에 의

학살 문제로 얽혀 있는 터키, 아르메니아 그리고 쿠르드족이 모여 사는 쿠르디스탄 지역

해 개최되었는데, 엘리 위젤Elie Wiesel이 좌장을 맡기로 되어 있었어요. 그런데 메나헴 베긴Menachem Begin 정부는 명령을 내려 아르메니아 학살 문제를 학술회의 의제로부터 삭제하도록 했어요. 터키가 이스라엘의 가까운 동맹이었기 때문이지요. 위젤은 좌장 역할을 철회했지만 챠니는 정부의 강력한 반대에도 불구하고 이 주제를 그대로 의제에 포함시켰습니다.[33]

이스라엘과 터키의 군사적, 경제적 관계는 어떻습니까?

Chomsky 자세한 것은 알 수 없습니다. 양국관계가 비밀로 유지되고 있기 때문입니다. 그러나 양국의 밀월관계는 1958년 군사동맹과 함께 공식적으로 시작되었어요. 이 문제에 관한 이스라엘의 전문가들에 따르면, 이스라엘과 터키의 관계는 아주 밀접한 군사적·경제적 관계입니다.[34] 이스라엘은 터키를 미국에 이어 두 번째로 중요한 동맹국이라

이스라엘과 터키의 관계는
아주 밀접한 군사적·경제적 관계입니다.
이스라엘은 터키를 미국에 이어 두 번째로
중요한 동맹국이라고 설명합니다.
많은 부분이 비밀에 싸여 있지만 한 가지 분명한 것은
이스라엘 공군이 적어도 정찰 목적에 있어서
터키 동부의 미군기지를 사용한다는 것입니다.

고 설명합니다. 많은 부분이 비밀에 싸여 있지만 한 가지 분명한 것은 이스라엘 공군이 적어도 정찰 목적에 있어서 터키 동부의 미군기지를 사용한다는 것입니다.[35] 아마도 이스라엘은 거기에 핵무기를 장착한 폭격기를 배치해놓고 있는지도 모릅니다. 정보가 없으니 추측일 뿐이지만 말입니다.

터키는 그 대가로 무엇을 얻습니까?

Chomsky 터키는 미국이 조직한 중동체제의 일부입니다. 터키는 미국의 주요 군사적, 경제적 동맹국이지요. 이 나라는 석유가 풍부한 중동의 경계에 놓여 있는 강국입니다. 이스라엘은 이 동맹의 또다른 구성원이구요. 이스라엘은 그 혼자서도 미국의 분파로서 강력한 공군과 지상군을 가지고 있는데 이 군사력은 미국 바깥에서는 터키를 포함하여 나토의 어느 나라보다도 기술적으로 더 발달되었고 규모가 큽니다. 즉 이스라엘과 터키는 하이테크 군사동맹관계를 맺고 있을 뿐 아니라 미국이 중동을 통제하는 주변체제의 일부로서 공통의 이해관계를 가지고 있습니다. 다른 분야에서도 상통하는 이해관계를 가지고 있어요. 예를 들면 터키는 물이 풍부하고 이스라엘은 물이 부족한 나라입니다. 또 이스라엘은 터키에 첨단 기술을 제공할 수 있습니다. 둘 사이는 아주 잘 어울리는 관계지요.

아프리카까지 뻗어간 마수의 손길

미국은 아프리카에 대해 새로운 군사적 지배권을 확립했습니다. 그들은 지부티Djibouti에 군사기지를 설치했는데요.[36] 아프리카 대륙의 북동쪽 지역에 새로운 전선이 생긴 것입니다. 이곳에서의 미국의 목표는 무엇입니까?

Chomsky 원래 프랑스군이 지부티에 기지를 가지고 있었는데 미국이 이 기지를 빼앗은 것입니다.[37] 이웃나라인 소말리아는 세계의 주요 에너지 자원이 집중되어 있는 아라비아 반도의 바로 건너편에 있습니다. 지부티와 국경을 맞대고 있는 에티오피아는 현재 미국의 강력한 동맹국입니다.

이스라엘과 마찬가지로 자국의 최종적인 국경선을 확정한 적이 없고 소말리아와 에리투리아 쪽으로 영토를 확장하려는 야심을 숨기지 않고 있는 에티오피아는 미국의 지원을 등에 업고 유엔 안전보장이사회 결의안을 깡그리 무시하면서 소말리아를 침공했습니다. 그리고 비교적 안정돼 보이던 이슬람 정부를 제거하고자 했어요.[38]

2006년 12월에 미국은 안전보장이사회 결의안 1725호를 발의하고 이를 밀어붙여 통과시켰는데, 이 결의안은 에티오피아의 작은 구석을 점령하고 있던 소말리아 정부를 인정하고[39], 또 이웃국가들이 소말리아의 내정에 간섭하지 말 것을 명시적으로 요구하는 것이었습니다.[40] 그러자 에티오피아는 곧바로 미국의 주도로 발의되고 소말리아 국민들로부터 강력한 지지를 받은 안전보장이사회 결의안을 위반하면서

미국의 또다른 전략지
지부티, 소말리아, 에티오피아

소말리아를 침공했고, 마침내 미국의 지원 아래 에티오피아가 조종하는 새로운 정부를 그곳에 수립했습니다.[41]

부시 정부는 소말리아가 에티오피아와 더불어 미국의 또다른 동맹국이 되기를 희망하고 있습니다. 에티오피아, 지부티, 소말리아를 포함한 이 동맹은 주요 에너지 생산 지역의 바로 옆인 이곳 혼 오브 아프리카Horn of Africa에서 미국에 강력한 기반을 제공할 것입니다. 여기에 덧붙여 미국은 서부 아프리카에도 손에 뻗었는데, 이곳도 상당한 에너지 자원, 특히 석유의 보고입니다. 아프리카는 콩고와 같이 수탈할 수 있는 어마어마한 자원이 널려 있어요. 그렇기 때문에 아프리카에 대한 새로운 관심의 증폭은 그렇게 놀랄 일이 아닙니다. 내 생각에 미국의 주요 목표는 중동의 에너지 자원에 대한 지배권을 더욱 강화시키는 데 있는 것 같습니다.

콜린 파월은 수단의 다르푸르에서 벌어진 학살을 상당히 신속하게 "인종학살"이라고 불렀습니다.[42]

Chomsky 콜린 파월은 그것을 "인종학살"이라고 부름으로써 자신의 발을 약간 뺐던 사람들 중 하납니다. 그렇지만 다르푸르 사건은 지금 미국과 서방에서는 매우 큰 이슈이고, 또 아주 편리한 이슈이기도 합니다. 그 사건이 편리하다고 말하는 이유는 의심의 여지없이 엄청난 학살이 공식적으로 적국에 의해 자행되었기 때문입니다. 미국은 이 학살이 아랍 때문이라고 주장할 수 있으니까 아주 완벽하지요. 미국이 인용하기 좋아하는 그런 학살입니다. 물론 그런 학살에 대해 구체적으로 어떻게 해야 한다는 진지한 제안 따위는 전혀 없습니다. 단지 "너희들은 그것에 대해 아무런 조치도 취하지 않느냐?" 따위의 책임 전가용 제안만 할 뿐입니다.

다르푸르 사건은 복잡 미묘한 이슈입니다. 단순히 사악한 아랍인들이 저지른 인종학살이라든지, 미국이 전형적으로 말하는 끔찍한 독재자가 저지른 학살이라고 치부할 수 없는 것이에요. 그런 비난에도 일말의 진실이 없는 것은 아니지만 그것이 결코 전부는 아닙니다. 이 지역에는 유목민 집단과 정주한 농부들 사이에 오랫동안 계속된 갈등관계가 있었는데, 그 갈등이 훨씬 더 악화된 것이지요. 거의 틀림없이 지구온난화가 이러한 갈등을 초래한 원인들 중 하나일 것입니다. 유목과 농업을 위한 영역이 자꾸 줄어들었기 때문이지요. 미국은 수단에서 남부와 북부 사이의 내전을 임시적으로나마 평화적으로 해결하는 데 건설적인 역할을 해왔습니다. 그런데 대규모 학살이 양쪽에서 발생했어

학살이 일어났던
수단의 다르푸르 지역

요. 농부들을 기반으로 한 부족들 사이에서도 벌어지게 되었구요.

다르푸르 사건에 관해서는 마흐무드 맘다니Mahmood Mamdani가 《런던 리뷰 오브 북스London Review of Books》에 쓴 아주 예리한 글이 있습니다. 그는 다르푸르 사건에 관해 무언가를 알고 있는 당사자로서의 불리함 때문인지 이야기를 아주 복잡하게 하고 있습니다.[43] 그는 《뉴욕타임스》의 칼럼니스트인 니콜라스 크리스토프Nicholas Kristof와 같은 사람들이 취하고 있는 입장에 특히 비판적입니다. 이런 사람들은 다르푸르에서 벌어지고 있는 사태를 지나치게 단순화시키고 그것에 대한 도덕적 자세만을 강조합니다. 문제의 본질은 학살이, 아주 심각한 학살이 자행되고 있다는 것이고, 그것을 막기 위해 무언가를 해야 한다는 것인데 말입니다.

불행스러운 것은 다르푸르의 학살이 이 지역에서 자행된 학살들 중에서 최악의 것이라고 결코 말할 수 없다는 것입니다. 그 근처에도 못 갑니다. 이 지역에서 자행된 최악의 학살은 콩고 동부에서 일어난 학살 사건일 것입니다. 맘다니도 지적하다시피 거기서는 지난 몇 년 사이에 수백만 명이 살해되었어요. 아무도 이 사건에 대해서는 말하지 않습니다. 그것이 미국이 말하는 적절한 이데올로기 틀에 쉽게 들어맞지 않기 때문입니다.

이스라엘과 에티오피아가 확정된 국경선을 공표하지 않고 있다는 말이 상당히 흥미롭습니다. 에티오피아에 관해서는 말씀하셨지만 이스라엘의 경우는 어떻습니까?

Chomsky 이스라엘은 자국의 국경선을 한 번도 확정한 적이 없어요. 사실 이스라엘은 미국의 지원을 받으면서 매우 조직적으로 국경선을 확장하고 있어요. 이스라엘이 하는 모든 일은 실제로 미국의 허락 아래 이루어지고 있습니다. 즉 미국의 외교적, 경제적, 군사적, 사상적 지원을 받아 진행되는 거죠.

이스라엘은 불법적으로 영토를 확장해 점령지 속으로 침투하고 있어요. 이스라엘이 쌓은 장벽은 요르단 강 서안지구를 통과해 유태인 거주지를 감싸고 있으며 경작 가능한 많은 토지와 가장 소중한 자원인 물을 차지하면서 많은 팔레스타인 거주지를 거의 사람이 살 수 없는 폐허로 만들어버렸습니다. 팔레스타인 사람들에게 남겨진 얼마 안 되는 땅은 수백 개의 검문소와 여러 장벽으로 조각나 있습니다. 이로 인해 교통망조차 막혀 있는 형편이에요.[44]

존재해서는 안 될 '존재할 권리'

"존재할 권리"란 구절이 끊임없이 사용되고 있는데요. 그런 구절이 언제 협상의 일부가 되었습니까?

Chomsky   그것에 관한 자세한 연구를 본 적은 없습니다. 그러나 이스라엘의 존재권이라는 개념은 조작된 것이거나 적어도 1970년대 중반에 와서야 정점에 도달했다는 것이 내 생각입니다. 아마도 이스라엘이 공인된 안전한 국경선 이내에서 '존재할 권리'가 있다는 점을 주요 아랍 국가들이, PLO의 지지를 바탕으로, 받아들였다는 사실에 대한 반응으로 창안된 개념일 것입니다.[45]

그 말은 1949년의 유엔 경계선을 말하는 것인가요?

Chomsky   그렇습니다. 공인된 국제적 경계선 내부에서 말입니다. 아랍은 이스라엘을 포함하여 이 지역의 모든 국가가 안전하고 공인된 국경선 이내에서 존재할 권리가 있음을 인정했습니다. 여기에는 점령지에서의 팔레스타인 국가까지 포함됩니다. 실제로 이 문제는 주요 아랍국가들, 이른바 분쟁국가인 시리아, 요르단, 이집트 등이 PLO와 그 밖의 단체들의 지지를 받아서 1976년 1월 유엔총회에 상정한 결의안에 포함되었던 것입니다. 그러나 미국은 이 결의안에 거부권을 행사했습니다. 그로 인해 이 결의안은 역사에서 누락되었죠.[46] 미국은 그 당시 외교적 해결을 막기 위해서는 장벽을 더 높이 쌓아야 한다고 생각했던 것 같습

이스라엘에 있어 존재할 권리란
'팔레스타인 사람들에게 자기들을 쫓아낸
이스라엘의 소행에 대한 합법성을 인정하라고
요구'하는 것을 의미합니다.
단지 그 '사실'만이 아니라 그것의 '합법성' 말입니다.
이는 마치 멕시코의 절반을 빼앗은 미국이
그 점령지에서 존재할 수 있는 권리를 멕시코에게
인정하라고 요구하는 것과 마찬가지입니다.

니다. 안전하고 공인된 국경선 안에서 존재할 수 있는 권리를 지키는 것만으로는 충분하지 않다는 사실을 깨달은 것입니다. 그렇게 해서 '존재할 권리'라는 개념이 점점 더 강조되기 시작했어요. 팔레스타인 사람들이나 아랍인들에게 혹은 그 문제와 관련된 누군가에게 이스라엘의 존재할 권리를 받아들이도록 요구하는 것은 국제관계에서 어떠한 국가도 요구한 적이 없는 특별한 권리를 이스라엘에 부여하는 것입니다. 어떤 국가도 인정을 받기는 하지만 존재할 권리가 주어지지는 않습니다.

　이스라엘에게 존재할 권리란 '팔레스타인 사람들에게 자기들을 쫓아낸 이스라엘의 소행에 대한 합법성을 인정하라고 요구'하는 것을 의미합니다. 단지 그 '사실'만이 아니라 그것의 '합법성' 말입니다. 이는 마치 멕시코의 절반을 빼앗은 미국이 그 점령지에서 존재할 수 있는 권리를 멕시코에게 인정하라고 요구하는 것과 마찬가지입니다. 멕시코인들은 그것을 인정하지도 않고 또 인정할 수도 없겠지요. 세계의 모든 국경선은 정복의 결과입니다. 국경선은 인정될 수는 있어도 정복의 결과로 생긴 국경선의 합법성을 인정하라고, 특히 자기 나라에서 쫓겨난 사람들에게 그것을 인정하라고 요구하는 국가는 없습니다.

반세기도 더 전에 당신은 부인과 함께 이스라엘에서 사는 문제를 고려하셨지요. 성공하지는 못했는데 왜 그렇게 되었습니까?

Chomsky　복잡한 개인적 이유가 있었습니다. 거의 성공에 가까이 가긴 했었지요. 우리는 둘 다 꼭 그렇게 하고 싶었어요. 키부츠에 살고 싶었지요. 그러나 일이 복잡하게 꼬였어요. 계획을 좌절시킨 것이 이데올로기 문제는 아니었습니다. 거기 살았어도 그렇게 오래 있지는 못했을 것입니다.

이스라엘에 머무는 동안 아랍인들에 대한 인종적 편견을 경험했고 그런 것이 당신을 힘들게 했다고 말씀하신 기억이 납니다만.

Chomsky 분명히 그랬습니다. 아랍인들에 대한 것뿐 아니라, 세파딤 Sephardim이라 불리는 모로코계 유태인들에 대해서도 편견이 있었어요. 이들에 대한 편견은 어떤 면에서는 아랍인들에 대한 인종적 편견보다 훨씬 더 극단적이었습니다.

사람들이 당신에 대해 가지고 있는 한 가지 가정은 당신의 언어학적 작업과 정치적 활동 사이에 어떤 피치 못할 관련성이 있다고 하는 것입니다.

Chomsky 그것은 아주 이상한 가정입니다. 정치적 작업에 있어서 나는 언어학자가 아니라 위상대수학 연구자가 될 수도 있었겠지요. 정치 활동과 언어학 사이에 어쩌면 아주 희미하게나마 추상적인 관련성이 인간본성의 토대와 연관되어 있는지는 모르겠습니다. 지금으로서는 그냥 추측일 뿐입니다. 이 문제와 관련해서 글을 쓰기도 했습니다만 그중 어떤 것은 계몽주의 시대에 이루어졌던 논의까지 거슬러 올라갑니다. 그렇지만 이 문제는 우리의 문제와 관련해서 그렇게 중요하지 않습니다.

길버트 에이커Gibert Achcar와 함께 쓴 《위험한 권력Perilous Power》에서 당신은 다음과 같이 말했습니다. "우리가 해야 할 주요 임무는 바로 미국의 대중을 교육하는 것이다."[47] 당신은 책을 저술하고, 강연을 하고, 지금처럼 인터뷰도 합니다. 이렇게 하는 것이 교육을 위한 노력이라고 생각됩니다만 미국의 일반대중을 교육한다는 측면에서 좀더 광범위한 실천방안은 무엇입니까? 이를 위해 어떤 제안을 하시겠습니까?

Chomsky 아주 명백합니다. 개인들은 그걸 할 수 없습니다. 말도 안 되지요. 사람들은 이 문제를 논리적으로 접근해야 할 것입니다. 그렇기 때문에 노동조합과 같은 집단적 협력이 중요합니다. 그들은 노동자들의 권리를 보호하고 노동자들을 교육하는 데 있어 지대한 영향력을 발휘합니다. 나는 이런 것을 아주 어릴 때부터 봐왔습니다. 나의 가족은 봉제사, 가게 점원, 실직한 유태인 이주 노동자들이었는데 모두 노동조합의 구성원들이었어요. 노동조합은 노동자를 위한 교육센터, 문화센터, 문화 이벤트, 신문 등을 제공했어요. 20세기 초반에는 온갖 종류의 노동자 신문이 수십만의 노동자들에게 읽혀졌지요.[48] 신문이야말로 대중 교육을 위한 원천이었어요.

노동조합은 기업과 정부로부터 공격을 받았는데 그 이유가 부분적으로는 신문 등을 통한 노동자 교육 때문이었습니다. 지금도 어떠한 방법으로든 대중교육을 재건하는 것이 불가능하지 않습니다. 그렇게 하면 학교 교육에도 영향을 줄 수 있게 될 것이구요. 이런 과제는 다른 경우에서도 마찬가지지만 많은 사람들의 집단적 노력에 의해서만 이루어질 수 있습니다.

시민권 운동이 어디서 유래했습니까? 그것은 마틴 루터 킹이 "시민권 운동을 합시다"라고 외쳤기 때문에 시작된 것이 아닙니다. 그는 대중 운동의 파도에 올라탔던 것뿐입니다. 린든 존슨Lyndon Johnson의 여러 가지 진보적인 인권향상 조치들도 마찬가지입니다. 그가 이룬 업적은 물론 사소하지 않지요. 그는 인권신장에 있어서 매우 중요한 역할을 했습니다. 그러나 대중운동의 거대한 파도가 그렇게 하도록 한 것입니다. 다른 모든 일에서도 똑같습니다. 베티 프리단Betty Friedan이 "여성의 권리를 되찾자"고 말했습니까? 그래서 갑자기 우리가 여성의 권리를 되찾게 되었습니까? 아닙니다. 여성의 권리를 되찾는 일은 아주 오랜 동안의 투쟁 결과입니다. 그것이 바로 교육입니다.

《실패한 국가》에서 당신은 체제의 비판자들이 부정적이기만 할 뿐 어떠한 긍정적인 대안도 제시하지 않는다고 비난을 받는다는 점을 지적했습니다. 해결책을 위한 몇 가지 구체적인 대안들을 제시하면서 그러한 비판들을 거론하셨지요?[49]

Chomsky 그 제안들은 그렇게 창의적인 것들은 아니었지만 우연히도 미국의 대다수 국민들로부터 지지를 받게 되었습니다. 나 스스로는 그러한 대안들이 효과적인 것들이라고 생각합니다. 그것들은 미국을 상당한 정도로 변혁시킬 수도 있을 것입니다. 거기에는 전혀 급진적인 것이 없는데 아쉽게도 의제에서 누락되고 말았어요. 이런 것이 바로 민주주의 제도의 심각한 붕괴라고 할 수 있습니다.

《실패한 국가》에서 제시하신 제안들 중 몇 가지를 인용하겠습니다. "국제사법재판소와 국제형사재판소의 재판권을 받아들여라." "교토의정서에 조인하고 이를 수행하라." "유엔이 국제분쟁을 조정하도록 하라." "테러를 방지하는 데 있어 군사적 조치보다는 외교적 조치를 사용하라." "유엔헌장의 전통적 의미를 받아들여라." "유엔 안전보장이사회에서 거부권을 포기하라."

Chomsky 거기에 '자기방어의 경우를 제외하고는 무력을 사용하지 말라'를 덧붙이고 싶군요.

그것은 유엔헌장 51조에 따른 것이지요?

Chomsky 그렇습니다. 진행 중이거나 임박한 무장공격에 대한 진정한 자기방어의 경우에만 무력을 사용할 수 있다는 것이지요.

또다른 제안은 다음과 같은 것들이었습니다. "군사비 지출을 과감하게 삭감하고 사회보장 지출을 전폭적으로 확대하라." 수년 전에 당신은 나에게 미국은 활동가들의 천국이 될 것이라고 말한 적이 있습니다. 지금도 그렇게 생각하시는지요?

Chomsky 나는 여전히 미국이 활동가들의 천국이고 많은 긍정적인 일들이 벌어지고 있다고 생각합니다. 어디서든 그런 현상을 볼 수 있어요. 나는 며칠 전에 보스턴 시내에서 강연을 했어요. 비다 어바나Vida

Urbana란 이름의 아주 멋진 단체의 연례 회의에서였지요. 그들은 대부분이 라틴계와 흑인들인 보스턴의 가장 가난한 지역에서 단체를 설립해 적극적으로 활동해온 지 올해로 벌써 34주년을 맞이하고 있었어요. 거기 온 모든 사람들은 아주 훌륭한 사람들이었어요. 열정적이었구요. 회의는 축제 분위기 속에서 아주 즐겁게 진행되더군요.

이번 회의는 또 비슷한 활동을 하는 전국의 근본적인 조직 활동가들이 참여하는 3일짜리 학술회의의 시작이기도 했어요. 여러 가지 행사가 있었지요. 여기 참여한 사람들은 아주 많았습니다. 확신하건대 아마도 1960년대보다도 훨씬 더 많았을 것입니다. 그러나 약간의 문제는 그들이 원자화되고 분산되어 있다는 것이었습니다. 미국 권력집단의 진정한 성공은 사람들을 서로 분리시켜놓음으로써 무슨 일이 벌어지고 있는지 아무도 모르게 해놓았다는 것입니다. 이 단체는 여기 보스턴에서 34년 동안 매우 효과적인 활동을 하고 있지만 나는 그것에 관해 아무것도 모르고 있었습니다.

에크발 아흐마드Eqbal Ahmad는 1998년 10월에 지식인의 임무에 관해 MIT에서 특별강연을 했습니다. 그리고는 이슬라마바드로 돌아간 6개월 후에 살해되었습니다. 그는 이렇게 말했어요. "우리는 위험을 감내해야 합니다." 그는 지식인들에 대해 이야기한 것이었습니다. 아흐마드가 강조한 다른 한 가지는 "인간에 대한 사랑이 핵심"이라는 것이었어요.[50]

Chomsky 에크발은 나의 절친한 오랜 친구였습니다. 그렇지만 그 점에 관해서는 전적으로 동의하지 않습니다. 우선 우리는 여기 미국에서 이견을 가지고 있거나 심지어 저항운동을 한다고 해서 심각한 위험에 처하지 않습니다. 그렇습니다. 위험이 있기는 하지만 전 세계의 대부분의 사람들과 비교해보면 우리 미국인들이 감수하는 위험이라는 것은 거의 없는 것이나 마찬가지입니다. 우리는 누군가에 의해 반드시 비난을 받고, 조롱의 대상이 되며, 험한 꼴을 당하게 됩니다. 운동에 참여하면 멋진 디너파티에 초대받지 못할지도 모릅니다. 그렇지만 그런 것을 위험이라고 할 수 있을까요? 대부분의 사람들이 겪는 어려움을 생각해보십시오.

어떤 사람들은 지식인이라 불립니다. 그들이 특권층이기 때문입니다. 그들이 영리하거나 남보다 많이 알아서가 아닙니다. 아주 많은 사람들이 더 많이 알고 더 영리하지만 특권이 없기 때문에 지식인이라 불리지 못합니다. 지식인이라 불리는 사람들은 특권을 누리는 사람들입니다. 그들은 누릴 수 있는 자원과 기회를 가지고 있고 그들에게는 충분한 자유가 주어졌기 때문에 국가가 그들을 억누르기 위해 힘을 쏟을 필요가 없습니다. 이들에 대해 국가는 약간의 통제력을 갖지만 사람들이 말하는 것만큼 많은 통제력을 갖지는 않습니다. 여기 미국에게는 용납할 수 없는 일들이 벌어지기도 합니다. 가령 지식인들이 일자리를 잃고 쫓겨나기도 하지요. 그러나 전체적으로 보면 특권을 누리는 사람들이 겪는 위험이라는 것은 아주 작습니다. 그러므로 나는 지식인들이 '위험을 감수해야 한다'라는 전제 자체를 받아들이지 않습니다. 그것은 양식의 문제일 뿐입니다.

사람들에 대한 애정이라구요? 물론 그렇습니다. 아니면 적어도 사람들과 그들의 요구에 대한 충실함을 가져야한다고 해야겠군요.

1. 우리는 한다면 한다

1 James Traub, "Why Not Build a Bomb?", *New York Times Magazine*, 2006년 1월 29일.
2 Saint Augustine, *The City of God* (1467), 제1부, 4권, 4장, Noam Chomsky의 *Pirates and Emperors, Old and New: International Terrorism in the Real World* (Cambridge, Mass.: South End Press, 2002), p.vii.
3 사설, "Straight Talk Needed on Pakistan", *New York Times*, 2006년 1월 28일.
4 *Judgement of the International Military Tribunal for the Trial of German Major War Criminals*, Nuremberg, Germany, 1946년 9월 30일과 10월 1일.
5 Howard Friel and Richard Falk, *The Record of the Paper: How the New York Times Misreports U.S. Foreign Policy* (New York: Verso, 2004). Friel and Falk, *Israel-Palestine on the Record: How the New York Times Misreports Conflict in the Middle East* (New York: Verso, 2007).
6 Friel and Falk, *Record of the Paper*, p.15.
7 Martin Luther King Jr., "Beyond Vietnam", *Voices of a People's History of the United States*, ed. Howard Zinn and Anthony Arnove (New York: Seven Stories Press, 2004), p.423.
8 Howard Zinn, "The Problem Is Civil Obedience", 같은 책, pp.483~484.
9 사설, "Dr. King's Error", *New York Times*, 1967년 4월 7일자, 킹의 "Beyond Vietnam" 연설 3일 후에 쓰였음.

2. 레바논과 중동의 위기

1 Greg Myre and Steven Erlanger, "Clashes Spread to Lebanon as Hezbollah Raids Israel", *New York Times*, 2006년 7월 13일.

2 Alec Russell, "Bush Lays the Blame on Hizbollah Aggression", *Daily Telegraph* (London), 2006년 7월 14일.

3 Human Rights Watch, "Release All Fifteen Lebanese Hostages", 2000년 4월 18일, 온라인은 http://hrw.org/english/docs/2000/04/18/isrlpa486.htm

4 Kerem Shalom, "2 Israeli Troops Killed in Attack", *Los Angeles Times*, 2006년 6월 26일.

5 United Nations, "Statement on Gaza by United Nations Humanitarian Agencies Working in the Occupied Palestinian Territory", 보도자료, 2006년 8월 3일; United Nations Office for the Coordination of Humanitarian Affairs, *Humanitarian Monitor: Occupied Palestinian Territory*, no.2 (2006년 6월).

6 2006년 6월 24일, 오사마와 무스타파 아부 무아마르가 라파 근처의 알 슈카에서 이스라엘 방위군에 의해 납치되었다. Josh Brannon, "IDF Comman dos Enter Gaza, Capture Two Hamas Terrorists", *Jerusalem Post*, 2006년 6월 25일; Lesley White, "The Kidnap of This Woman's Husband Sparked the Latest War in the Middle East", *Sunday Times Magazine* (London), 2006년 11월 19일.

7 Agence France-Presse, "Israel Carries Out First Gaza Arrest Raid Since Withdrawing", 2006년 6월 24일.

8 Beirut Center for Research and Information, "Poll Finds Support for Hizbullah's Retaliation", 2006년 7월 29일, 온라인은 http://www.beirutcent er.info/default.asp?contentid=692&MenuID=46. Nicholas Blanford, "Israeli Strikes May Boost Hizbullah Base", *Christian Science Monitor*, 2006년 7월 28일.

9 Ilene R. Prusher, "Hamas Win Shatters Status Quo", *Christian Science Monitor*, 2006년 7월 27일.

10 B'Tselem, *One Big Prison: Freedom of Movement to and from the Gaza Strip on the Eve of the Disengagement Plan*, 2005년 3월, 온라인은 http:// www.

btselem.org/Download/200503_Gaza_Prison_English.pdf.

11 히브리어 신문 *Ha'aretz*에 Amira Hass가 쓴 기사 참조. 일부 기사는 영어판과 온라인에 재수록되었다. Amira Hass, "Impossible Travel", *Ha'aretz*, 2007년 2월 1일자와 "The Real Disaster Is the Closure", *Ha'aretz*, 2002년 5월 21일.

12 자세한 내용은 다음을 보라. Stephen R. Shalom, "Labanon War Question and Answer", *ZNet*, 2006년 8월 7일. 온라인은 http:///www.zmag.org/content/showarticle.cfm?ItemID=10721. 또 Zeev Moaz, "The War of Double Standards", *Ha'aretz*, 2006년 7월 20일자 참조.

13 Ayatollah Sayid Ali Khamenei, 연설문, 2006년 6월 4일. 온라인은 http://www.khamenei.ir/EN/News/detail.jsp?id=20060604A. 또 Guy Dinmore, "US Allies Urge Direct Dialogue with Iran", *Financial Times* (London), 2006년 5월 3일.

14 Edward Peck, Amy Goodman과 Juan Gonzalez가 대담을 한 것 다음에 전재. *Democracy Now!*, 2006년 7월 28일. 온라인은 http://www.democracynow.org/article.pl?sid=06/07/28/1440244.

15 배경에 대해서는 다음 참조. Noam Chomsky, *Fateful Trangle: The United States, Israel, and the Palestinians*, 개정판 (Cambridge, Mass.: South End Press, 1999); Robert Fisk, *Pity the Nation*, 4판 (New York: Nation Books, 2002).

16 Amal Saad-Ghorayeb, "People Say No", *Al-Ahram Weekly*, 2006년 8월 3~9일자, 온라인 http://wwkly.ahram.org.eg/2006/806/op33.htm.

17 같은 책.

18 Tim Llewellyn, "Into the Valley of Death", *CounterPunch*, 2006년 8월 8일. 온라인 http://www.counterpunch.org/llewellyn08082006/op33.htm.

19 *New York Times* 편집국, "U.S. Vetoes Criticism of israel", *New York Times*, 2006년 7월 14일. 나중에 존 볼턴 유엔주재 미국대사는 BBC와의 대담에서 자신은 이전의 휴전을 막기 위해 "미국이 한 일에 대해 자랑스럽다"고 말했다. BBC, "Bolton Admits Lebanon Truce Block", 2007년 3월 22일, 온라인 http://news.bbc.co.uk/2/hi/middle_east/6479377.stm.

20 Seymour M. Hersh, "Watching Lebanon: Washington's Interests in Israel's War", *New Yorker*, 2006년 8월 21일. p.28.

21 Tanya Reinhart, *Israel/Palestine: How to End the War of 1948*, 개정판 (New

York: Seven Stories Press/Open Media, 2004), p.83.

22 2007년에 탄야 라인하트는 63세로 작고했다. Noam Chomsky, "In Memory of Tanya Reinhart", 2007년 3월 18일. 온라인 http://www.chomksy.info/articles/20070318.htm.

23 Uri Avnery, "What a Wonderful Israeli Plan", *Palestine Chronicle*, 2006년 6월 9일, 온라인 http://www.palestinechronicle.com/story-06090613735. htm.

24 Siddhart Waradarajan, "A Defeat for Israel, but Also for Justice", *Hindu* (India), 2006년 8월 14일. 온라인 http://www.thehindu.com/2006/08/14/stories/2006 081404201100.htm.

25 Alan Dershowitz, "Lebanon Is Not a Victim", *Huffington Post*, 2006년 8월 7일, 온라인 http://www.huffingtonpost.com/alandershowitz/lebanon-is-not-a-victim_b_26715.html.

26 예를 들면 다음을 보라. Eugene Robinson, "It's Disproportionate······", *Washington Post*, 2006년 7월 25일.

27 키넌의 말은 다음에 인용되어 있다. Walter LeFeber, *Inevitable Revolutions: The United States in Central America*, 개정판 (New York: W.W. Norton, 1983), pp.109, 112.

28 Borzou Daragahi, "Iraqis Find Rare Unity in Condeming Israel", *Los Angeles Times*, 2006년 7월 24일.

29 Edward Wong and Michael Slackman, "Iraqis Dnounces Israel's Actions", *New York Times*, 2006년 7월 24일.

30 Edward Epstein, "Iraqi Leader Addresses Congress, His Country", *San Francisco Chronicle*, 2006년 7월 27일.

31 예를 들면 다음을 보라. Thomas L. Friedman, "Time for Plan B", *New York Times*, 2006년 8월 4일.

32 David E. Sanger, "An Old Presidential Predicament: China Proves Tough to Influence", *New York Times*, 2006년 4월 21일; Joseph Kahn, "In Hu's Visit to the U.S. Small Gaffes may Overshadow Small Gains", *New York Times*, 2006년 4월 22일.

33 Agence France-Presse, "Hu Ends US Tour Marked by Lack of Accords and

Embarrassment", 2006년 4월 22일.

34 William Kristol, "It's Our War: Bush Should Go to Jerusalem-and the U.S. Should Confront Iran", *Weekly Standard*, 2006년 7월 24일.

35 Edward Luce, "Hostages to History", *Financial Times* (London), 2006년 6월 2일.

36 Andrew Moravcsik, "Déjà Vu All Over Again", *Newsweek International*, 2006년 5월 15일.

37 다음을 보라. Michael Hirsh and Maziar Bahari, "Diplo-Dancing with Iran: Rice Makes an Offer to Tehran-with Tough Conditions", *Newsweek*, 2006년 6월 12일, p.32.

38 David Usborne, "Iran Must Make First Move, Bush Tells UN Meeting", *Independent* (London), 2006년 9월 20일.

39 자세한 것은 다음을 보라. Noam Chomsky, *Failed States: The Abuse of Power and the Assault on Democracy* (New York: Owl Books, 2007), pp.70~75.

40 David C. Korten, *The Great Turning: From Empire to Earth Community* (San Francisco: Berrett-Koehler Publishers, 2006).

41 Robert McNamara, "Apocalypse Soon", *Foreign Policy*, 2005년 5~6월호.

42 Andy Webb-Vidal, "Chavez Hastens Drive for Bigger Share of Oil Revenues", *Financial Times* (London), 2006년 4월 28일; Reuters, "Venezuela Begins Drive to Certify More Oil Reserves", *Globe and Mail* (Toronto), 2006년 8월 11일.

43 Robert H. Frank, "A Health Care Plan So Simple, Even Stephen Colbert Couldn't Simplify It", *New York Times*, 2007년 2월 15일.

44 다음을 보라. Noam Chomsky, *9-11* (New York: Seven Stories, 2001).

45 Charles Forelle, James Bandler, and Mark Maremont, "Executive Pay: The 9/11 Factor," *Wall Street Journal*, 2006년 7월 15일; Mark Maremont, Charles Forelle, and James Bandler, "Companies Say Backdating Used in Days After 9/11", *Wall Street Journal*, 2006년 3월 7일.

46 "Operations Security Impact on Declassification Management Within the Department of Defense", 1998년 2월 13일, 이 문건은 행정명령 12958에 의해 매릴랜드 주 린티쿰에 소재한 부즈 알렌과 해밀턴사에 의해 제작되었고 다음 온라인에서 볼 수 있다. http://www.fas.org/sgp/othergov/dod_opsec.html.

이 문건은 다음을 포함하는 비밀해제 전략을 추천하고 있다. "Diversion: List of interesting declassified material-i.e. Kennedy assassination data" 이 문건은 또 "인터넷의 사용은 신뢰할 만하게 보이는 엉뚱한 자료를 제공함으로써 국가 '기밀'을 캐내려는 대중들의 통제되지 않은 욕구를 억제할 수 있다"고 지적하고 있다. 1995년 4월 17일자 행정명령 12958을 보라. 온라인은 http://www.fas.org/sgp/clinton/eo12958.html.

3. 라틴아메리카: 노예 숙소에서의 소란

1   Noam Chomsky, *Hegemony or Survival: America's Quest for Global Dominance* (New York: Owl, 2004), p.16.
2   다음을 보라. Noam Chomsky, *Year 501: The Conquest Continues* (Boston: South End Press, 1993), 1장.
3   Helene Cooper, "Iran Who? Venezuela Takes the Lead in the Battle of Anti-U.S. Sound Bites", *New York Times*, 2006년 9월 21일.
4   Colum Lynch, "Chavez Stirs Things Up at the UN: Venezuelan Leader Wins Cheers with Rant Against U.S.", *Washington Post*, 2005년 9월 17일.
5   밀레니엄 골에 대해서는 다음을 보라. Chomsky, *Failed States*, p.4.
6   같은 책. pp.79~82, 94~95.
7   Joel Brinkley, "In Word Feud with 'Hitler', 'Satan' Draws Line in Sand", *New York Times*, 2006년 5월 20일; Pablo Bachelet, "Chavez Throws More Barbs at Bush: Democrats Object", *Mininneapolis Star Tribune*, 2006년 9월 22일.
8   Coper, "Iran Who?"
9   Ewen MacAskill, "US Seen as a Bigger Threat to Peace than Iran, Worldwide Poll Suggests", *Guardian* (London), 2006년 4월 15일.
10 Andy Webb-Vidal, "Jubilation in the Barrios as Chavez Returns in Triumph", *Financial Times* (London), 2002년 4월 15일.
11 Guy Dinmore and Isabel Gorst, "Bush to Seal Strategic Link with Kazakh Leaader", *Financial Times* (London), 2006년 9월 29일.

12 추가적 논의를 위해서는 다음을 보라. Chomksy, *Failed States*, p.137. 여론조사는 다음을 보라. *Latinobarómetro*, 2006년 12월. Danna Harman, "A Castro Ally with Oil Cash Vexes the US", *Christian Science Monitor*, 2005년 5월 20일.
13 Richard Lapper and Hal Weitzman, "Chavez Casts a Long Anti-American Shadow Over Regional Capitals", *Financial Times* (London), 2006년 5월 3일.
14 같은 책.
15 Thomas L. Friedman, "Fill 'Er Up with Dictators", *New York Times*, 2006년 9월 27일.
16 Adam Thomson, "US Warns Nicaraguans Not to Back Sandinista", *Financial Times* (London), 2006년 9월 15일.
17 자세한 내용은 다음을 보라. *The State of Working America*, 반년간지로 코넬대학 경제정책 연구소와 코넬대학 출판부에 의해 간행된다.
18 Randeep Ramesh, "A Tale of Two Indias", *Guardian* (London).
19 P. Sainath, "Fewer Jobs, More Buses in Wayanad", *Hindu*, 2004년 12월 27일; Indo-Asian News Service, 2004년 10월 29일.
20 Barbara Harriss-White, *India Working* (Cambridge: Cambridge University Press, 2003).
21 이에 대한 분석은 다음을 보라. Chomsky, *Year 501*, 7장; Stephen Fidler, "Aftermath of the Bank Crisis", *Financial Times* (London), 1997년 3월 14일.
22 Chris Flood, "Copper Hits High on Codelco Strike", *Financial Times* (London), 2006년 1월 5일.
23 Tony Smith, "Argentina Defaults on $3 Billion I.M.F. Debt", *New York Times*, 2003년 9월 10일; Benedict Mander, "Latin Allies Forge Political Bond", *Financial Times* (London), 2006년 7월 12일.
24 Chomsky, *Hegemony or Survival*, p.139.
25 Chomsky, *Failed States*, 6장.
26 Program on International Policy Attitudes (PIPA), "U.S. Public Would Significantly Alter Bush Administration's Budget", 언론보도자료, 2005년 3월 7일.
27 Paul Waldman, "Elections Aren't About Issues", *Boston Globe*, 2006년 9월 6일.
28 Mara Liasson, "Barack Obama, Still on the Rise", *All Things Considered*,

National Public Radio, 2006년 12월 8일.

29 최근의 역사적 자료로는 다음을 보라. Center for Responsive Politics, "US-House Reelection Rates, 1964~2004" (http://www/opensecrets.org/bigpicture/reelect.asp?cycle=2004); "US Senate Reelection Rates, 1964~2004" (http://www.opensecrets.org/bigpicture/reelect.asp?Cycle=2004& chamb=S); "2006 Election Overview: Incumbent Advantage-All Candidates" (http://www.opensecrets.org/overview/incumbs.asp?cycle =2006).

30 다음을 보라. Richard Gott, *Hugo Chávez and the Bolivarian Revolutions*, 개정판 (New York: Verso, 2005).

31 William A. Dorman and Mansour Farhang, *The U.S. Press and Iran: Foreign Policy and the Journalism of Deference* (Berkeley: University of California Press, 1987).

32 1977년 12월 31일 카터는 "이란은 국왕의 위대한 지도력 덕분에 전 세계에서 가장 문제가 많은 지역 한 가운데서 안정된 섬을 이루고 있습니다"라고 말하면서 "국민들이 각하에게 보내는 존경, 찬미, 사랑"에 대해 이야기했다. 다음 자료를 보라. Mark Tran, "Tehran's Promise of Help Could Improve Ties with Washington", *Guardian* (London), 1989년 8월 5일.

33 배경에 대해서는 다음을 보라. Dilip Hiro, *The Longest War: The Iran-Iraq Military Conflict*, 개정판 (New York: Routledge, 1991).

34 Gary Milhollin의 증언은 1992년 10월 27일, 상원 102차 의회의 금융, 주택, 도시문제위원회의 청문회에서 이루어졌으며 *United States Export Policy Toward Iraq Prior to Iraq's Invasion of Kuwait*에 실려 있다. Chomsky, *Hegemony or Survival*, pp.111~112; Chomsky, *Failed States*, pp.28~29.

35 Mark Clayton, "A Congressman Brings Home the Fuel-from an Unorthodox Supplier", *Christian Science Monitor*, 2005년 11월 25일.

36 Danna Harman, "Chavez Seeks Influence with Oil Diplomacy", *Christian Science Monitor*, 2005년 8월 25일.

37 다음을 보라. Mark Frank, "Eye Surgeons Bring a Ray of Hope to the Caribbean", *Financial Times*, 2005년 10월 21일.

38 Monte Reel, "A Latin American Pipeline Dream: Regional Leaders Put Weight

Behind Gas Plan", *Washington Post*, 2006년 2월 12일.

39 William Preston, Jr., Edward S. Herman, and Herbert I. Schiller, *Hope and Folly: The United States and Unesco, 1945~1985* (Minneapolis: University of Minnesota Press, 1998).

40 다음을 보라. Amy Goodman and David Goodman, *The Exception to the Rulers* (New York: Hyperion, 2006), pp.181~184, 188~189.

41 Bassem Mroue, "Iraqi Government Extends Closure of Al-Jazeera's Office in Baghdad Indefinitely", Associated Press, 2004년 9월 4일.

42 Colin Powell, 셰이크 하마드 빈 칼리파 타니와의 기자회견, 2001년 10월 3일, 워싱턴 D.C. 다음을 보라. Michael Dobbs, "Qatar TV Station a Clear Channel to Middle East", *Washington Post*, 2001년 10월 9일.

43 Jonathan Curiel, "English-Language Al-Jazeera Bets Americans Will Tune In for News", *San Francisco Chronicle*, 2006년 11월 15일.

44 Noam Chomsky, "Latin America at the Tipping Point", *International Socialist Review* 46 (2006년 3~4월), pp.10~11.

45 논의를 위해 다음을 보라. Chomsky, *Failed States*, p.107.

46 Patrick, J. McDonnell, "Leftist Presidents Take Spotlight at Trade Summit", *Los Angeles Times*, 2006년 7월 22일; Paulo Prada, "South American Trade Bloc Moves to Admit Venezuela", *New York Times*, 2005년 12월 8일.

47 Benedict Mander, "Instrument of Revolution", *Financial Times* (London), 2007년 5월 8일.

48 메릴랜드 대학교의 Program on International Policy Attitudes (PIPA)가 WorldPublicOpinion.org를 위해 실시한 여론조사를 참고하라. "Most Iraqis Want US Troops Out Within a Year", 2006년 9월 27일.

49 같은 자료.

50 Amy Goodman이 Amal Saad-Ghorayeb과 한 대담을 보라. *Democracy Now!* 2006년 6월 27일자에 실려 있다. 온라인 http://www.democracynow.org/article.pl?sid=06/07/27/1423248. 고라예브는 레바논에서의 여론조사에서 "89.5퍼센트는 미국이 중동의 갈등에 선의를 가지고 끼어들었다고 생각하지 않는다. 사실 레바논 인구의 8퍼센트만이 미국이 균형 잡힌 역할을 하고 있다

고 생각한다"고 밝히고 있다.
51 Scott Peterson, "Cluster Bombs: A War's Perilous Aftermath", *Christian Science Monitor*, 2007년 2월 7일.
52 Borzou Daragahi, "Lebanon's Coast Is Drowning in Oil", *Los Angeles Times*, 2006년 9월 4일.
53 "Tallying Mideast Damage", *Science*, 2006년 9월 15일.
54 "Rumsfeld's Words on Iraq: There Is Untidiness", *New York Times*, 2003년 4월 12일; Sudarsan Raghavan, "Violence Changes Fortune of Storied Baghdad Street", *Washington Post*, 2006년 9월 18일; Omayama Abdel-Latif, "Israel's Other War: A Little Remarked Consequence of Israel's War on Lebanon Is the Destruction of Culture", *Al-Ahram Weekly*, 2006년 9월 7~13일자. 온라인 http://weekly.ahram.org.eg/2006/811/re83.htm.

4. 미국 대 복음서

1 Jonathan Kandell, "Augusto Pinochet, 91, Dictator Who Ruled by Terror in Chile, Dies", *New York Times*, 2006년 12월 11일.
2 다음을 보라. Tim Weiner, "All the President Had to Do Was Ask", *New York Times*, 1998년 9월 13일.
3 Ariel Dorfman, "The Half-Life of a Despot," *New York Times*, 2006년 12월 12일.
4 다음을 보라. Juan Hernández Pico, "Central America's Alternative: Integration from Below", Envío (Managua, Nicaragua), no.151 (1994년 2월), 온라인 http://www.envio.org.ni/articulo/1746. 다음을 보라. Noam Chomsky, *The Culture of Terrorism* (Boston: South End Press, 1988).
5 Richard Lapper, "Day of Judgment", *Financial Times* (London), 1998년 11월 26일.
6 Peter De Shazo, "The Valparaiso Maritime Strike of 1903 and the Development of a Revolutionary Labor Movement in Chile", *Journal of Latin American Studies* 11, no.1 (1979년 5월), p.158. 다음 자료도 참고하라. Sergio Grez Toso,

"La guerra preventiva: Santa María de Iquique. Las Razonesdel poder", *Archivo Chile* (2006), 온라인 http://www.archivochile.com/Historia_de_Chile/sta_ma/HCHsta-ma_04.pdf.

7 "From 'Governing from Below' to Governing Right Up at the Top", *Envío* (Managua, Nicaragua), no.304 (2006년 11월), 온라인 http://www.envio.org.ni/articulo/3438.

8 사설, "Sandinista Revista: Daniel Ortega's Comeback in Nicaragua May Raise Eyebrows, But He Poses Little Threat to the U.S.", *Los Angeles Times*, 2006년 11월 12일.

9 Tim Rogers, "Chavez Plays Oil Card in Nicaragua", *Christian Science Monitor*, 2006년 5월 5일.

10 Eliza Barclay, "Energy for the Future Inspires Debate: Central America Sees Renewables as Part of Its Needs for the Longer Term", *Houston Chronicle*, 2005년 12월 25일. 이 기사는 다음과 같이 지적하고 있다. "코스타리카는 재생에너지분야에서 이 지역을 선도하고 있다. 코스타리카의 에너지환경장관인 카를로스 마누엘 로드리게스에 따르면, 전기의 90퍼센트를 수력, 화력, 풍력발전기를 이용해 생산한다."

11 다음을 보라. Oscar Olivera and Tom Lewis, *Cochababa! Water War in Bolivia* (Cambridge: South End Press, 2004).

12 Simon Romero, "Early Returns Point to a Presidential Runoff in Ecuador", *New York Times*, 2006년 10월 16일.

13 Adam Thomson, "Fury Builds in Mexico as Defeated Side Cries Fraud", *Financial Times*, 2006년 7월 8일.

14 Molly Moore, "Micro-Credit Pioneer Wins Peace Prize", *Washington Post*, 2006년 10월 14일.

15 교황 베네딕트 16세는 이슬람을 "사악하고 비인간적"이라고 했다. Ian Fisher, "Pope Calls West Divorced from Faith, Adding a Blunt Footnote on Jihad", *New York Times*, 2006년 9월 13일.

16 Nikolai Lanine, "We're Still Dying in Afghanistan", *Globe and Mail* (Toronto), 2006년 11월 30일.

17 Walter Pincus, "Mueller Outlines Origin, Funding of Sept. 11 Plot", *Washington Post*, 2002년 6월 6일.
18 Karen De Young, "Allies Are Cautious on 'Bush Doctrine'", *Washington Post*, 2001년 10월 16일.
19 다음을 보라. Abdul Haq, "US Bombs Are Boosting the Taliban", *Guardian* (London), 2001년 11월 2일. Anatol Lieven과의 2001년 10월 11일 대담 요약문.
20 Farhan Bokhari and John Thornhill, "Afgan Peace Assembly Call", *Financial Times* (London), 2001년 10월 26일.
21 Pamela Constable, "In Afghan Poppy Heartland, New Crops, Growing Danger", *Washington Post*, 2006년 5월 6일; Josh Meyer, "Pentagon Doing Little in Afghan Drug Fight", *Los Angeles Times*, 2006년 12월 5일; Carlotta Gall, "Record Opium Crop Possible in Afghanistan, U.N. Study Predicts", *New York Times*, 2007년 3월 6일. 다음에 포함된 차트를 참고하라. "Opium Cultivation in Afghanistan", *New York Times*, 2007년 3월 6일.
22 Amy Walman, "Afghan Route to Prosperity: Grow Poppies", *New York Times*, 2004년 4월 10일.
23 Michael Walzer, *Arguing About War* (New Haven: Yale University Press, 2004), p.3.
24 같은 책, p.200, 각주1
25 같은 책.
26 Michael Walzer, *Just and Unjust Wars: A Moral Argument with Historical Illustration*, 4판 (New York: Basic Books, 2006).
27 Jean Bethke Elshtain, *Just War Against Terror* (New York: Basic Books, 2003).
28 Chomsky, *Hegemony or Survival*, pp.95, 199, 203.
29 David Zeiger, *Sir! No Sir!* (Displaced/Films/Documara, 2007); David Cortright, Soldiers in Revolt, 개정판 (Chicago: Haymarket Books, 2005).
30 Michelle York, "This Café's Menu Is Slight but Its Mission Ambiguous", *New York Times*, 2006년 11월 19일.
31 Vietnam Veterans Against the War, *The Winter Soldier Investigation: An Inquiry into American War Crimes* (Boston: Beacon Press, 1972).
32 David Krieger, "Why Are There Still Nuclear Weapons?", *Nuclear Age Peace*

    Foundation, 2006년 8월 25일, 온라인 http://www.wagingpeace.org/articles/2006/08/25_krieger_why.htm.
33 배경과 논의로는 다음을 보라. Chomsky, *Failed States*, pp.69~78.
36 Robert Collier, "U.S. Action Pays Tribute to India's Rising Clout", *San Francisco Chronicle*, 2006년 11월 19일.
35 Gary Lilhollin, "The US-India Nuclear Pact: Bad for Security", *Current History*, no.694 (2006년 11월), pp.371~374.
36 Jehangir S. Pocha, "China and India on Verge of Nuclear Deal", *Boston Globe*, 2006년 11월 20일; Farhan Bokhari and Jo Johnson, "US Fears China-Pakistan Nuclear Ties", *Financial Times* (London), 2006년 11월 17일.

5. 가능한 생각의 틀

1 Program on International Policy Attitudes, "A Majority of Americans Reject Military Threats in Favor of Diplomacy with Iran", 2006년 12월 7일, 온라인 http://www/worldpublicopinion.org.
2 James, A. Baker III, Lee H. Hamilton, et al., *The Iraq Study Group Report: The Way Forward-A New Approach* (New York: Vintage Books, 2006).
3 같은 책, p.49.
4 Worldpublicopinion.org, "Most Iraqis Want US Troops Out Within a fear", 2006년 9월 27일.
5 Steven Greenhouse, "Sharp Decline in Union Members in '06", *New York Times*, 2007년 1월 26일.
6 Harley Shaiken, "The Employee Free Choice Act Would Give Organizing Power Back to Workers", *Los Angeles Times*, 2007년 2월 17일.
7 "The Workplace: Why America Needs Unions, But Not the Kind It Has Now", *BusinessWeek*, 1994년 5월 23일.
8 Mark Trumbull, "The Squeeze on American Pocketbooks", *Christian Science Monitor*, 2006년 2월 3일.

9   Keith Bradsher, "Dollars to Spare in China's Trove", *New York Times*, 2007년 3월 6일; Richard McGregor, "The Trillion Dollar Question", *Financial Times* (London), 2006년 9월 25일.

10 Edward Wong, "Iran Is Playing a Growing Role in Iraq Economy", *New York Times*, 2007년 3월 17일.

11 Ewen MacAskill, "US Threatens Firm Response to Iranian Meddling in Iraq", *Guardian* (London), 2007년 1월 30일.

12 배경에 대해서는 다음을 보라. Noam Chomsky and Edward S. Herman, *After the Cataclysm: Postwar Indochina and the Reconstruction of Imperial Ideology* (Boston: South End Press, 1979), 17장.

13 다음을 보라. Noam Chomsky, "Watergate: A Skeptical View", *New York Review of Books* 20, no.14 (1973년 9월 20일).

14 자세한 논의로는 다음을 보라. Taylor Owen and Ben Kierman, "Bombs Over Cambodia", *Walrus* (2006년 10월), 온라인 http://www.walruswlagazine./articles/2006.10-history-bombs-over-cambodia/.

15 같은 책.

16 2006년 12월 7일 ZNet에 재수록됨. 온라인 http:/#www.zmag.org/content/showarticle.cfm?ItemID=11571.

17 더 많은 논의를 위해서는 다음을 보라. Owen and Kiernan, "Bombs Over Cambodia"

18 Elizabeth Becker, "Kissinger Tapes Describe Crises, War and Stark Photos of Abuse", *New York Times*, 2004년 5월 27일; Michael Dobbs, "Haig Said Nixon Joked of Nuking Hill", *Washington Post*, 2004년 5월 27일.

19 Frank Rich, "The Sunshine Boys Can't Save Iraq", *New York Times*, 2006년 12월 10일.

20 Glenn Beck, "What Will Change Iran Situation?" CNN, *Glenn Beck Show*, 2006년 8월 23일.

21 David Maraniss, "Reagan Has a Texas-Sized Sales Job", *Washington Post*, 1986년 3월 16일.

22 Andy Geller, "Bibi: Mad Mullahs Threaten 'Another Holocaust'", *New York*

Times, 2007년 11월 15일.
23. 배경에 대해서는 다음을 보라. Chomsky, *Failed States*, p.16.
24. 다음에 인용되어 있다. Mark Landler and David E. Sanger, "Chief U.N. Nuclear Monitor Cites Iran Enrichment Plan", *New York Times*, 2007년 1월 27일.
25. 자세한 사항은 다음을 보라. Chomsky, *Hegemony or Survival*, p.25.
26. Dan Morrison, "Persian Populist Wins Arab Embrace", *Christian Science Monitor*, 2006년 6월 21일; U.S. Newswire, "First Public Opinion Poll in Iran's Neighboring Countries Reveals Startling Findings on Possibility of Iranian Nuclear Arms", 2006년 6월 12일.
27. Noam Chomsky, *On Power and Ideology: The Managua Lectures* (Boston: South End, 1987), p.127.
28. Seymour Hersh는 다음과 같이 보도하고 있다: "미 국방부는 쿠르드족, 아제리족, 발루치 부족 등과 비밀스런 관계를 맺고 있고, 북부 및 남동부 이란에서 정부 장악력을 약화시키기 위한 노력을 부추겨왔다." 다음을 보라. Seymour Hersh, "The Next Act", *New Yorker*, 2006년 11월 27일, p.98.
29. Steve Insteep, "A Key Critic's Problem with Jimmy Carter's Book", *Morning Edition*, NPR, 2007년 1월 26일.
30. UN Security Council Resolution 497 (1981년 12월 17일).
31. 논의를 위해 다음을 보라. Chomsky, *Failed States*, p.45.
32. Renée Montagne, "Longtime Jerusalem Mayor Teddy Kollek Dies at 95", *Morning Edition*, NPR, 2007년 1월 2일.
33. 논의를 위해 다음을 보라. Noam Chomsky, *World Orders Old and New*, 개정판 (New York: Columbia University Press,1996), pp.287~288; Chomsky, *Fateful Triangle*, pp.546~547.
34. UN Security Council Resolution 252 (1968년 5월 21일).
35. Juan Williams, George W. Bush 대통령 인터뷰, "President Bush on the Record, Part1", *All Things Considered*, NPR, 2007년 1월 29일.
36. Baker, Hamilton, et at., *The Iraq Study Croup Report*, p.74.
37. Guy Dinmore, "US TIwists Civilian Arms to Fill Its Fortress Baghdad", *Financial Times* (London), 2007년 1월 8일.

38 다음에 인용되어있다. Mark Steel, *Vive la Revolution: A Stand-up History of the French Revolution* (Chicago: Haymarket Books, 2006), p.73.
39 논의를 위해 다음을 보라. Chomsky, *Hegemony or Survival*, p.11.
40 G. John Ikenberry, "America's Imperial Ambition", *Foreign Affairs* 81, no.5 (2002년 9~10월).

6. 침략과 발뺌

1   《보스턴 글로브》는 1968년 39개의 미국 주요 신문들을 조사했고, 그중 어떤 신문도 전쟁에 반대하는 사설을 실은 적이 없음을 발견했다. *Boston Globe*, 1968년 2월 10일. 다음에 인용되어 있다. Norman Solomon, *War Made Easy: How Presidents and Pundits Keep Spinning Us to Death* (Hoboken, New Jersey: John Wiley & Sons, 2007), p.223.
2   Walter Lippmann, *Men of Destiny* (New York: Macmillan, 1927), pp.215~216.
3   Bernard Porter, *Empire and Superempire: Britain, America and the World* (New Haven: Yale University Press, 2006), p.64.
4   같은 책, pp.20~21, 62~72.
5   Hannah Arendt, *The Origins of Totalitarianism*, 개정판 (New York: Harcourt Brace Jovanovich, 1973), pp.183~184.
6   다음을 보라. Noam Chomsky, *Language and Mind*, 3판 (Cambridge, Mass: Cambridge University Press, 2006), p.10.
7   매우 뛰어난 서평으로 다음을 보라. Stephen Jay Gould, *The Mismeasure of Man*, 개정판 (New York: W. W. Norton, 1996).
8   Paul Krugman, "Reign of Error", *New York Times*, 2006년 7월 28일.
9   Program on International Policy Attitudes, "Three in Four Say If Iraq Did Not Have WMD or Support al Qaeda, US Should Not Have gone to War", 보도자료, 2004년 10월 28일, 온라인 http://www.pipa.org/OnlineReports/Iraq/IraqPresElect_Oct04/IraqPresElect_Oct04_pr.pdf.
10 배경에 대해서는 다음을 보라. Philip Weiss, "Too Hot for New York", *Nation*,

2006년 4월 3일, 온라인 http://www.thenation.com/doc/2006 0403/weiss.

11 John Mearsheimer and Stephen Walt, "The Israel Lobby", *London Review of Books* 28, no.6 (2006년 3월 23일) 온라인 http://www.lrb.co.uk/v28/n06/mear 01_.html.

12 Norman Podhoretz, *Making It* (New York: Random House, 1967).

13 Eugene Goodheart, "The London Review of Hezbollah", *Dissent*, no.62 (2007년 겨울호), 온라인 http://www.dissentmagazine.org/article/ ?article=733.

16 배경과 분석에 대해서는 다음을 보라. Chomsky, *Fateful Triangle*, pp.9~27.

15 같은 책, p.21. 다음을 보라. "Issues Arising Out of the Situation in the Near East", 1958년 7월 29일, 다음에 수록되어 있다. *Foreign Relations of the United States, 1958~1960, vol.12, Near East Region; Iraq; Iran; Arabian Peninsula* (Washington: U.S. Government Printing Office, 1993), pp.114~124, 특히 p.119.

16 다음을 보라. Avi Shlaim, *Collusion Across the Jordan: King Abdullah, the Zionist Movement, and the Partition of Palestine* (New York: Columbia University Press, 1988), p.388.

17 전쟁이 인기가 없어진 이후에 슐레진저가 쓴 케네디 기록과 기타 케네디 회고록의 수정에 대한 자세한 논의로는 다음을 보라. Noam Chomsky, *Rethinking Camelot: JFK, the Vietnam War, and U.S. Political Culture* (Boston: South End Press), pp.105-25.

18 Arthur M. Schlesinger Jr., *A Thousand Days: John F Kennedy in the White House* (Boston: Houghton Mifflin, 1965).

19 Chomsky, *Rethinking Camelot*.

20 논의를 위해 다음을 보라. Noam Chomsky, *American Power and the New Mandarins* (New York: The New Press, 2002), 4장.

21 논의를 위해 다음을 보라. Noam Chomsky, *Middle East Illusions* (Lanham, MD: Rowman & Littlefield Publishers, 2004), 5장.

22 Howard LaFranchi, "Congress Says It Sees Jerusalem as Israel's Capital", *Christian Science Monitor*, 2002년 10월 2일.

23 다음을 보라. Chomsky, *Hegemony or Survival*, p.29.

24 Ed Crooks, "Exxon Profits May Spur Critics", *Financial Times*, 2007년 2월 1일;

Andrei Postelnicu, "Exxon Highlights Investment Amid New Earnings Record", *Financial Times*, 2006년 4월 28일.

25 다음을 보라. Sharon Wrobel, "Industrial Cooperation Spikes 500% in '06", *Jerusalem Post*, 2007년 4월 17일.

26 Yaakov Katz, "Arms Sales to China Resume", *Jerusalem Post*, 2006년 3월 2일.

27 John Lancaster, "Israel Halts China Arms Deal", *Washington Post*, 2000년 7월 13일.

28 Leon V, Sigal, "The Lessons of North Korea's Test", *Current History*, no.694 (2006년 11월), pp.363~364.

29 Jimmy Carter, *Palestine: Peace Not Apartheid* (New York: Simon and Schuster, 2006).

30 Henry Siegman, "Hurricane Carter", *Nation*, 2007년 1월 22일, 온라인 http://www.thenation.com/doc/20070122/siegman.

31 사설, "Jimmy Carter vs. Jimmy Carter", *Boston Globe*, 2006년 12월 16일.

32 배경에 대해서는 다음을 보라. Chomsky, *Fateful Triangle*, 9장.

33 Jehoshua Porath, *Ha'aretz* (Tel Aviv), 1982년 6월 25일, 히브리어로 된 것을 영어로 번역한 것임.

34 Carter, *Palestine*, Appendix 7, "Israel's Response to the Roadmap, 2003년 5월 25일", pp.243~247.

35 다른 많은 예들 중 다음을 보라. Patrick E. Tyler, "With Time Running Out, Bush Shifted Mideast Policy", *New York Times*, 2002년 6월 30일.

7. 지구가 직면한 위협

1 Elisabeth Rosenthal and Andrew C. Revkin, "Science Panel Says Global Warming Is 'Unequivocal'", *New York Times*, 2007년 2월 3일.

2 "'Doomsday Clock' Moves Two Minutes Closer to Midnight", *Bulletin of the Atomic Scienctists*, 보도자료, 2007년 1월 18일. 온라인 http://www.thebulletin.ors/media-center/announcements/20070117.html.

3   George p. Shultz, William J. Perry, Henry A. Kissinger, and Sam Nunn, "A World free of Nuclear Weapons", *Wall Street Journal*, 2007년 1월 4일.
4   David E. Sanger and William J. Broad, "U.S. Concedes Uncertainty on Korean Uranium Effort", *New York Times*, 2007년 3월 1일.
5   자세한 분석을 위해서는 다음을 보라. Mike Davis, *The Monster at Our Door: The Global Threat of Avian Flu*, 개정판 (New York: Owl, 2006).
6   John Vidal, "Desert Cities Are Living on Borrowed Time, UN Warns", *Guardian* (London), 2006년 6월 5일.
7   David R. Francis, "Spend Money on Disasters Before They Happen", *Christian Science Moniter*, 2005년 10월 17일.
8   William J. Broad, "With a Push from the UN, Water Reveals Its Secrets", *New York Times*, 2005년 7월 25일.
9   World Bank 보고서, 온라인 http://econ.worldbank.org. 또 다음을 보라. David White, "Uneven Distribution", *Financial Times* (London), 2006년 11월 21일.
10 Program on International Policy Attitudes, "23 Nation Poll Finds Strong Support for Dramatic Changes at UN", 보도자료, 2005년 3월 21일, 온라인 http://www.worldpublicopinion.org.
11 Union of Concerned Scientists, *Smoke, Mirrors, and Hot Air*, 2007년 1월. 온라인 http://www.ucsusa.org/assets/documents/global_warming/exxon_report.pdf.
12 Peter Bergen and Paul Cruickshank, "The Iraq Effect", *Mother Jones*, 2007년 3월 1일, 온라인 http://www.motheriones.com/news/featurex/2007/03/iraq_effect_1.html.
13 The MIPT-RAND terrorism database는 다음 사이트에서 볼 수 있다. http://terrorismknowledgebase.org.
14 Helene Cooper and Jim Yardley, "Pact with North Korea Draws Fire from a Wide Range of Critics in U.S.", *New York Times*, 2007년 2월 14일.
15 Gordon Fairclough and Calla Anne Robbins, "North Korea Vows to Give Up Nuclear Weapons", *Wall Street Journal*, 2005년 9월 20일.
16 Sigal, "Lessens of North Korea's Test"

17   Steven R. Weisman and Donald Greenlees, "U.S. Discusses Freeing North Korean Funds", *New York Times*, 2007년 3월 1일. 또 다음을 보라. Anna Fifield, "North Korea Calls for Swift End to All Sanctions", *Financial Times* (London), 2007년 5월 16일.
18   "Stammen die 'Supernotes' von der CIA?", *Frankfurter Allgemeine Zeitung*, 2007년 1월 6일.
19   Edward Cody, "China Confirms Firing Missile to Destroy Satellite", *Washington Post*, 2007년 1월 24일.
20   Chomsky, *Hegemony or Survival*, pp.219~229.
21   Thomas 2. Ricks and Craig Whitlock, "Putin Hits U.S. Over Unilateral Approach", *Washington Post*, 2007년 2월 11일.
22   Gary Lee, "Gorbachev Drops Objection to United Germany in NATO", *Washington Post*, 1990년 7월 17일.
23   Steven Lee Myers, "NATO lakes Steps to Expand Ranks into Eastern Europe", *New York Times*, 1996년 12월 11일.
24   Peter Spiegel, "U.S. Ups Ante on Missile Defense", *Los Angeles Times*, 2007년 4월 4일.
25   John Steinbruner and Jeffrey Lewis, "The Unsettled Legacy of the Cold War", *Daedalus*, 2002년 가을, pp.5~10.
26   Program on International Policy Attitudes, "Majority of Americans Reject Military Threats"
27   논의를 위해 다음을 보라. Chomsky, *Failed States*, pp. 73~74; Chomsky, *Hegemony or Survival*, pp.159~160.
28   Chicago Council on Foreign Relations과 Gallup의 여론조사. Chomsky, *Rethinking Camelot*, pp.60~63.
29   Edward Herman and Noam Chomsky, *Manufacturing Consent: The Political Economy of the Mass Media* (New York: Pantheon, 1988).
30   Edward Herman and Noam Chomsky, *Manufacturing Consent: The Political Economy of the Mass Media* (New York: Pantheon, 1988), pp.xi~lviii.
31   이러한 접근법의 한계에 대한 비판으로는 같은 책, pp.29~31, pp. xvii-xviii.

32 다음을 보라. Fawaz Gerges, *The Far Enemy: Why Jihad Went Global* (Cambridge, Mass.: Cambridge University Press, 2005), *Journey of the Jihadist: Inside Muslim Militancy* (New York: Harcourt Press, 2006). 다음 온라인의 글도 참고하라. http://pages.slc.edu/~fgerges.

33 다음을 보라. Jason Burke, *Al-Qaeda: The True Story of Radical Islam* (London: Penguin Books, 2004).

34 Michael Scheuer, *Imperial Hubris: Why the West Is Losing the War on Terror* (Dulles, VA: Potomac Books, 2004), 처음에는 저자 익명으로 출판되었다.

35 Samuel P. Huntington, *The Clash of Civilization and the Remaking of World Order* (New York: Simon and Schuster, 1996), p.258.

36 David E. Sager, "Real Politics: Why Suharto Is In and Castro Is Out", *New York Times*, 1995년 10월 31일.

37 George Orwell, *1984* (New York: Signet Classics, 2005), pp.71~72.

8. 무엇을 할 것인가

1 Rick Atkinson and Ann Devroy, "Bush: Iraq Won't Decide Timing of Ground War", *Washington Post*, 1991년 2월 2일. 부시는 북 캐롤라이나 주와 조지아 주에 있는 군 기지를 방문하면서 다음과 같이 말했다. "우리가 승리하면, 승리하게 되겠지만, 우리는 위험한 독재자에게 그리고 그의 독재자와 함께하는 폭군에게, (미국의 심기를 건드리면 가혹한 처벌을 받게 된다는) 새로운 믿음이 있다는 것 그리고 우리는 한다면 한다는 사실을 따끔하게 가르쳐주게 될 것이다."

2 방송보도, "Bush Assails 'Evil's of Hussein," *St. Petersburg Times*, 1991년 2월 2일. 부시는 같은 연설에서 다음과 같이 말했다. "페르시아 만에는 그리고 우리가 만들려고 하는 새로운 국제 질서에는, 더이상 무법자의 공격을 용납하는 곳은 없다. 그(사담 후세인)는 전쟁이 끝나면 그 사실을 알게 될 것이다."

3 Serge Schmemann, "All Aboard: America's War Train Is Leaving the Station", *New York Times*, 2003년 2월 2일. 슈메만에 따르면 미국의 메시지는 이제 더이상 "우리 편이 되던가, 아니면 우리에게 맞서라"가 아니라 "훨씬 더 교활한

것으로서" 그것은 "우리 편을 들지 않으면, 여기서 빠져라"라는 것이다.

4　1994년 연설에서 볼턴은 이렇게 말했다. "유엔은 없다. 국제무대는 전 세계에서 유일하게 남은 초강대국 즉 미국에 의해 지도될 수 있을 뿐이다. 그것이 우리 미국의 이익에 부합할 때 그리고 다른 국가들로 하여금 우리와 함께 하도록 할 수 있을 때 (그렇게 할 수 있다.)" 이 말은 다음의 사설에 수록되어있다. "Questioning Mr. Bolton", *New York Times*, 2005년 4월 13일.

5　논의를 위해 다음을 보라. Chomsky, *Hegemony or Survival*, pp.4, 131~136.

6　배경에 대해서는 다음을 보라. Noam Chomsky, "Memories", *Z magazine* (1995년 7~8월), 온라인 http://www.chomsky.info.

7　배경과 논의를 위해서는 다음을 보라. Noam Chomsky, *Deterring Democracy* (New York: Verso, 1991), pp.149~173.

8　다음을 보라. Noam Chomsky and Edward S. Herman, *The Washington Consensus and Third World Fascism* (Boston: South End Press, 1979); Chomsky and Herman, *After the Cataclysm: Postwar Indochina and the Reconstruction of Imperial Economy of Human Rights* (Boston: South End Press, 1979) (The Political Economy of Human Rights 1, 2권). 또 다음을 보라. Edward S. Herman, *The Real Terror Network: Terrorism in Fact and Propaganda* (Boston: South End Press, 1982).

9　Lars Schoultz, "U.S. Foreign Policy and Human Rights Violations in Latin America: A Comparative Analysis of Foreign Aid Distributions", *Comparative Politics* 13, no.2 (1981년 1월), pp.155, 157.

10　논의를 위해 다음을 보라. Chomsky, *Hegemony or Survival*, pp.52~53.

11　Alfredo Molano, Dispossessed: *Chronicles of the Desterrados of Colombia*, Daniel Bland 번역 (Chicago: Haymarket Books, 2005). Aviva Chomsky가 쓴 이 책의 서문을 보라.

12　다음을 보라. C. Peter Rydell and Susan S. Everingham, *Controlling Cocaine: Supply Versus Demand Programs*, Rand Corporation (2004). 온라인 http://www.rand.org/pubs/monograph_reports/MR331/index2.html.

13　Hugh O'Shaughnessy and Sue Branford, *Chemical Warfare in Colombia: The Costs of Coca Fumigation* (London: Latin America Bureau, 2005), p.120. 다음의

자료를 인용하고 있다. Martin Jelsma and Pien Metaal, "Cracks in the Vienna Consensus: The UN Drug Control Debate", *Drug War Monitor*, Washington, D.C., Washington Office on Latin America, 2004년 1월.

14 Ewen MacAskill and Suzanne Goldenberg, "Bush's Last Stand", *Guardian* (London), 2007년 1월 11일; Michael Cordon, "Deadliest Bomb in Iraq Is Made in Iran, U.S. Says", *New York Times*, 2007년 2월 10일.

15 배경에 대해서는 다음을 보라. Chomsky, *Deterring Democracy*, pp.45~49.

16 배경에 대해서는 다음을 보라. Chomsky, *Failed Staates*, pp.89~93.

17 Isabel Milton, "Overdue Process", *Financial Times Weekend Magazine*, 2004년 8월 28일, p.16.

18 세계인권선언 14조, 제1부는 유엔 총회에 의해 1948년 12월 10일 채택되었다. 온라인 http://www.un.org/Overview/rights.html.

19 Lynne Duke, "U.S. Camp for Haitians Described as Prison-Like". *Washington Post*, 1992년 9월 19일.

20 Amy Goldstein, "Justices Won't Hear Detainee Rights Cases-for Now". *Washington Post*, 2007년 4월 3일.

21 1964년 초에 미 국무성 정책기획위원회는 다음과 같이 언급했다. "카스트로와 관련해서 우리가 당면한 문제는 …… 그의 정권이 존재한다는 사실 자체가 많은 다른 라틴아메리카 국가들의 좌파운동에 영향을 끼친다. 아주 간단히 말하면 카스트로는 미국에 대한 성공적인 저항의 표지이고, 거의 한 세기 반에 걸친 미국의 미대륙 정책 전체에 대한 부정의 표지이다." 이 말은 다음에 인용되어 있다. Piero Gleijeses, *Conflicting Mission: Havana, Washington, and Africa, 1959~1976* (Chapel Hill: University of North Carolina Press, 2003), p.26.

22 Michael Janofsky, "As Cuba Plans Offshore Wells, Some Want U.S. to follow Suit", *New York Times*, 2006년 5월 9일.

23 Joseph Carroll, "Two in Three Americans Favor Re-Establishing Ties with Cuba", *Gallup News Service*, 2006년 12월 5일.

24 Simon Romero, "Oilmen Meet with Cubans in Mexico, but U.S. Intervenes", *New York Times*, 2006년 2월 4일.

25 David J. Lynch, "Political, Tech Hurdles Muddle Iran Oil Industry", *USA*

Today, 2000년 9월 14일.

26 Farah Storkman, "Iran's Nuclear Vision First Glimpsed at MIT", *Boston Globe*, 2007년 3월 12일.

27 논의를 위해 다음을 보라. Chomsky, *Failed States*, p.73.

28 Gareth Smyth, "Tehran to Ration Petrol and Put Up Pump Prices", *Financial Times* (London), 2007년 3월 9일.

29 Sebnem Arsu, "Suspects in Journalist's Killing Came from a Hotbed of Turkish Ultranationalist Sentiment", *New York Times*, 2007년 2월 8일.

30 Nicholas Birch, "Speaking Out in the Shadow of Death", *Guardian* (London), 2007년 4월 7일.

31 Ian Fisher, "Turkish Writers Say Efforts to Stifle Speech May Backfire", *New York Times*, 2006년 10월 6일; Lawrence Van Gelder, "Chomsky Publisher Charged in Turkey", *New York Times*, 2006년 7월 5일.

32 Robert Fisk, "Shimon Peres Stands Accused Over Denial of 'Meaningless' Armenian Holocaust", *Independent* (London), 2001년 4월 18일.

33 특별기고, "Genocide Seminar, Opposed by Israel, Opens", *New York Times*, 1982년 6월 22일.

34 Holly Moore, "Naval Exercise Builds Mideast Ties", *Washington Post*, 2001년 1월 14일; Scott Peterson, "Eager for Close Israel Ties, Turkey Turns Up the Charm", *Christian Science Monitor*, 1998년 7월 10일; Judy Dempsey, "Turkey to Boost Ties with Israel", *Financial Times* (London); Efraim Inbar, *The Israeli-Turkish Entente* (London: King's College London Meditteranean Studies, 2001).

35 다음을 보라. Douglas Davis, "Israel Spies on Syria from Turkey", *Jerusalem Post*, 1997년 12월 11일; Arieh O'Sulllivan, "IAF Jets Fly Long-Range Training Sorties in Turkey", *Jerusalem Post*, 1997년 12월 12일; Robert Olson, "'Turkey-Iran Relations, 2000-20()1: The Caspian, Azerbaijan, and the Kurds", *Middle East Policy* 9, no.2 (2002년 6월), pp.111~129.

36 Bryan Bender, "Pentagon Plans New Command to Cover Africa", *Boston Globe*, 2006년 1월 9일.

37 Emily Wax, "A U.S. Beachhead on Horn of Africa: Region's Importance in

War on Terror Crows with Use of Strategic Djibouti", *Washington Post*, 2002년 12월 5일. 최근의 사용 예를 보려면 다음을 보라. Karen DeYoung, "U.S. Strike in Somalia Targets Al-Qaeda Figure", *Washington Post*, 2007년 1월 9일.

38 다음을 보라. Aijaz Ahmad, "Empire Marches On", *Frontline* 24, no.1 (2007년 1월 13~26일), 온라인 http://www.hinduonnet.com/fline/f12401.

39 Colum Lynch, "Peacekeeping Force for Somalia Approved", *Washington Post*, 2006년 12월 7일.

40 Ahmad, "Empire Marches On"

41 Stephanie McCrummen, "Somali Capital Awash in Anger at Ethiopia, U.S., Interim Leaders", *Washington Post*, 2007년 1월 11일.

42 Ewen MacAskill, "Stakes Rise as US Declares Darfur Killings Genocide", *Guardian* (London), 2004년 9월 10일.

43 Mahmood Mamdani, "The Politics of Naming: Genocide, Civil War, Insurgency", *London Review of Books* 29, no.5 (2007년 3월 8일), 온라인 http://www.lrb.co.uk/v29/n05/mamd01_.html.

44 아미라 하스는 《하레츠》에 쓴 일련의 글을 통해 점령지의 폐쇄와 검문소에 대해 고발하고 있다. 이 글들은 메트로폴리탄 출판사에서 책으로 묶여나올 예정이다. 다음 책의 2장 각주 11번과 서문을 보라. Yehudit Kirstein Keshet, *Checkpoint Watch: Testimonies from Occupied Palestine* (London: Zed Books, 2006), pp.x~xvii.

45 논의를 위해 다음을 보라. Chomsky, *Fateful Triangle*, pp.64~80.

46 같은 책, p.67.

47 Noam Chomsky and Gilbert Achcar, *Perilous Power: The Middle East and U.S. Foreign Policy*, Stephen Shalom 편집 (Boulder: Paradigm, 2006), p.193.

48 다음을 보라. Jon Bekken, "The Working-Class Press at the Turn of the Century", *Ruthless Criticism: New Perspectives in US Communication History*, William S. Solomon and Robert W. McChesney 편집 (Minneapolis: University of Minnesota Press, 993), pp.157~159; Ira Kipllis, *The American Socialist Movement, 1897~1912* (Chicago: Haymarket Books, 2004).

49 Chomsky, *Failed States*, pp.228~230.

50 Eqbal Ahmad, "Intellectuals, Ideology, and the State", Cambridge, Massachusetts, 1998년 10월 16일. 오디오와 대본은 Alternative Radio (http://www.alternativeradio.org)에서 구할 수 있다.

찾아보기

가

가자지구 …………………………… 26
걸프전 ……………………………… 39
검은 9월 ………………………… 197
게리 밀홀린 …………………… 146
게말 압델 나세르 ………………… 49
골란고원 …………………… 42, 175
관타나모 기지 ………………… 257
구정대공세 ……………………… 250
국제원자력개발기구 …………… 169
국제원자력기구 ………………… 58
국제정책태도조사연구소 ……… 193
국제통화기금 …………………… 84
《권력과 이데올로기》 ………… 172
그라민 은행 …………………… 132
그랜드 에어리어 ……………… 253
극단적 이슬람근본주의 ………… 48
글렌 벡 ………………………… 166
기적의 작전 …………………… 101
길버트 에이커 ………………… 277

나

나세르 …………………………… 196
나토 ……………………………… 224
남베트남민족해방전선 …………… 45
내셔널 퍼블릭 라디오 ……… 91, 175
낸시 펠로시 ……………………… 77
네스토르 키르취너 ……………… 89
《네이션》 ……………………… 207
《네이처》 ……………………… 170
노먼 포도레츠 ………………… 195
누렘버그 전범재판소 …………… 16
누르술탄 나자르바예프 ………… 80
누리 알 말리키 ………………… 52
《뉴요커》 ………………………… 40
《뉴욕타임스》 ………………… 118
《뉴욕타임스 매거진》 …………… 14
니카라과 ………………………… 129
니콜라스 크리스토프 ………… 271

다

다니엘 베리건 ·············· 201
다니엘 오르테가 ·············· 127
다르푸르 사건 ·············· 270
《대전환》 ·············· 59
데모크라시 나우 ·············· 231
데이비드 코텐 ·············· 59
데이비드 크리거 ·············· 143
도널드 럼스펠드 ·············· 42, 52
드루즈 족 ·············· 35
《디센트》 ·············· 195
딕 체니 ·············· 42, 52
라스 슐츠 ·············· 247

라

라오스 ·············· 162
라파엘 코레아 ·············· 131
라피크 하리리 ·············· 47
랜드연구소 ·············· 221
《런던 리뷰 오브 북스》 ·············· 270
레이철 코리 ·············· 194, 202
로널드 레이건 ·············· 155
로드맵 ·············· 210
로물로 베탕쿠르 ·············· 96
로버트 맥나마라 ·············· 59, 243
로버트 뮬러 ·············· 137
르네 몽태뉴 ·············· 179

리차드 닉슨 ·············· 162
리차드 포크 ·············· 17, 141
리차드 헬름스 ·············· 118
린든 존슨 ·············· 278

마

마드라사 ·············· 51
마르코스 페레스 히메네스 ·············· 95
마이클 소여 ·············· 235
마이클 왈저 ·············· 140
마틴 루터 킹 ·············· 17
마푸체 ·············· 124
마흐무드 맘다니 ·············· 270
마흐무드 아흐마디네자드 ·············· 33
먼로독트린 ·············· 254
메나헴 베긴 ·············· 265
메론 벤베니스티 ·············· 207
메론파 ·············· 35
메르코수르 ·············· 105
《메이킹 잇》 ·············· 195
멕시코 ·············· 131
모세 다얀 ·············· 200
모하메드 엘바라데이 ·············· 59, 169
무하마드 유누스 ·············· 132
무하마드 지아 울하크 ·············· 50
《문명의 충돌》 ·············· 237
〈문제는 시민의 복종이다〉 ·············· 18

뮌헨협정 ································ 166
미국국제문제조사연구소 ············ 90
미국민주주의증진협회 ··············· 83
《미국의 대외관계》 ····················· 231
《미드스트림》 ···························· 195
미셸 아운 ································ 44
미첼레 바첼레트 ······················ 123
미하일 고르바초프 ··················· 224
밀로세비치 ····························· 165

북미자유무역협정 ···················· 132
북한 ······································ 206
《불리틴 오브 어타믹 사이언티스트》
··· 214
브첼렘 ··································· 207
블라디미르 푸틴 ······················ 224
비다 어바나 ···························· 279
빌 크리스톨 ······························ 57
빌라 그리말디 ························· 119

바

바샤르 알 아사드 ······················ 42
반공주의 ································ 234
반불명예연맹 ·························· 194
《반항하는 군인들》 ···················· 142
방코델타아시아 ······················· 222
백양목혁명 ······························· 47
버나드 포터 ···························· 189
버락 오바마 ······························ 91
베네딕트 16세 ························ 133
베트남전 ································ 243
베티 프리단 ···························· 278
벡텔 ······································ 130
벤 키어난 ······························· 163
벤야민 네탄야후 ······················ 168
《보스턴 글로브》 ················ 186, 207
볼리비아 ·························· 19, 130

사

사바크 ····································· 97
사이나스 ································· 86
《사이언스》 ······························ 113
산디니스타 ····························· 127
산디니스타당 ·························· 128
산디니스타민족해방전선 ·········· 128
살바도르 아옌데 ······················· 88
새뮤얼 헌팅턴 ························· 237
샤 레자 팔라비 ························· 97
서안지구 ································· 29
섬너 웰즈 ······························· 166
성 아우구스티누스 ···················· 15
성실협상 ································ 145
세계은행 ································· 84
세속적 아랍민족주의 ················· 48
세이무어 허쉬 ·························· 40

세파딤 ······················· 276
소말리아 ····················· 268
수 브랜포드 ·················· 249
수니파 ························ 36
수하르토 ····················· 237
스컬 앤 본즈 소사어티 ········ 19
스티브 인스킵 ················ 175
스티븐 월트 ·················· 194
스티븐 컬 ···················· 193
시다트 바라다라얀 ············ 44
시몬 페레스 ·················· 265
시아파 ···················· 36, 54
시카고 보이즈 ················ 123
시트고 ························ 99
《신문의 기록》 ················ 17
《실패한 국가》 ·········· 89, 278
《써, 노 써》 ·················· 142
씨스팬 ························ 65

아

아담 스미스 ·············· 74, 202
아더 슐레진저 ················ 198
아랍연맹 ······················ 33
아르놀도 알레만 ·············· 128
아르메니아 학살 ·············· 265
아리엘 도프만 ················ 119
아리엘 샤론 ··················· 41

아말 사이드 고라이엡 ········· 37
아말파 ························ 46
아야툴라 알리 하메네이 ······· 33
아우구스토 피노체트 ········· 118
아이마라 ····················· 124
아이젠하워 ··················· 114
아이티 ························ 19
아제리 ······················· 173
아카이브 ····················· 229
아프가니스탄 ················· 137
안드레스 마누엘 로페스 오브라도르
 ···························· 131
안와르 사다트 ················· 50
알 자지라 ···················· 104
알 카에다 ··············· 15, 234
알란 더쇼위츠 ················· 46
압둘 하크 ···················· 139
어빙 하우 ···················· 201
에드워드 사이드 ·············· 141
에드워드 펙 ··················· 34
에드워드 허먼 ··········· 234, 246
에보 모랄레스 ············ 19, 81
에콰도르 ····················· 131
에크발 아흐마드 ·············· 280
에티오피아 ··················· 268
에후드 바락 ··················· 41
엑손모빌 ····················· 218
《엔비오》 ···················· 127

엘 고어 ····················· 94
엘리 위젤 ··················· 265
엘리프 샤파크 ··············· 263
엘살바도르 ·················· 248
《여론조작》 ················· 234
예호수아 포라트 ············· 209
오르한 파묵 ················· 263
오사마 빈 라덴 ········· 138, 235
오션 힐 브라운즈빌 ·········· 200
올터넷 ······················ 226
왈리드 줌블라트 ·············· 35
요르단 계곡 ·················· 31
요세프 멩겔레 ··············· 121
요한 바오로 2세 ············· 135
우고 차베스 ·················· 74
우드로 윌슨 ·················· 95
우라늄 농축 ·················· 58
우타르 프라데쉬 ·············· 86
워싱턴 컨센서스 ·············· 84
《워싱턴 포스트》 ············ 137
《월스트리트저널》 ············ 67
월터 리프만 ················· 188
《위클리 스탠더드》 ··········· 57
《위험한 권력》 ·············· 277
유네스코 ···················· 103
유럽연합 ···················· 158
유리 에이브너리 ·············· 43
유엔 개발기구 ··············· 102

유엔 안전보장이사회 결의안 1559호
  ··························· 38
유엔무역개발협의회 ············ 75
유엔헌장 제2조 ·············· 159
유진 매카시 ················· 151
이라크조사연구단 ······· 153, 181
이스라엘 샤니 ··············· 265
《이스라엘/팔레스타인》 ········ 41
이퀴케 ······················ 124
《인권의 정치경제학》 ········· 246
인도네시아 ·················· 237
《인터내셔널 소셜리스트 리뷰》 ···· 105

자

장 베르트랑 아리스티드 ······· 19
장 베트케 엘슈타인 ·········· 141
전미유태인위원회 ············ 195
전미이스라엘공공위원회 ······ 194
《전쟁에 관한 논의》 ········· 140
《정당한 전쟁과 부당한 전쟁》 ···· 141
제네바조약 ·················· 177
제럴드 포드 ················· 261
제임스 메디슨 ················ 94
제임스 트로브 ················ 14
조셉 알소프 ················· 199
조지 슐츠 ··················· 214
조지 오웰 ··················· 238

조지 키넌 ················· 49
존 미어샤이머 ············ 194
존 불턴 ··················· 242
존 아이켄베리 ············ 183
존 퀸시 애덤스 ··········· 255
존재할 권리 ·············· 273
지네트 ··············· 163, 226
지미 카터 ············ 97, 207
지부티 ··················· 268
지하드 ···················· 50
진보헌법당 ··············· 128

커피하우스 ··············· 142
코델코 ·············· 88, 124
코멘터리 ················· 195
코차밤바 ················· 130
콘돌리자 라이스 ··········· 57
콜린 파월 ··········· 104, 270
쿠르드족 ················· 248
쿠제스탄 ··········· 170, 262
퀘추아 ··················· 124
크메르 루즈 ·············· 163
키신저 ··················· 165

차

치블리 말라트 ············· 35
칠레 ······················ 88

카

카삼 미사일 ··············· 32
카운터펀치 ··············· 226
칼 로브 ··················· 78
캄보디아 ················· 162
캄페시노 ················· 248
캠프데이비드협정 ········ 247
《커런트 히스토리》 ······· 146
커몬 드림스 ·············· 226
커크 샤펜버그 ············ 187

타

탄야 라인하트 ············· 41
탈레반 ··················· 138
터키 ····················· 248
테디 콜렉 ················ 179
텔레수르 ·················· 98
《토론토 글로브 앤드 메일》 ··· 136
토마스 버겐탈 ············ 177
토마스 프리드먼 ······ 53, 83
톰 원쉽 ·················· 187
투키디데스 ··············· 74
팀 르웰린 ················· 38

파

파와즈 죠르주 ·················· 234
팔레스타인해방기구 ············· 43
《팔레스타인: 격리가 아니라 평화》 207
팰콘 테크놀로지 ················ 206
퍼비즈 후드보이 ·················· 51
페샤와르 ························ 139
페트로 카리브 ··················· 101
펠리페 칼데론 ··················· 131
《포린 어페어스》 ················ 183
《포린 팔러시》 ·················· 183
폭스 ···························· 180
폴 울포위츠 ················ 52, 238
폴 월드만 ······················· 90
폴 포트 ························ 163
푸아드 시니오라 ················· 36
《프랑크푸르트 알게마이너 차이퉁》
································ 222
프랭크 리치 ····················· 165
피델 카스트로 ··················· 257
피터 버겐 ······················· 220

하

하마스 ·························· 26
하산 나스랠러 ··················· 33
《하아레츠》 ················ 207, 209
하워드 진 ······················· 18
하워드 프릴 ····················· 17
하타미 ·························· 57
한나 아렌트 ···················· 190
해방신학 ······················· 135
핵시대평화재단 ················· 143
핵확산금지조약 ················· 143
《헤게모니냐 생존이냐》 74, 89, 141, 223
헤즈볼라 ························ 26
헨리 지그만 ···················· 207
헨리 키신저 ··············· 214, 261
혼 오브 아프리카 ··············· 269
홀로코스트 ····················· 198
환 윌리엄스 ···················· 180
후안 비센테 고메스 ··············· 95
후안 에르난데스 피코 ··········· 121
후진타오 ························ 55
휴 오쇼니시 ···················· 249
흐란트 딩크 ···················· 263
힌두 ···························· 44

기타

《1984》 ······················· 238
6일전쟁 ························ 44
9.11 진실조사위원회 ············· 62
9.11사태 ······················· 62
BBC ··························· 38
CNN ·························· 166

독자를 먼저 생각하는 정직한 출판

시대의창이 **'좋은 원고'** 와 **'참신한 기획'** 을 찾습니다

쓰는 사람도 무엇을 쓰는지 모르고 쓰는,
그런 '차원 높은(?)' 원고 말고
여기저기서 한 줌씩 뜯어다가 오려 붙인,
그런 '누더기' 말고

마음의 창을 열고 읽으면
낡은 생각이 오래 묵은 껍질을 벗고 새롭게 열리는,
너와 나, 마침내 우리를 더불어 기쁘게 하는

땀으로 촉촉히 젖은 그런 정직한 원고,
그리고 그런 기획을 찾습니다.

시대의창은 모든 '정직한' 것들을 받들어 모십니다.

시대의창 WINDOW OF TIMES | 분야 | 역사 / 문화 / 정치 / 사회

서울시 마포구 동교동 113-81 (4층) (우)121-816
Tel : 335-6125 Fax : 325-5607